从

心

开

始

Modern Incentive Theory and Application

现代激励理论与应用

（第三版）

俞文钊 李成彦 著

东北财经大学出版社·大连

Dongbei University of Finance & Economics Press

图书在版编目（CIP）数据

现代激励理论与应用 / 俞文钊，李成彦著 . —3版 . —大连：
东北财经大学出版社，2020.11
ISBN 978-7-5654-3991-9

Ⅰ．现… Ⅱ．①俞…②李… Ⅲ．激励理论-研究 Ⅳ．C936

中国版本图书馆CIP数据核字（2020）第186284号

东北财经大学出版社出版
（大连市黑石礁尖山街217号 邮政编码 116025）
网 址：http://www.dufep.cn
读者信箱：dufep@dufe.edu.cn

大连东泰彩印技术开发有限公司印刷 东北财经大学出版社发行
幅面尺寸：170mm×240mm 字数：300千字 印张：21.75 插页：1
2020年11月第3版 2020年11月第1次印刷
责任编辑：郭 洁 章北蓓 责任校对：国 宝
封面设计：张智波 版式设计：钟福建

定价：45.00元

第三版前言

　　"员工激励"是组织行为学/管理心理学的最核心内容之一。我的导师俞文钊教授是我国最早较为系统地进行激励问题研究的学者。早在1993年，俞文钊教授就出版了有关"激励"问题的专著——《中国的激励理论及其模式》。在此书中，俞文钊教授在国外已有激励理论的基础上构建了中国激励理论的框架，提出了具有中国特色的"物质与精神同步激励论""公平差别阈理论""三因素（激励、保健、去激励）"理论，以及"组织激励状态诊断"等系列理论与方法。这些理论在国外发表后被称为"中国员工的工作动机激发理论"，并在我国的理论与实践领域均产生了较大反响。之后，随着环境的变化，俞文钊教授不断丰富了对激励理论与实践的认识和想法，于2006年由东北财经大学出版社出版了《现代激励理论与应用》一书，并于2014年修订再版。

　　近几年我国经济快速发展，国际化和信息化进程加快。在大规模的信息化浪潮中，以移动互联网、云计算、大数据、人工智能、物联网和区块链等为代表的企业信息技术，催生了数字化时代的到来。互联网经济和数字化经济与传统的经济形式有很大区别，改变了人们的工作与生活方式。在这个时代出生、长大的员工，其思维方式和行为模式带有明显的时代特点，传统的激励模式受到了较大挑战，由此，现代激励理论与应用的内容也应体现时代的特点有新的发展。

　　本次修订，对上一版进行了如下改进：

　　首先，将本书的结构进行了调整。将上一版中的第6、7、8章调整为第4、5、6章，原来的第4、5章变成现在的第7、8章，这样，在对激励的一般知识进行梳理之后，可以直接阐述国外经典的激励理论，然后，在此基础上系统阐述我国的激励理论与实践，使内容衔接得更好。

　　其次，对本书的内容也做了较大的调整。主要的调整有两个：一是将原来的"有效奖励与惩罚的理论与应用"一章（上一版第8章）改为"强化理论及其实践应用"（本版第6章）。奖励与惩罚本来就是基于强化理论，因此还是回归理论到实践的思路，以更好地强化本书的主题；二是删除原来的"激励课题调研方法指导"一章（第12章），代之以"新生代员工的激励策略及实践"。随着我国组织行为学的发展，广大学者及在校大学生对本书上一版中所介绍的激励课题调研方法都有比较好的掌握，而这些内容也已经显得陈旧了。因此，在新版中，我们主要阐述了新生代员工的特征以及激励策略。同时，介绍了目前快速发展的两家企业——"老乡鸡""逻辑思维"激励新生代员工的案例。除了以上两章的内容变化较大之外，对其他章节的内容也做了一定改进，使之更适应我国经济发展对于相关教育教学的需要。

　　另外，在此次修订过程中，我们查阅了近年来"激励理论与实践"的相关文献，吸收了最新的研究成果，可以使读者更好地了解激励理论与实践的新发展、新变化。

　　感谢导师俞文钊教授及郭洁编辑的信任，将此书的修订任务交付于我，让我能传承导师的思想，将《现代激励理论与应用》这本书延续下去。

　　感谢在此书修订过程中华东师范大学心理与认知科学学院段锦云教授给予我的宝贵建议。

李成彦

2020年7月·上海

第二版前言

第一版前言

激励是人力资源管理的核心。

各级管理者每时每刻都在有意或无意地应用着某种激励理论与模式，以指导自己的管理实践。

实践证明，管理者若应用了不符合客观规律和实际情况的激励理论、模式，就无法取得好的激励效果，导致组织绩效低落。反之，管理者善于应用符合客观规律和实际情况的激励理论、模式，就会取得好的激励效果，提高组织的绩效。

作者长期得到国家自然科学基金、国家社会科学基金、上海市人文社会科学基金的资助，在"激励"这一重大领域的研究中取得了一定成果，曾编著出版了《中国的激励理论及其模式》（1993年华东师范大学出版社出版）一书，并在国内外杂志上发表了大量的研究成果，形成了一套被国外同行称为"中国员工工作动机激励理论"的理论体系。

近年来，我国在政治、经济、文化方面发生了显著的变化与进步，国内外学者在这一领域的研究也取得了很大进展。本着与时俱进的原则，重新整理编写一本更具时代特色、更为社会需要的激励理论读本，成为作者的一项使命和一份责任。

本书命名为"现代激励理论与应用"，其重点就是全面地介绍现代激励理论的内容，其中包括本书作者提出的"中国的激励理论及其模式"。

显然，凡是民族的理论、模式也必将归属于世界，所以，在书中，我们站在这一高度，统一综合地介绍了外国与我国的激励理论与模式。

本书的另一个重点内容是激励理论与模式在实践中的应用。

全书共分9章。第1章主要介绍了激励的概念与对激励过程的总体思考。第2章和第3章阐述西方最典型的两大激励理论——内容型激励理论与过程型激励理论。第4章从理论与应用两个角度介绍了有效奖励与惩罚的相关内容，因而具有很强的操作性。第5章和第6章系统地介绍了中国古、近代的激励观以及本书作者提出的三大激励理论——物质与精神同步激励论；公平差别阈理论；三因素（激励、保健、去激励）理论。我们一直在探求符合中国国情的激励理论与模式。鉴于我国在政治、经济、文化传统等诸方面与西方国家有着根本的差别，我们本着"以我为主，博采众长，融合提炼，自成一家"的原则，一方面吸收国外先进的理论与思想，一方面创建有中国特色的激励理论与模式。第6章就是为此目标构建的。第7章归纳性地总结了国内外的激励理论与模式，提出了具有操作性的三种激励模式——物质、精神、感情激励模式。同时，阐述了作者建立现代企业激励机制的具体设想。第8章中提出了有关激励的新视角——全方位激励理论与应用，其中对全方位激励的三个系统——自励、他励、互励进行了理论阐述与应用的介绍。最后一章是对当前正在尝试、探索的企业经营者年薪制、股票期权、员工持股制度的理论与应用的全面介绍。

值得一提的是，与市场上为数极少的同类书比较，本书有以下几点创新：

其一，第一次多学科、多视点地介绍了激励理论。

其二，第一次提出了全方位激励的概念。

其三，阐释了市场经济条件下新的激励方式。

其四，本着与时俱进的思想，将传统激励理论的现代应用进行了系统讲解与分析。

在此，我想提醒读者，不要把理论、模式理解为固定不变的框架、程式、样板，从而一成不变地机械地应用，因为任何理论、模式都是在一定的时空背景下建立的，在应用时应该权变，因地制宜地加以运用。另外，在我们援引的案例中，有些虽时间稍久，但具有代表性和典型性，可以拓展读者的思维空间，对于理解我们的理论与模式极为有益。对这些案例的原作者，我深表感谢。

我还要感谢我的两位研究生：博士研究生唐为民与硕士研究生彭贺（后为复旦大学管理学院博士生），他们为我提供了新的思路与资料。

我更要感谢东北财经大学出版社，是东财社圆了我整理编著并出版这本《现代激励理论与应用》的梦。

俞文钊

2006年5月·上海

目　录

学习目的

- 了解激励概念的内涵、意义与特征
- 分析激励过程核心阶段的内容
- 学会以系统观认识激励

1.1　激励的一般概念

1.1.1　激励的含义

在我国，最早使用"激励"一词的文献是《资治通鉴》。比如："贼众精悍，操兵寡弱，操抚循激励，明设赏罚，承间设奇，昼夜会战，战辄禽获，贼遂退走。"（《资治通鉴·汉纪五十二》）"将士皆激励请奋。"（《资治通鉴·唐纪三十五》）可见，在中文中，"激励"是激发、鼓动、鼓励之意。

"激励"一词对应的英文是 motivation，这个词源于拉丁文的 movere，意思是"动"。但是，目前的中文文献（主要是经济学文献）中也经常将英文 incentive 翻译成"激励"，这常常引起混乱。事实上，incentive 的准确翻译是"刺激"，它与 motivation 一词的意义是不一样的。这两个词体现了两种截然不同的理念。incentive 将个体视为动物，个体的努力行为被视为一种对刺激的简单反应，并且这种刺激也常局限于物质刺激。motivation 则与之相反，它将个体视为有诸种需求的有机体，满足个体的各种需求进而调动其劳动积极性，也就构成了激励的主要内容。简言之，incentive 强调的是外在于个体的诱因；而 motivation 强调的是内在于个体的动机。由于个体的动机可能包括经济性等物质动机，因而 motivation 一词的含义应该大于 incentive。也正因如此，西方学者在对激励的二元分法中将内在激励称为 intrinsic motivation，而将外在激励称为 extrinsic incentive。本书所说的激励与西方的 motivation 对应。

在西方的"组织行为学"与"管理心理学"中，一般将激励称为工作动机（job motivation）。激励在此有三种意义：

（1）一个人做某件事背后的动机是什么，即驱使某人做某事的原因为何。

（2）一个人做这件事的动机有多强，即做某事的渴望程度、准备程度。

（3）一个人做事的样子、行为表现，即个人努力程度如何。

在此，激励与工作动机为同义词，即寻找驱使人们努力工作的力量来源、心理状态与行为结果。

1.1.2　激励的概念

"激励"一词作为心理学术语，指的是持续激发人的动机的心理过程。通过激励，在某种内部或外部刺激的影响下，使人始终维持在一个兴奋状态中。激励是指引起个体产生明确的目标指向行为的内在动力。

将"激励"这一概念用于管理，就是通常所说的调动人的积极性的问题。有效的激励手段必然是符合人的心理与行为活动的客观规律的；反之，不符合人类的心理活动客观规律模式的激励措施就不会达到调动人的积极性的目的。

激发人动机的心理过程模式可以表示为：需要引发动机、动机引发行为，行为又指向一定的目标。这说明，人的行为都是由动机支配的，而动机则是由需要引起的，人的行为都是在某种动机的策动下为了达到某个目标有目的的活动。

需要、动机、行为、目标这四者之间的关系可以用图 1-1 表示。

```
┌──────┐      ┌──────┐      ┌──────┐      ┌──────┐
│ 需要 │─────▶│ 动机 │─────▶│ 行为 │─────▶│ 目标 │
└──────┘      └──────┘      └──────┘      └──────┘
```

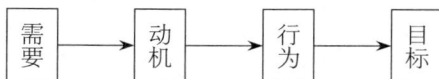

图1-1 动机激发的心理过程模式图

如果将图1-1改画成为如图1-2所示的形式，那么，这就是一张典型的人类行为模式图。

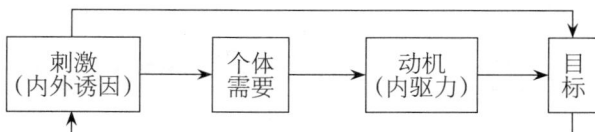

```
        ┌─────────────────────────────────────────────────┐
        │                                                 │
   ┌──────────┐    ┌──────┐    ┌──────────┐    ┌──────┐  │
   │  刺激    │───▶│ 个体 │───▶│  动机    │───▶│ 目标 │──┘
   │(内外诱因)│    │ 需要 │    │(内驱力)  │    └──────┘
   └──────────┘    └──────┘    └──────────┘
        │                                                 │
        └─────────────────────────────────────────────────┘
```

图1-2 人类行为模式图

从心理学的角度分析激励过程，实质上就是要处理好三类变量之间的相互关系。这三类变量是指刺激变量、机体变量和反应变量。

刺激变量是指对有机体的反应发生影响的刺激条件，其中包括可以变化与控制的自然与社会的环境刺激。

机体变量是指有机体对反应有影响的特性，这些都是人本身具有的特征，如性格、动机、内驱力强度等。

反应变量是指刺激变量和机体变量在行为上引起的变化。

由此分析，上述两个图中的需要和动机都属于机体变量，行为属于反应变量，外界的目标实际上是刺激变量。

人的行为的激励过程，实际上就是要使刺激变量引起机体变量（需要、动机）产生持续不断的兴奋，从而引起积极的行为反应，当目标达到之后，经反馈又强化了刺激，如此周而往复、延续不断。

关于激励过程的分析一般涉及三个方面——激励的动力、激励行为的指向、激励行为的保持。

激励过程的核心阶段可用图1-3表示。

由图可见，激励过程起始于个体对需要的判别（第一阶段），需要是动力之源，它会使个体处于紧张状态（第二阶段），从而促使个体采取措施以减轻或消除紧张。激励是有目标指向的（第三阶段），目标是个体力求达成的特定结果。追求上进的员工常常通过出色地解决组织所面临的难

```
┌─────────────┐    ┌─────────────┐    ┌─────────────┐
│ 1.员工判别   │ ⇒ │ 2.员工寻找满足│ ⇒ │ 3.员工选择指向│
│   需要       │    │   需要的途径  │    │   目标的行为  │
└─────────────┘    └─────────────┘    └─────────────┘

┌─────────────┐    ┌─────────────┐    ┌─────────────┐
│ 6.员工修正   │ ⇐ │ 5.员工受到奖励│ ⇐ │ 4.员工采取   │
│   需要       │    │   或惩罚      │    │   行动       │
└─────────────┘    └─────────────┘    └─────────────┘
```

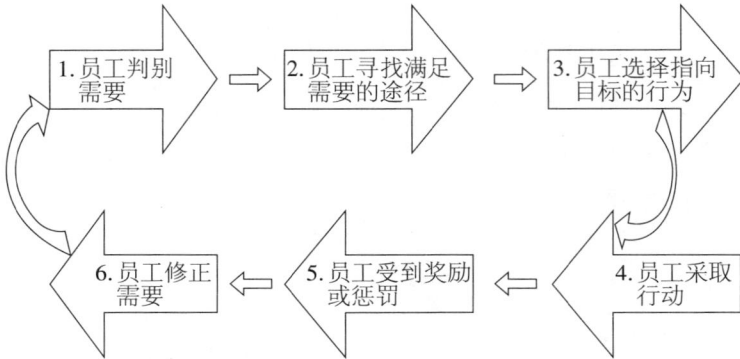

图1-3　激励过程的核心阶段

题而获得领导的赏识（第四阶段）。升职与加薪是组织激励个体行为的两条主要途径，也是向员工传递其行为是否恰当的重要反馈信息（第五阶段）。当员工受到奖励或惩罚，就会主动修正其需要（第六阶段）。

应该指出的是，激励过程的内容在不同的社会体制下是有区别的，但就其形式而言，上述激励过程的模式图在一定程度上反映了人类行为和心理活动的共同规律。心理学的研究已证实了这样一些客观的规律性：人的意志行动开始于需要以及由需要而引起的动机。具体说来，人受到刺激产生了需要，需要不满足时，引起心理紧张，这成为寻找目标以满足需要的驱动力，由此而激发了动机。因此，从需要着手来探求激励，是符合心理规律的有效途径。

当然，支配行为的动机除需要外，还有愿望、意志、情感、兴趣、价值观等。

人们在生活实践的过程中，在某种需要的基础上，还产生了各种各样的社会情感、兴趣、信仰和理想，最后形成世界观。由世界观而决定的崇高的思想、坚定的信念，都将成为人的行为动机，驱使人们去履行各种义务，甚至明知要牺牲自己也在所不惜。

1.1.3　激励的意义

首先，激励是生产力的促进剂、推动剂。构成生产力因素的人是指掌握一定的文化、科技知识、劳动技能，并且具有极高的积极性、工作热情，在实际生产劳动中能发挥其创造力与智慧的人。激励是生产力的促进剂、推动剂。

其次，激励是以人为中心的管理思想的主要管理职能。现代企业管理正在从以物为中心转向以人为中心，越来越突出人的作用和力量。人是管理的主体，激励是管理的核心。

总之，正确地认识激励理论、模式，不失时机地采用适当的激励方法与手段，对各级管理人员具有很大的指导作用，可以避免决策失误。

1.1.4　领导者与激励

实践证明，领导者必须重视激励。

企业的物化过程是投入与产出，它要求企业经营者以最少的投入获取最大的效益。在我国，员工教育、员工的思想政治工作、各种物质与精神激励手段的应用等，都是企业投入，是企业高效运转的极其重要的组成部分。只有依靠这些适当、适时的企业投入，才有望产生高效的产业，即取得明显的社会与经济效益。

哈佛大学教授威廉·詹姆斯在一次员工激励调查研究中发现，按时计酬的员工只要发挥20%~30%的能力就可以保牢饭碗，如果给予充分的激励，那么他们的能力可发挥到80%~90%。这说明，随着科学技术的不断进步和生产过程的日趋复杂，单靠机器设备并不能增加生产，激发职工的创造性和创新精神显得越来越重要了。

在当今国内外企业竞争空前激烈的情况下，企业为了生存和发展，不断提高自己的竞争能力，必须最大限度地激励全体职工，充分挖掘人力资源的内在潜力，促使更多的人自觉自愿地去为实现组织目标而奋斗。西方国家许多成功的范例说明，只有采取各种适当的物质与精神激励手段，才能真正发挥员工的潜能，调动起员工的持久高涨的积极性。

日本松下公司创始人松下幸之助指出，只有先"熔铸"出"松下人"，才能研制出"松下的商品"。

国际商用机器公司（IBM）是世界上经营最好、管理最成功的公司之一。该公司采用了一系列尊重人、信任人的激励手段。管理者们将尊重人、信任人视为公司的第一宗旨。该公司创立人沃森曾经说过："我希望IBM公司的销售人员受人敬佩，我想让他们的妻子和孩子们为自己的丈夫和父亲所从事的职业感到自豪。"他们懂得，公司最伟大的财富是人，而不是金钱或者其他的东西。IBM公司的所有经理都懂得人们对工作满意的价值和不断调动积极性的必要性，因此，员工的贡献会得到表彰、鼓励和报酬。

法国有一句古老的谚语："一个人累了也能再走完一段很长的道路。"但是，这需要调动人本身的潜力与得到外界的鼓励。激励的作用就是鼓励人们在既定道路上走下去，直到实现组织目标。IBM公司的前营销副总裁巴克·罗杰斯深知IBM公司取得成功的一切奥秘，他认为，一个优秀的领导就是一名鼓动者——一个靠他的言论和行动来激发人们做出最出色的工作的人。

1.1.5　激励的作用与特征

1.激励的作用

领导的职责是把员工们的动机有效地引向组织的目标，将员工作为资源（如同物力、财力资源）加以开发，通过激励，了解动机，留住员工，激发创造性。

2.激励的特征

（1）方向性。积极性的方向表现为：努力完成一件事，主观上是为了个人利益，客观上对集体、国家也有利。当然，国家、集体、个人都得到利益是最好的情形。

（2）选择性。人的积极性有时是捉摸不定的，这是因为每个人都是根据自己的个性特征，如气质、性格、爱好、兴趣、感情等，来做出对事物的积极性的选择。

（3）时效性。积极性不可能持续高涨，而是起伏不定的，如发奖金时，职工的积极性会高涨，过后积极性则会下降。

（4）复杂性和能动性。人的动机存在着矛盾和冲突，如一方面为了多增加收入而想加班加点，但另一方面却考虑留些时间同家人团聚。

3.激励与企业管理

根据以上激励特征，组织领导者要经常考虑到以下问题：

（1）寻求激励因素以激发动机，驱使行为。

（2）选择激励的方向是考虑激励只对个人利益有利，还是国家、集体、个人利益结合。

（3）怎样保持激励行为持久甚至经久不衰，要依靠不断采取新的强化激励的措施。

（4）从工作绩效看激励：绩效=能力×积极性。如果两位员工的能力相等而绩效不等，那么一定是积极性存在差别。我们要解决的问题是要想办法把积极性导向正确的方向，做出正确的选择。

显然，不断地采取有效的激励措施，持续稳定地调动员工的积极性，才是我们的目标。

1.2 以系统观认识激励

激励与激励过程的实践实际上是一项复杂的系统工程。为此，我们要用系统观来重新认识激励。

1.2.1 激励系统的一般描述

激励系统指的是由相互关联、相互作用的激励要素构成的一个整体，包括以下三个方面：激励时间维，即激励过程；激励空间维，即激励层次；激励逻辑维，即各种激励因素。详见图1-4。

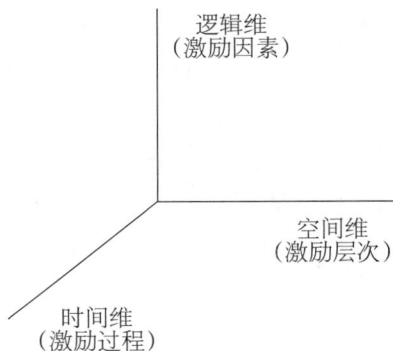

逻辑维
（激励因素）

空间维
（激励层次）

时间维
（激励过程）

图1-4 激励系统的三维结构图

1.2.2　激励系统的特征

激励系统具有以下特征：

（1）激励是人-人系统。该系统是由激励主体（激励者）和客体（被激励者）组成的一个复杂的人-人系统。

（2）激励系统是动态的。激励双方的心理需求、心态、激励环境、激励因素都是随机多变的。

（3）激励系统是耗散的。耗散是一个远离平衡的开放系统的固有特性。在外界条件变化达到某一特定值时，量变可能引起质变，系统通过不断地与外界交换能量与物质就可能从原来的无序状态转变为一种时间、空间与功能的有序状态。

（4）激励系统是一个非平衡的动态开放系统。激励系统的各要素之间并非线性关系，存在着有规律的心理波动和无规律的随机扰动，是一个从不平衡到平衡的过程，从而保持稳定、有序的状态。

（5）激励系统是可分的。激励系统可以按照不同标准来划分。

按激励的层次划分为：①宏观激励子系统：指全社会性、政府性的激励；②中观激励子系统；③微观激励子系统：可具体到每个企业、车间、班组的激励。

按激励的对象划分为：①激励主体的激励：即各级领导的激励；②激励客体的激励：即下属职工的激励。

按激励过程划分为：①激励因素子系统——用什么激励；②激励运行子系统——如何去激励；③激励评价子系统——激励是否有效；④激励反馈子系统——激励效果、信息反馈。

此外，按激励因素的不同，激励还可划分为物质的和精神的两类。物质需求和精神需求是统一的、有机的，具有一定的层次性、有序性。由各种需求、动力、欲望等构成的激励因素是一个系统。

1.3 对激励过程有效性的再认识

激励过程是指由诱因诱发动机，再由行为达成目标的过程。在实践中，激励过程是一个相当复杂的过程，包括激励因素的选择、被激励者对激励因素的理解与可接受程度、激励过程的控制、激励信息的反馈等。

1.3.1 激励信息的获得

1.激励信息是什么

激励信息是指激励主体（管理者）与激励客体（职工）之间交流的一种特定形式的符号，如一种心态、情绪、情意、暗示、指令、理解、成就反应等。激励信息像其他管理信息一样，对调动员工积极性，提高员工的热情，创造良好的组织环境，对企业的经营决策有十分重要的意义。

2.激励信息的认识与取得

激励主体怎样才能感受到激励的效果，觉察激励是否起了作用，知道采用怎样的激励因素最有效呢？这就要求激励主体对激励信息有足够的认识。

激励主体主要通过心理观察、情绪体验、业绩反映等方式来认识激励信息，评价、断定信息的可信度。激励客体（员工）通过实施的激励因素，如指示、命令、目标、情感及其管理控制工作，认识激励信息。

激励主体与客体之间激励信息的有效传递，构成信息流，从而取得认同上的一致性。

3.激励信息与激励效果

激励信息贯穿激励的全过程。正确、完整地认识、理解它，可以及时地纠正激励中出现的偏差，恰当地运用激励因素，掌握激励时机，减少激励的盲目性。

1.3.2 激励过程的控制

激励控制就是指激励主体如何选择控制激励因素，掌握激励时机，监督激励过程，调动激励客体的积极性，使其行为符合激励主体的要求，实现组织目标。

激励过程的控制一般分为宏观激励控制和微观激励控制。激励控制的三个基本环节是：①选择激励因素是根据激励主体、客体、环境来选择判定出有效的激励因素的过程；②时机控制是指激励在什么时间实施最优并能取得最大的激励效果；③反馈控制是指根据激励信息的反馈控制激励过程。

1.3.3　有效激励过程的模式

有效的激励是激励主体、激励客体、激励因素、激励信息、激励环境、激励控制等各种要素相互作用的结果。它是激励过程与要素的有机统一，可用图1-5表示。

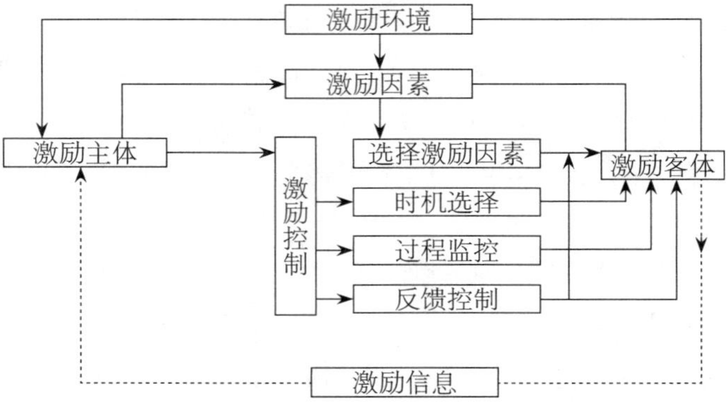

图1-5　有效激励过程模式图

由图可见，激励过程也是一项系统工程，任何一项激励措施能否取得效果，取决于系统中的多种因素。其中任何一个因素没有掌控好，就会影响激励效果。

主要概念

激励　激励过程　激励系统

思考题

1.将激励称为工作动机的激发，其意义何在？

2.通过案例分析说明激励的作用与特征。

中国传统
文化中的激励观　　第2章

学习目的

- 了解中国古代孔子与孟子等的宏观激励论
- 了解中国古代管子、孙子、孙膑等的微观激励论
- 学习老子的人性与需要思想以及汉魏时期道家的激励思想
- 了解中国近代企业家——卢作孚、宋棐卿、荣宗敬、荣德生等的有关企业文化、企业精神的激励观

自古以来，我国的传统文化中已有极为丰富的激励思想和理念，并在数千年的历史实践中应用着。国外学者与企业家也非常关注中国传统文化中的管理思想、理念，特别是其中有关激励方面的内容。为此，我们特别设置这一章，详细介绍我国古代、近代的激励观。

2.1　我国古代的激励观

在我国博大精深的传统文化中，有关激励的论述是极为丰富的，其中既包括宏观激励理论、思想与方法，也包括微观激励理论、思想与方法。

在司马迁所著《史记》的《范雎蔡泽列传》中即有"欲以激励应侯"之说，意即"激发使其振作"，这比西方学者提出"激励"的概念早了几百年。

当今发达国家的学者们十分重视研究和汲取我国古代诸子百家的思想

成果。美国的一些专家、学者在《管理思想史》等许多著述中，都大量引用了我国古代孔子、墨子、孟子等人的著作和《周礼》《孙子兵法》等古籍中的有关管理方面的论述。日本企业家特别注意从我国的《尚书》《周易》《老子》《论语》《墨子》《孟子》《庄子》《荀子》《韩非子》《管子》，以及《三国演义》《红楼梦》等古籍中学习有关的管理思想。

承先才能启后，这是历史发展的客观规律。为此，要善于发掘、研究我国传统管理理论中的激励观，并用正确的立场、观点、方法批判地总结前人的管理经验，取其精华、去其糟粕，使我国现代激励理论植根于民族优秀文化传统的土壤中，充分发挥我国的历史优势，使之为管理现代化事业服务，为国家的经济和社会发展服务。

在我国古代激励观中，凡主张通过国家的政治、经济、文化、教育等相应措施调动民众积极性的观点，统称为宏观激励观，如"义利""惠民""富民""教民"等激励观与相应措施；主张通过具体的物质与精神等相应措施调动民众积极性的观点，统称为微观激励观，如"功利观""同利、诚信、公平"的激励原则与奖惩观等。

2.1.1　传统的宏观激励观

1.孔子的"义利"与"惠民"激励观

（1）见利思义

孔子的"义利"观首先肯定所有的人都有追求富贵的欲望。他说："富而可求也，虽执鞭之士，吾亦为之。"（《论语·述而》）就是说，追求富贵是人们的正当欲求，因此，施惠于人民，使人民的生活安饱以至富裕，应当成为统治者的基本国策。

但在另一方面，孔子更加强调以"礼义"制约"利"的重要性。"见利思义，见危授命，久要不忘平生之言，亦可以为成人矣。""义然后取，人不厌其取。"（《论语·宪问》）

孔子把"见利思义"作为管理的最高原则，同时也要求不同阶层的人都把"义"作为自身行为的规范。对于治国者而言，要执行富民政策，轻徭薄赋，使民以时，宽刑仁慈，而不孜孜于聚敛，这体现了仁义的精神。

对于一般官吏，则应当是"谋道而不谋食"。而对于平民百姓来说，在统治者允许的范围内求利，不"犯上作乱"，就是最大的"义"。

孔子将"义"作为人们对"利"的取舍标准，这是非常可贵的，即使是在今天，我们也同样应该注意这两者的关系。由于经济的发展，人们对物质的需求不断膨胀，而对精神文明的需要可能就会有所减弱，从而出现"见利忘义"的不良的社会现象。"利"与"义"的关系处理得不好，就一定会出现严重的社会问题。

当然，从唯物史观的角度看，孔子所讲的"义"有其历史和阶级的局限性，但"先义后利""重义轻利"，以义制约利的思想仍然具有积极的现实意义。尽管不同时代中"义"的内涵有所不同，但以义制约利始终是不能忽视的，也是不能颠倒的，否则，国家管理和企业管理都将无法持续，社会秩序就会出现混乱，后果将不堪设想。

（2）惠民观

孔子惠民主张的主要内容是：为政首先应该考虑施恩惠于人民，使人民过上安逸富裕的生活。"君子喻于义，小人喻于利。"其意思是治理国事者（国君、官吏）必须懂得什么是"义"，推恩施惠于民；而庶民百姓则只能明白如何产生"利"和分享"利"。为此，对于治国者来说，就要实行惠民政策，否则就是不仁、不义了。

孔子的惠民观是基于这样的认识：治理国家的目标首先在于安民，民贫则怨，民富则安。根据这种观点，他要求统治者"使民以时"，不滥征民力，放手让人民从事生产，并要做到"薄赋敛""节用爱人"，使人民得以"足食"和"济众"。惠民以富的政策得以贯彻，最后就会取得"近者悦，远者来"的最佳激励效果。

孔子的宏观激励思想告诉我们，要想调动人民群众的积极性，首先要有一个安定的社会环境，在这个环境中人民安居乐业。要做到这一点，就要想方设法满足人民群众的多层次需求，施行"惠民"政策。

孔子的"见利思义"的激励观还告诉人们，要注意激励的方向，不能"见利忘义"。结合我国现阶段的国情，就是要坚持在强调社会主义精神文明的前提下追求物质文明的昌盛。

2.孟子的爱民、富民、教民以及性善说的激励观

（1）爱民、富民、教民

孟子提出的宏观管理目标是要施仁政。他把"仁"放在首位，要先义而后利，要讲国家的大利。他认为："天子不仁，不保四海；诸侯不仁，不保社稷；卿大夫不仁，不保宗庙；士庶人不仁，不保四体。"（《孟子·离娄》）他猛烈抨击那些不行仁政的国君，认为"不仁而在高位，是播其恶于众也"。（《孟子·离娄》）

仁政的内容主要是：以德服人；民为贵，与民同乐；省刑罚。

孟子主张"以德服人"，反对"以力服人"。认为"天时不如地利，地利不如人和"。"得道者多助，失道者寡助。寡助之至，亲戚畔之；多助之至，天下顺之。"（《孟子·公孙丑》）

孟子的另一个治民思想是"民为贵"。他主张："民为贵，社稷次之，君为轻。"（《孟子·尽心》）在上述宏观管理目标的基础上，孟子提出了要爱民、要富民、要教民的激励思想与激励措施，以实现这些目标。

要爱民，即指要"与民同乐"。"乐民之乐者，民亦乐其乐；忧民之忧者，民亦忧其忧；乐以天下，忧以天下，然而不王者，未之有也。"（《孟子·梁惠王》）孟子猛烈地抨击了那些不关心百姓疾苦，整日寻欢作乐的国君。他告诉齐王说，君王独自欣赏音乐，独自乐于田猎，反倒会引起百姓对君王更深的怨恨，只有关心百姓疾苦的人，百姓才能与君王共同欣赏音乐。

要富民，"菽粟如水火，而民焉有不仁者乎？"（《孟子·尽心》）意思是说粮食像水火那样多了，百姓哪有不仁爱的呢！也可以理解为，百姓的吃穿满足了，人心就可以安定，仁道就能够实行。孟子还具体提出了富民的办法，一是不违农时，鼓励耕种，即"民事不可缓"（《孟子·滕文公》）。二是给百姓以恒产，百姓拥有一定数量的财产是巩固社会秩序、维持良好社会风气的必要条件，即"民之为道也，有恒产者有恒心，无恒产者无恒心，苟无恒心，放辟邪侈，无不为己"（《孟子·滕文公》）。三

是薄税敛，凡民"所欲，与之聚之；所恶，勿施尔也"（《孟子·离娄》），意思是租税是否增加或征收决定于对百姓是否有利。

要教民，"善政不如善教之得民也。善政，民畏之；善教，民爱之。善政得民财，善教得民心"（《孟子·尽心》）。意思是说，只有通过教育人民，才能得到人民的爱戴，获得民心。

孟子是一个性善论者，他认为，由于环境的作用，本性虽善的人可以为不善，所以对人民要"顺其本性而育之"。至于如何实行才算善教，其具体的方法有以下三点：一是求放心，意即通过行仁政，教育人民行善，把那些丧失掉的善良之心找回来。二是因材施教，意即对不同的人用不同的方式进行教育。三是注意个人修身的作用。孟子说："国之本在家，家之本在身。"（《孟子·离娄》）就是说国家管理必须要从治家、修身抓起，如果人人都能接受仁德的主张和教化，国家肯定可以管理得很好。

孟子提出的爱民思想与现阶段管理中的"感情激励"虽是不同时代的产物，但提倡关心人、爱护人、尊重人的情感激励观点是相同的。人民只有受到关心、爱护、尊重才能被激励，这在任何时代都是共同的。

孟子提出的富民思想与现阶段国家提出的关心人民物质利益的做法是一致的。任何时代，只有人民生活安定，人心才能安定，社会才能平稳发展实现进步。这也是古今相同的激励观。

孟子提出的教民思想与现阶段国家提出的通过思想教育进行精神激励的做法也是一致的。激励的反面是去激励，人民的善良本性要通过教育充分体现出来，而在恶劣环境下有善良本性的人也有可能变坏。

孟子修身、治家的提法与现代社会中强调人的自我修养、自我调节、自我控制也有相同的内涵，不同点只在于前者强调脱离社会实践的修身做法，而后者注重通过实践磨炼来加强自身的修养。

（2）性善说

我国古代思想家对人的本性的假说有几种不同的观点。

据《孟子》记载，战国中期至少有四种关于人性善恶的见解：一是性无善无不善；二是性可以为善，可以为不善；三是有性善有性不善；四是

性善。(《孟子·告子》)

孔子将人性的善恶总结为"性相近,习相远"(《论语·阳货》),很不具体。

孟子则认为,人性是善良的,因为人的"恻隐之心,仁之端也;羞恶之心,义之端也;辞让(恭敬)之心,礼之端也;是非之心,智之端也"(《孟子·公孙丑》)。正因为人先天地具有仁、义、礼、智"四德"的萌芽,所以人性没有不善的。孟子还说:"仁义礼智,非由外铄我也,我固有之也,弗思耳矣。故曰:'求则得之,舍则失之。'或相倍蓰而无算者,不能尽其才者也。"(《孟子·告子》)这就是说,善良之性是人们固有的,只是不自觉罢了,追寻它就有,不管它就丢掉了。因此,人们之间的善性存在很大的差别,那些不善者都是由于没有充分挖掘其本性的缘故。如果加强教化,致力于发掘人的本性,人人都能存善心,国家社稷就能太平,天下就能安宁。

从这一思想出发,孟子提出了一系列激励主张,总的倾向是重视启发、诱导,不提倡强制灌输。孟子提出一个独特的想法,即"养心",亦称"修养"。"养心"就是扩张人的善良本性。尽管人的本性是善良的,但由于外部环境的作用,人可以为善,可以为不善,所以,只有加强修养才能克服外部环境的坏影响,才能保持和发扬人的善良本性。进而,孟子提出了提高人的修养的途径和办法:

第一为尽心。"尽其心者,知其性也;知其性,则知天矣。存其心,养其性,所以事天也。"(《孟子·尽心》)

第二为反求。就是反躬自问,从自己身上找原因。反求是为了正己,只有身正,天下人才会钦服。

第三为博学深造。孟子认为"贤者以其昭昭使人昭昭",而不能也不会"以其昏昏使人昭昭"(《孟子·尽心》)。

第四要经受各种磨炼。孟子认为,"天将降大任于斯人也,必先苦其心志,劳其筋骨,饿其体肤,空乏其身,行拂乱其所为,所以动心忍性,曾益其所不能"(《孟子·告子》)。他主张要造就一批德高望重、善于管理的人才，也要塑造出能接受管理、德性善良的人民。

3.荀子的性恶论及其激励观

荀子名况，字卿，是战国末期著名的儒学大师。《荀子》一书是研究荀子思想的主要依据。

荀子反对孟子的性善说，提出了性恶论。荀子的性恶论有下述含义：

首先，他认为"性"是人生下来就具有的，而不是后天习染的，"凡性者，天之就也，不可学，不可事"（《荀子·性恶》）。"是人之所生而有也，是无待而然者也。"（《荀子·荣辱》）

其次，荀子所说的"性恶"不是通常所说的善良与凶恶，而是指人生下来都有求生的欲望、享受的欲望，"饥而欲食，寒而欲暖，劳而欲息，好利而恶害"（《荀子·荣辱》）。他认为，"目欲慕色，耳欲慕声，口欲慕味，鼻欲慕臭，心欲慕佚，此五慕者，人情之所必不免也"（《荀子·五霸》）。

荀子进一步认为，人性善的一面是人出世后经过教化的结果，即"人之性恶，其善者伪也"（《荀子·性恶》）。这里的"伪"不是虚假之意，而是人为之意。听凭人性恶的方面自然发展，必然导致争夺、社会动乱和穷困。"人生而有欲，欲而不得，则不能无求；求而无度量分界，则不能不争；争则乱，乱则穷。"（《荀子·礼论》）

荀子认为，由于人性恶的后果，会产生"偏险而不正""悖乱而不治"的现象，故需要用礼义教化和法律强制手段来治理。"明礼义以化之，起法正以治之，重刑罚以禁之，使天下皆出于治，合于善也。"（《荀子·性恶》）就是说，不能放任人本恶的天性自由发展，因为自由放任是造成社会上你争我夺的根源。

荀子道出了"人性恶"是礼治与法治的根源，"故必将有师法之化，礼义之道，然后出于辞让，合于文理，而归于治。"（《荀子·性恶》）就是要加强教化，用后天的善道去改造先天的恶性。至此，荀子已将性恶论与管理挂起钩来。只有通过教育，使人们改恶从善，才能调动起人们的积极性，才能起到真正的激励效果。

2.1.2　中国传统管理中的微观激励观

1.管子的功利主义激励观

管子是春秋时代著名的政治家，他提出的功利观，是主张利益为人之本性的利益观。

管子认为，"夫凡人之情，见利莫能勿就，见害莫能勿避"（《管子·禁藏》）。所有的人，不分贵贱，都是"得所欲则乐，逢所恶则忧"（《管子·禁藏》），"民予则喜，夺则怒"（《管子·国蓄》）。管子进一步生动地描述了追求功利是人的本性的种种事实，"其商人通贾，倍道兼行，夜以续日，千里而不远者，利在前也。渔人之入海，海深万仞，就彼逆流，乘危百里，宿夜不出者，利在水也。故利之所在，虽千仞之山，无所不上；深源之下，无所不入焉"（《管子·禁藏》）。商人要做买卖，夜以继日地倍道兼行，渔夫捕鱼，不怕海深浪大，这一切都是为了追求利益。

根据功利观，管子提出可以以"利"作为杠杆，来激励人民的积极性。"得人之道，莫如利之""欲来民者，先起其利，虽不召而民自至"（《管子·形势解》）。为此，作为统治者，必须善于给人民以利益，满足人民的物质需要。"仓廪实而知礼节，衣食足则知荣辱。"（《管子·牧民》）一旦人的利益或需要得到了必要的满足之后，必将激发出更大的积极性，产生更大的效益，不懂这一点就不是一个称职的统治者。"圣人之所以为圣人者，善分民也。圣人不能分民……安得名圣？"（《管子·乘马》）

管子虽然非常重视研究人的需要，强调满足人的需要的重要性，但并不主张无限制地满足个人的私利，而是要使个人利益的欲望有所节制，否则国家就不好治理。"不能调通民利，不可以语制为大治。"（《管子·国蓄》）而且，"民多私利者，其国贫"（《管子·禁藏》）。同时他还指出，如对个人私利无所限制，则利益也就失去了激励作用，因为利益给多了，人们就不当一回事了，也就不努力了，即"万物轻则士偷幸"（《管子·山至数》）。总之，为了保证利益的激励作用，必须对人的需求有所节制，"其可不利，以其好利也。"（《管子·心术》）

（1）管子的激励原则

①舍己以上为心

为了达到激励的目的，管子提出了一个最高的激励原则，即"舍己以上为心"。"昔者圣王之治人也，不贵其人博学也，欲其人之和同以听令也。"（《管子·法禁》）就是说，背离了"以上为心"而谈激励是绝对不容许的。当然，这个"上"指的是封建统治者的号令。调动人的积极性一定要保证与总体方向一致，为了维护这个最高原则，甚至可以忽略人的才能。

②和

管子提出的另一个重要激励原则是"和"。"上下不和，虽安必危。"（《管子·形势解》）为此，要"畜之以道，则民和。养之以德，则民合。和合故能谐，谐故能辑。谐辑以悉，莫之能伤"（《管子·兵法》）。当然，这里所谈的"和"包含了人际关系和睦融洽的意思，但主要是指统一、同心。

③同利、诚信、公平

在具体的激励措施方面，管子又提出了"同利、诚信、公平"六字原则。"同利"，就是要使人们的利益与整体利益统一起来，使大家看到个人的目标和整体的目标是一致的，这样就能在激励人们实现个人目标的同时，完成整体的目标。"诚信"，即为"言必行，行必果"，赏罚一定要兑现，也包含着关心人、与人在感情上沟通的意思。"公平"，就是使人们得到的利益与做出的贡献直接挂钩，使人们明白，只有多做贡献才能得到更大的满足。

只有真正做到同利、诚信、公平，才能真正达到"和"的境界，从而取得好的激励效果。

（2）管子的赏罚激励观

管子的激励观强调要有明确的赏罚。"君之所以为君者，赏罚以为君。"（《管子·君臣》）赏罚的作用就在于使人们既"知所必就"，又"知所必去"。为了使人们的个人需要真正转化为对整体有利的动力，并使那些不符合整体利益的个人需要得到抑制，就要"案其功而行赏，案其罪而行罚"（《管子·明法解》），要向人们"明必死之路，开必得之门"（《管子·牧民》），要让人们明白，做出成绩、奉公守法，才是满足自身需要的唯一途径，舍此无其他途径。

赏和罚就是从正、反两方面强化人们的合理需要，限制人们的不合理需要。但是，为保证赏罚手段真正发挥其应有的作用必须做到：

首先，确保其切实兑现。"赏罚莫若必成，使民信之。"（《管子·禁藏》）如果"赏不随其功""数出重法，而不克其罪"（《管子·七臣七主》），则"斧钺不足以畏众，禄赏不足以劝民"（《管子·版法解》），赏罚手段必然丧失其调动人、约束人的作用。

其次，赏罚手段能否发挥应有的作用，还取决于赏罚手段行使得是否公平。"入则务本疾作以实仓廪，出则尽节死敌以安社稷，虽劳苦卑辱而不敢告也。"（《管子·形势解》）意思是说，赏罚公平，有功劳的受赏，有过失的受罚，则人们无论是从事生产劳动，还是同敌人作战，都必然毫无怨言地尽最大努力。反之，如果徇私枉法、赏罚不公，"有无功而可以得富者""有犯禁而可以得免者"，则不仅调动不起人们建功业、做贡献的积极性，还会引发人们投机取巧的行为，危及社会安定。

运用赏罚手段还要注意掌握"度"。一方面，在关键时刻要敢于重赏、重罚，"赏必足以使，威必足以胜"（《管子·正世》）。另一方面，行使赏罚又不可过滥，如果行赏过滥，则"一为赏，再为常，三为固然。其小行之则俗也，久之则礼义"（《管子·侈靡》）。就是说，奖赏过频，就成了理所当然的事，也就失去了激励的作用。正确的方法是"必行之而然后移"（《管子·侈靡》）。此外，还要注意针对不同的人施以不同的赏罚手段，即"夫民富则不可以禄使也，贫则不可以罚威也"（《管子·国蓄》）。

管子也重视人的物质和精神两方面需求，因而主张在给人奖励时，既要有物质方面的利禄，又要有精神方面的爵名，这样才能真正使人获得两方面的满足。

（3）管子的激励权变观

管子的激励理论贯穿着随机应变的权变思想。他认为，具体的激励方法很多，在什么情况下应该采取哪种方法，并没有一定的模式可循，全靠领导者根据自己对情况的判断，相机行事。"帝王之道备矣……公其行义而已矣。"（《管子·轻重戊》）他以"古之所谓明君者"的做法为例指出，"其设赏有薄有厚，其立禁有轻有重，迹行不必同。"（《管子·正世》）之所以这样，不是故意标新立异、哗众取宠，而是要"随时而变，因俗而动"，即随着客观条件的变化而变化，切合实际需要。

管子还强调，任何有效的激励手段久用不辍也会失效，"必行之而然后移"，这说明，绝对不要拘泥于古人的经验，不要守常不变，而要敢于突破创新，即"与时变，与俗化"（《管子·正世》）。

综上所述，管子的激励观，既强调物质利益的原则，满足人们的功利欲求，同时又主张节制私利、明赏罚，以和为贵。此外，还注意到了应用激励手段的权变性等。这些宝贵的思想对当今社会仍然有着非常现实的借鉴意义。

2.孙子、孙膑的激励观

我国古代的《孙子兵法》《孙膑兵法》等兵家著作系统而又全面地阐述了奖惩观，而奖惩是实施激励的一个重要方面。

（1）奖惩要形成一个制度，并有正确的原则

孙子在《计》篇（凡出自《孙子兵法》者，均只注篇名——编者注）中说，要"赏罚孰明"，意即将帅要奖惩分明。孙膑也认为赏罚要"不维其人，不阿（阿）外辰"（《孙膑兵法·将德》），大意是只论功过行赏罚，不论其人亲疏贵贱，也不屈从外来的权威。不然的话，"赏高罚下，而民不听其令者，其令，民之所不能行也"（《孙膑兵法·奇正》）。意即奖赏只对组织中的官吏，而惩罚只对士兵，那么士兵就不会服从（命令）了。为此，"将者，智、信、仁、勇、严也。"（《计》）其中的"信者，使人不惑于刑赏也"，意即刑赏要有一定之规，不可随意妄为，立"信"就是要将奖惩制度化、规范化。依据正确的原则，做到有功必赏、有过必

究，使上下相互信赖，人无怨言。

孙膑还精深地论述到："罚者，所以正乱，令民畏上也。"（《孙膑兵法·威王问》）意即惩罚的功能是将"乱"恢复到原来的"不乱"，所以说惩罚的功能在于"正乱"。

在施用惩罚的权威时，孙膑认为应该速惩疾罚，因为惩罚旨在矫正人们的过失行为，为了不使过失扩大，殃及他人，就应迅速、有效地予以匡正。

孙子告诫指挥者："卒未亲附而罚之，则不服，不服则难用也。"（《行军》）意思是当下属人员对指挥者并不拥戴并不信赖时，如果指挥者过多地施用惩罚权威，就会更加疏离上下关系，难以协同完成工作。为此，指挥者要树立威信，就要慎用或者少用惩罚。但是，孙子又告诫指挥者："卒已亲附而罚不行，则不可用也。"（《行军》）意即当上下级关系较亲密，上级较有威信时，也不能闲置惩罚的权威，不能宽宥谬误、养痈贻患。

（2）注重物质奖励及选择有效的激励方法

孙膑正确地阐明了物质奖励的功能："夫赏者，所以喜众，令士忘死也。"（《孙膑兵法·威王问》）意即奖赏就是要让士兵兴奋，让他们为获取物质利益，忘我工作，视死如归。

孙子在《作战》中也说道，"取敌之利者，货也"。后人注曰："军无财，士不来；军无赏，士不往。""人知胜敌有厚赏之利，则冒白刃，当矢石，而乐以进战者，皆货财酬勋赏劳之诱也。"这一切都说明，人之所以要当兵、奋勇杀敌，都是因为军事组织中有物质奖励作为诱饵。这些论述说明了，物质利益的施与是基本的激励手段。在施用奖励的方法上，孙子、孙膑提出了要及时、适宜，以及结合受赏人的需要施赏等精辟见解。孙膑主张"赏不腧（逾）日"（《孙膑兵法·将德》），又提出"赏不腧（逾）时，欲民速得为善之利也"。意思是奖赏时不要延迟过久，以便士兵迅速得到奖赏的利益。这说明古代兵家也注重奖赏的时效性。

要注意论功行赏，使奖励具有差别性。孙子在《作战》中谈到："得车十乘已上，赏其先得者。"所谓"先得"，即率先杀敌斩将、获得战利品的士兵。"赏其先得者"，就是要与"后得者"有所差别，鼓励冒尖。

奖励中的另一重要问题就是要做到公平合理。孙膑说："称乡（向）（悬）衡，虽（唯）其宜也。"（《孙膑兵法·行篡》）意即要像公正的天平那样，按照功劳的大小予以犒赏，要做到十分恰当。"赏唯其宜"的思想有重要的价值。一方面，功必有大小，而相应的奖赏在"量"上也理当有所差别，这样才能真正起到激励的作用；另一方面，可以避免因奖赏不公正而造成的人心不满，使奖励的负面作用最小。

孙膑还认为，奖励要与受奖人的需要相结合，即："夫民有不足于寿而有余于货者，有不足于货而有余于寿者，唯明王圣人智（知）之，故能留之。死者不毒，夺者不愠。"（《孙膑兵法·行篡》）意即有的人爱财，有的人爱生命，聪明的将帅要善于根据他们的特点来奖励和安排工作，如果这样做了，手下人就能够为将帅所使用，死了也毫无怨言，剥夺了并不需要的奖赏也不发怒。奖励与受奖者的需要结合起来就会取得最佳的激励效果，所谓"予不期多寡，贵当其急"就是这个道理。

孙子还根据作战情况和环境的不同，提出可以实行破例的奖赏。他在《九地》中说："施无法之赏，悬无政之令，犯三军之众，若使一人。"意即要根据战情将奖惩制度加以变通，实行法外之赏、破格之奖。

（3）注重精神激励

孙子、孙膑等古代兵家不仅重视物质奖惩，更重视精神鼓励，将"治气"作为重要的精神奖励手段。

孙子说："故杀敌者，怒也。"（《作战》）怒者即军威。《尉缭子》中说："民之所以战者，气也。气实则斗，气夺则走。"士兵之所以奋勇作战的原因就在于气势，精神饱满、意气风发，战斗力就高；士气丧失、精神不振，就会败逃。《尉缭子》中还说："战在于治气。"意即将帅带兵作战，就要掌握士兵心理，激发出他们的战斗勇气。由此可见，在战争中，为了取得胜利的目标，将帅必须要做精神激励，营造人人奋发、个个欲战的高昂士气。

在怎样使士兵士气高涨的问题上，孙子、孙膑都有论述：一是人心和，士气高；二是爱护、尊重下属人员，这是内部和睦的基础。孙膑说："军淮，众不能其将吏，可败也。"（《孙膑兵法·将失》）意为士卒与其将官不和，军心涣散，就有失败的危险。

孙膑非常重视组织内部的和睦，他在《孙膑兵法·篡卒》中说："恒胜有五，得主制（专）制，胜；知道，胜；得众，胜；左右和，胜；量适（敌）计险，胜。"所谓"得众"，是指将帅要与士兵亲和，体贴下属，上下一致。所谓"左右和"，指君主左右、将帅左右和副将军校左右，以及士兵之间的和睦。这就是说，从纵向看，上下和；从横向看，左右和。组织内部和睦是恒胜（永远不败）的必要条件，这无疑是非常深刻的见解。

两位古代军事家都强调要将士卒看成是自己的亲骨肉，加以爱护和关怀，给以家庭般的温暖。孙子在《地形》中说："视卒如婴儿，故可与之赴深溪；视卒如爱子，故可与之俱死。"同样，孙膑在《孙膑兵法·将德》中也强调要对下属"爱之若狡童，敬之若严师"。

显然，这些都是士卒奋勇努力、视死如归的前提条件，只有通过情感的互相交流而亲密无间，才会使组织内部团结和睦。

总之，孙子与孙膑的激励观都强调了通过领导者的精神激励形成高昂的团体士气的重要性。这样做，既能产生加倍的工作效率，又能满足组织成员的社会性心理需求，从而发挥出极大的激励力量和效果。

2.1.3　老庄的人性与需要思想

1.人性思想

先秦道家认为，素朴是人的本性。

老子说："见素抱朴，少私寡欲。"（《老子·十九章》）素，指没有染色的丝；朴，指没有雕琢的木。素朴，即单纯、朴实的意思。老子主张人要外表单纯，内质朴实，保持素朴的自然本性，减少私心，降低欲望。庄子认为原始人的朴素无知是人的本性："同乎无欲，是谓素朴。素朴而民性得矣。"（《庄子·马蹄》）老庄都认为当时的社会环境是物欲横流，人的素朴本性受到扭曲，因此提出要"复归"，还人性的本来面目。《老子》一书中多次提到"婴儿",要人归真返璞,保持赤子之心。《老子·二十八章》中就写到了"复归于婴儿""复归于无极""复归于朴"的见解,主张人应该复归到婴儿状态中去,复归到真理状态中去,复归到纯朴状态中去。庄子则赞赏"同与禽兽居"的原始社会,认为这是"至德之世",在这种社会里人的本性才能得以体现。

应该看到,老庄提出要"少私寡欲",甚至要"无知""无欲"是针对诡诈、贪欲横行的社会现状,为复归素朴人性而提出的,不能据此认为道家就是主张无知、无欲。老子说:"生而不有,为而不恃""功成而不居"(《老子·二章》),"水善利万物而不争"(《老子·八章》)。这里,"生""为""功成""善利万物"都不是"无欲"的表现。道家主张的是不把自己所做的据为己有,不居功。应该说,这才是素朴人性的特点和内涵。既然人性素朴,又积极人世,人就蕴藏着无穷的创造潜力,管理者就应创造良好环境,排除对人性的干扰因素,顺应人的本性,把人的创造潜力充分发挥出来。

2.需要思想

先秦道家重视满足人合理的需要。老子认为,治国者要使百姓过上安居乐业的美满生活:"甘其食,美其服,安其居,乐其俗。"(《老子·八十章》)庄子把这样的理想社会称为"至德之世",认为"若此之时,则至治已"(《庄子·胠箧》)。

现代心理学认为,需要的产生会受到环境的影响,环境因素会诱发需要的产生,通过对环境加以控制可以改变需要。道家提出了通过社会环境的治理来控制贪婪欲求的主张,这与现代心理学的观点是一致的。《老子·十二章》指出,追求过分的感官享受会导致感官伤害:"五色令人目盲,五音令人耳聋,五味令人口爽。"并认为贪欲还会导致行为不轨:"驰骋畋猎,令人心发狂;难得之货,令人行妨。"对名利欲念的控制可以使"民心不乱",从而达到有利于治理的目的。《老子·三章》指出:"不尚贤,使民不争;不贵难得之货,使民不为盗;不见可欲,使民心不乱。"意思是不显示贤名,金银财宝这些名利没什么可欲的,那么,人的心意就不会迷乱了，这样可以避免争名逐利、偷盗行为的发生。

道家倡导自然、不强求的需要满足方式。认为知足、自然地满足需要，能长久和安全，否则会带来祸害。我们认为，老子、庄子在谈到"欲"这个问题时，虽然说过"寡欲""无欲"，但其用意是倡导自然的需要满足方式，并不是主张要灭绝人欲，与后来宋明理学家的提法不尽相同。他们有关的论述包括：

"少私寡欲。"（《老子·十九章》）

"知足者富。"（《老子·三十三章》）

"知足不辱，知止不殆，可以长久。"（《老子·四十四章》）

"将盈者欲，长好恶，则性命之情病矣。"（《庄子·徐无鬼》）

在激励问题上，道家主张万事要顺应自然本性，反对苛刑暴政。《老子·七十四章》中说："夫代大匠斫者，希有不伤其手矣。"意思是天地之间有杀生者来杀戮万物，谁要代替杀生者主持杀戮，就好像不会手艺的人代替木匠砍木头，就必定会砍伤自己的手。在管理上，就是要万事顺其自然，不采取强行的处罚手段。

2.1.4 《吕氏春秋》中的激励思想

《吕氏春秋》较为全面地论述了赏罚关系。它有如下论述[①]：

"威愈多，民愈不用。"（《吕氏春秋·用民》）

"威不可无有，而不足专恃。"（《吕氏春秋·用民》）

"爱利之心谕，威乃可行。"（《吕氏春秋·离俗览》）

"徒疾行威，身必咎矣。"（《吕氏春秋·用民》）

"与其不幸而过，宁过而赏淫人，毋过而刑君子。"（《吕氏春秋·用民》）

上述引文的基本含义可以概括为：

（1）领导不能没有威严，"威不可无有"。因此，处罚是必要的手段。

（2）专恃威势刑罚会产生不利影响，威"不足专恃"，严刑峻法越

---

① 有关《吕氏春秋》的引文出处：吴枫. 中华道学辞典［M］. 海口：南海出版公司，1994.

多，下属就越不容易管理，所谓"威愈多，民愈不用"。

（3）领导要有爱有威、有赏有罚，理解下属的爱利之心，处罚手段才会有效，即"爱利之心谕，威乃可行。"

（4）赏与罚在使用上应多赏少罚，即"宁过而赏淫人，毋过而刑君子。"

除了赏罚激励外，《吕氏春秋》也主张应尽可能满足下属的合理需要，调动其积极性。它写道："今以众地者，公作则迟，有所匿其力也；分地则速，无所匿迟也。"意思说强迫很多人一起劳动，因为是集体劳动，人们就不会用全部的力量；实行土地私有，就能提高土地所有者和劳动者的生产积极性。这里透露出作者对土地私有制的赞赏，同时启示人们，满足下属自身需要，是提高他们劳动积极性的有效手段。

2.1.5 汉魏时期道家的激励思想

1.《淮南子》①与《太平经》②中的人性与需要思想

汉魏道家继承了先秦道家对人性的看法。《淮南子》主张"纯朴无邪"的人性论，指出"人之性无邪"（《本经训》）。

在需要问题上，《太平经》提出统治者要关心人的最基本需要，重视和解决"三急""三实"问题。

何谓"三急"？即指人的饮食、男女、衣服这些最基本的需要。《太平经》说："天下大急有二，小急有一……不饮不食便死，是一大急也……如男女不相得，便绝无后世。天下无人，何有夫妇父子君臣师弟子乎？以何相生而相治哉？天地之间无牝牡，以何相传，寂然便空，二大急也……天道有寒热，不自障隐，半伤杀人。故天为生万物，可以衣之；不衣，但穴处隐同活耳，愁半伤不尽灭死也，此名为半急也。"食物、性、衣用都为人生存繁衍所必需，是迫切需要解决的要求。其中食物、性是最基本的需要，是"大急"，衣也为人的生存所必需，是"半急"。满足人的最基本的需要，方能保持"无为而治""上古所以无为而治，得道意、得天心意

---

① 有关《淮南子》的引文，见陈广忠. 淮南子译注［M］. 长春：吉林文史出版社，1989.
② 有关《太平经》的引文，见王明. 太平经合校［M］. 北京：中华书局，1960.

者，以其守本不失三急。”用“急”字表示这些基本需要的迫切程度，这在古代有关人的需要的表述中颇具特色。

圣人守本而不失三急，也叫守“三实”。《太平经》指出，确保满足人民的基本需要是实现“致太平”管理目标的根本条件，“是故古者圣人守三实，治致太平，得天心而长吉……”这说明三种最急迫的需要也是人的最实际的基本需要。

《太平经》认为在这些基本需要之外，人的其他要求都是“不急”之物，追求这些要求的满足会带来祸害。“天下大急有二，小急有一，其余悉不急，反厌人耳目，当前善而长，为人召祸。”东汉末年，奢靡之风盛行，作者看到了贪欲给人的行为带来的祸害：“六情所好，人人嬉之，而不自禁止，意转乐之，因以致祸，君子失其政令，小人盗劫刺（《太平经钞》作：盗劫心生，家亡国败）皆由此不急之物为召之也。天下贫困愁苦，灾变连起，下极欺其上，皆以此为大害。”作者针砭时弊，反对贪欲的主张是合理的，但在基本的生理需要以外，人还有尊重需要、认知需要、获得成功的需要，把基本需要以外的所有要求都列入禁止范围，未免有失偏颇。

《列子》①则认为，个人利益不得受到丝毫损害，并把它视为治理国家的一项原则。“人人不损一毫，人人不利天下，天下治矣。”（《列子·杨朱》）意思是说，人人都不肯被别人伤一根毫毛，人人都不刻意做有利于天下的事，天下也就太平了。任何管理工作，都要面临和处理个人与集体利益的关系问题，《列子》提出了管理者面临的这一矛盾，但在回答这一问题时却失之偏颇。在现实社会中，个人的利益只有通过人与人之间的各种社会关系才能实现，因此，不可能毫不相损、毫不相利，管理正是为了平衡、制约这一矛盾。企图将人孤立起来地解决这一矛盾，实际上只是空想。

2.《淮南子》与《太平经》中的赏罚激励

《淮南子》把奖赏和惩罚作为人员激励的有效手段，在惩罚问题上体

---

① 有关《列子》的引文，见杨伯峻. 列子集释［M］. 北京：中华书局，1979.

现出了鲜明的道家色彩。

先秦道家主张顺应人的自然本性，反对用苛刑暴政控制人的行为。《淮南子》继承了这一思想。《缪称训》中指出，法令苛繁只会引起百姓的混乱，即所谓"水浊者鱼噞，令苛者民乱"。作者主张刑法威严但不行使杀戮，放置而不去使用，条文简约而不繁琐。"是故威厉而不杀，刑错而不用，法省而不烦，故其化如神。"认为这样做能有效地控制人们的行为，东、南、西、北"莫不听从""……法宽刑缓，囹圄空虚，而天下一俗，莫怀奸心。"作者指出，缓慢、无声的鞭策胜于急切、严厉的做法，因为前者影响更深远。"故急辔数策者，非千里之御也。有声之声，不过百里；无声之声，施于四海。"

《淮南子》还提出了实施赏罚的原则和方法。

第一，以国家利益为重是行使赏罚的出发点。作者认为，实施赏罚要以国家利益为准则，而不是出于个人的目的。迎合自己但是对国家没有功劳的人，不应施加赏赐；背离自己但是对国家有贡献的人，不应施加惩罚。《缪称训》说："明主之赏罚，非以为己也，以为国也。适于己而无功于国者，不施赏焉；逆于己便于国者，不加罚焉。"

第二，按照实际行为表现和法度规矩实施赏罚。作者认为，不根据实际行为进行赏罚，会造成上下离心。《主术训》说："赏不当功，诛不应罪，上下离心，而君臣相怨也。"赏罚应根据法度，领导者的喜怒情感不应掺杂其中。这样做，下属就知道得到赏罚全在于自己的行为本身，就会努力勤勉工作，不在领导面前阿谀奉承。《主术训》写道："是故明主之治，国有诛者而主无怒焉，朝有赏者而君无与焉。诛者不怨君，罪之所当也；赏者不德上，功之所致也。民知诛赏之来，皆在于身也，故务功修业，不受赣于君。"

第三，奖励要合乎情形，名副其实。奖励过分，会带来损害，同样不能有效控制人的行为。《缪称训》说："是故禄过其功者损，名过其实者蔽。情行合而名副之，祸福不虚至矣。"

3.利民激励

利民，是道家的一个基本思想。老子说："天之道，利而不害；圣人之道，为而不争。"（《老子·八十一章》）《淮南子》中利民的概念随处可见："世之主有欲利天下之心，是以人得自乐其间。"（《俶真训》）"治国有常，而利民为本。"（《氾论训》）"先王之所以应时修备，富国利民，实旷来远者，其道备矣。"（《主术训》）

利民激励，就是通过满足人民的基本需要，给下属谋福利，避免对其的伤害，从而调动他们的积极性。利民是赢得民心的前提，能得到百姓的拥戴。《主术训》写道："是故人主覆之以德，不行其智，而因万人之所利。夫举踵天下而得所利，故百姓载之上，弗重也；错之前，弗害也；举之而弗高也，推之而弗厌。"认为管理者爱、利下属，天下可从，否则，会带来严重的危害。《缪称训》写道："善御者不忘其马，善射者不忘其弩，善为人上者不忘其下。诚能爱而利之，天下可从也。弗爱弗利，亲子叛父。"

那么，如何运用利民激励呢？

一是管理者对自身的行为要谨慎。因为对下属一人做了有利的事，会感召众人；对一人做了有害之事，会挫伤众人的积极性。《主术训》说："故义者，非能遍利天下之民也，利一人而天下从风；暴者，非尽害海内之众也，害一人而天下离叛。"

二是管理者应把利民之心时刻记在心上，因为这样会完备自己的职守。《主术训》说："欲利之也不忘于心，则官自备矣。"

三是应对民取予有度，节制自身欲望。《主术训》说："人主租敛于民也，必先计岁收，量民积聚，知饥馑有余不足之数，然后取车舆衣食供养其欲。"

4.情感激励

《淮南子》重视管理者对下属的情感影响，主张通过管理者的真诚之情去激励下属。《缪称训》指出，管理者真诚的情感能打动下属，对行为产生激励作用，"诚出于己，则所动者远矣"。真诚之心具有"动化"的作用，因此，管理者应培养这种真诚之心。"圣人养心莫善于诚，至诚而能动化矣。"（《泰族训》）这里，作者对情感激励作用的重视，与对情感这一心理过程的认识是紧密联系在一起的。

《齐俗训》认为，内心的情绪（喜、怒、哀、乐）会通过表情动作显示出来："且喜怒哀乐，有感而自然者也，故哭之发于口，涕之出于目，此皆愤于中而形于外者也。譬若水之下流，烟之上寻也，夫有孰推之者！"一个"推"字，形象地说明了表情动作是内在情绪作用的结果。正因为外在的表情由内在的情绪推动而成，因此，没有内在的情绪而强作表情，是不能传递情感的。"故强哭者虽病不哀，强亲者虽笑不和。情发于中而声应于外。"作者指出了这一心理规律在管理中的应用，即是领导者礼节周全不如心怀诚挚，真诚之心可以使远方的人归附，"故礼丰不足以效爱，而诚心可以怀远"。

《淮南子》认为真诚之情较之言语对行为更具影响力。作者以婴儿为例指出，三个月的婴儿虽不知道什么是利害，但能感受慈母之爱。因此，"言之用"是非常小的，"不言之用"却是非常之大的。《缪称训》说："三月婴儿，未知利害也，而慈母之爱谕焉者，情也。故言之用者，昭昭乎小哉！不言之用者，旷旷乎大哉！"管理者大呼大语，不如心行真挚。"故舜不降席而天下治，桀不下陛而天下乱，盖情甚乎叫呼也。"真诚发自内心，那么即使没有言语，对行为也会产生影响力。"上意而民载，诚中者也。未言而信，弗召而至，或先之也。"从而进一步指出，管理者只有施以真诚，其号令才能推行。离开了真诚之心，号令即使明确也不能发挥作用。"赏善罚暴者，政令也；其所以能行者，精诚也。故弩虽强不能独中，令虽明不能独行，必自精气所以与之施道。故撼道以被民，而民弗从者，诚心弗施也。"（《泰族训》）

5.强化激励

所谓强化激励，是指对人们的某种行为给予肯定和奖励，使之巩固和发扬光大，或者对某种行为给予否定和惩罚，使之减弱和消退的工作过程。前者称为正强化，后者称为负强化。

《太平经》认为强化应及时，提出了"升之以时"的主张。官员确有政绩，"行之得应其民，吏日善且信忠"，那就应该"则迁之以时"，即及时给予升迁；对于"一旦贪名得官，其行无效""其治无善放应"者，"当退使思过"，这样能使岗位上的人员尽心尽力，使遁世贤士也能够不隐藏其才能。"如此，则天已喜，而天下莫不尽忠信，尽其能力者也。幽隐远方闻之，无藏其能者也。"

2.1.6　唐太宗的赏罚激励思想

赏罚激励是通过奖励和惩罚等强化手段来激励人。贞观统治集团对赏罚手段的运用极为重视，唐太宗把赏罚提高到"国家大事"的高度，认为行使赏罚要慎之又慎。他说："国家大事，惟赏与罚。赏当其劳，无功者自退。罚当其罪，为恶者咸惧。则知赏罚不可轻行也。"[①]并对于如何实施赏罚提出了若干原则。

一是"赏不私其亲"。唐太宗在实施赏罚中，强调论功行赏，不徇私情。贞观元年，唐太宗封赏功臣，他的堂叔淮安王李神通对房玄龄等的官职都在自己之上表示不服，唐太宗提出了自己的赏罚原则，对李神通说，房玄龄等有"筹谋帷幄，定社稷之功"，所以应该重赏。叔父虽然是国亲，但"不可缘私滥与勋臣同赏"。各位功臣听后都认为皇帝"至公""赏不私其亲"。

二是赏罚公正，不能掺杂个人爱憎情感。魏徵认为，赏罚是"进忠良，退不肖"的有效手段，但使用不当，则达不到这样的目的。他指出，不公正的赏罚会导致"所爱虽有罪，不及于刑""所恶虽无辜，不免于罚"的局面。意思是，自己喜爱的人，即使犯了罪也不受刑罚处罚；自己憎恶的人，即使没有过错也不免受到处罚。这样，往往会"以小恶弃大善，以小过忘大功"。意思是，人有小的缺点，就因此把他的许多优点一笔抹杀；人有小错误，就忘了他的大功劳。这是极其错误的。魏徵指出，恩赏不用来鼓励行善，刑罚不用来惩办奸恶，要想行正去邪是办不到的，"赏

---

① 出自唐人吴兢的《贞观政要》，该书于 1978 年由上海古籍出版社整理出版。

不以劝善，罚不以惩恶，而望邪正不惑，其可得乎?"要真正能够区分善恶，就应当公正赏罚，使"赏不遗疏远，罚不阿亲贵"。

2.2　中国近代企业家的激励观

我国的民族企业家早在日本的"丰田精神""松下信条"尚未问世之前，就已经有了高水平的管理方法和有特色的激励观，以及多种激励手段。下面举几例说明。

2.2.1　卢作孚的民生公司与民生精神

20 世纪 20 年代，我国民族工商企业家卢作孚创办了民生公司，这个公司以其优良的服务名噪一时，深得社会各界的赞赏。

卢作孚作为一名现代型的企业家，以类似"企业文化"的一整套观念作为组织的润滑剂与精神激励剂，形成了一种在中国大地上发展起来的，行之有效的激励观，取得了显著成效。

民生公司的宗旨是"服务社会，便利人群，开发产业，富强国家"，提倡"个人为事业服务，事业为社会服务。个人的工作是超报酬的，事业的任务是超经济的"。卢作孚苦心孤诣地塑造了名闻遐迩的"民生精神"，通过宣传全体职工共同奋发的创业精神，倡导人人进取的价值观念。正是以这种团体精神为精神支柱，使民生公司成了当时中国航运界的中坚。

卢作孚知道，要发展他的理想事业，若缺少一批忠于事业的基本队伍是不可行的。因此，在创办公司时，他十分注重人才的延揽与培养，吸收了一大批被称为"事业上良友"的人才，这些人即使在民生公司处境窘迫的时期也不畏辛劳、不计待遇地努力工作，终于使该公司成为当时长江上一大航运公司，业务还扩及钢铁、机械、造船、煤炭等部门。

卢作孚在选拔人才、培训人才上别具一格。他指出，职业的得失，完全把握在自己手上，只有努力斗争，才能使事业不离开自己。他以重真才实学的新观念，破除论资排辈的旧习俗，提出"服务员可以当大副、二副、船主""机舱人员可以当二管轮、大管轮、轮机长"。

卢作孚除了推行精神激励手段外，也深知物质激励手段的重要性。民生公司长期推行"职工股东化，股东职工化"，让职工从公司的发展中得到实际利益。这说明，很多激励方式仍是以物质为基础的。

总之，卢作孚所塑造的"民生精神"主要依靠激励人心的企业目标与价值观，以及亲切感人的激励措施与别具一格的人才观，这些先进的管理思想走在了时代的前列。

2.2.2　宋棐卿的东亚公司与东亚精神

民族企业家宋棐卿在抗日战争前创办了天津东亚公司。他在经营中长于应变、善于创新，使该公司在艰苦的岁月里仍能业务畅达、稳步成长，使东亚产品赢得了广泛的市场。

宋棐卿在公司内塑造了具有哲理性与艺术性的"东亚精神"，如东亚公司的大楼墙上写着"己所不欲，勿施于人""你愿人怎样待你，你就先怎样待人"的大字，这就是东亚的"厂训"。东亚公司还有自己的"主义"，其内容包括：①以生产辅助社会进步；②使游资游才得到互助合作；③实现劳资互惠；④为一般平民谋幸福。东亚还有经常为职工们唱诵的"厂歌"。

集宋棐卿管理艺术之大成的是《东亚铭》。格言式的《东亚铭》，内容包含了东亚公司的"主义"和做事为人的准则。它作为东亚公司的座右铭，被要求职工须放在案头，经常熟读，牢记在心。

《东亚铭》中集中记述了以下价值观念：

（1）主义：人无高尚之主义，即无生活之意义。事无高尚之主义，即无存在之价值。团体无高尚之主义，即无强盛之道理。

（2）做事：人若不做事，生之何益！人若只做自私之事，生之何益！人若不为大众做事，生之何益！人若只为名利做事，生之何益！若无事做，要我做什么？若无艰难事做，要我做什么？若不服务社会，要我做什么？若不效忠国家，要我做什么？

（3）尽责：事成而又不获罪于人者为理想之人才。事成而不得已获罪于人者为有用之人才。事不成而仅图不获罪于人者为无用之人才。事不成而又获罪于人者为危险之人才。不待命令而自动工作者为中坚分子。等待命令而立即工作者为忠实分子。接到命令而懒于工作者为无用分子。有令不做反讥做者为是非分子。

（4）过失：从心无过圣贤也。闻过则改君子也；闻过不改庸人也；闻过则怨小人也。

这些格言式的文字，有激励、有规劝，包含了相当深刻的哲理成分，将一种勤奋工作、报效社会及本企业的价值观注入职工的头脑之中，产生了积极的效果。

除《东亚铭》之外，东亚公司还有根据《东亚铭》原则编写的小册子——《东亚精神》，以及内部刊物《东亚声》，这些书刊是对职工进行精神训练的主要教材，每天上班前经理们都要召集职工进行学习，予以讲解。

东亚的"厂训""厂歌"《东亚铭》《东亚精神》等，从形式、方法到内容都与日本松下公司等企业的现代管理方法有异曲同工之妙，但它提出的时间要早得多。

2.2.3　荣宗敬、荣德生的企业激励观

中国的"面粉大王""棉纱大王"荣宗敬和荣德生都是杰出的民族工商企业家，他们事业的成功得力于正确的经营管理思想与能够调动职工积极性的企业激励观。

荣宗敬遵守的经营原则之一是"人弃我取"；荣德生亦认为自己得力于"陶朱公之学"，并提倡管理企业要"恩威并用"。

荣宗敬以"造厂力求其快，设备力求其新，开工力求其足，扩展力求其多，因之五月不添新机，无时不在运转；人弃我取，将旧变新，以一文钱做三文钱的事，薄利多做，竞胜于市场，庶几其能成功"[①]为经营企业的指导思想。荣氏不仅善于利用市销旺盛之机扩展企业，而且在市销不振之时亦敢以进为退，举债买厂进行扩充，表现了优秀企业家的不凡胆略。如1931年在工厂连年亏损的情况下，他们买下了申新九厂和六厂。由于

---

①　李国伟. 荣家经营纺织和制粉企业六十年［G］. 全国文史资料研究委员会. 工商史料（第一册）. 北京：文史资料出版社，1980.

采用了"人弃我取"这一出奇制胜的决策，荣氏企业在20年内由一家工厂发展为三个系统、16家工厂。这一切都是与荣氏勇于承担风险的策略、敢于驾驭风浪的洞察力分不开的。

主要概念

　　孔子的"义利"与"惠民"激励观　管子的功利主义激励观　卢作孚的企业文化——民生公司与民生精神

思考题

　　1.概述孟子的爱民、富民、教民及性善说的激励观。

　　2.试述管子的激励原则。

　　3.简述孙子与孙膑的激励观。

　　4.阐明汉魏时期道家的激励思想。

　　5.概述中国近现代企业家的激励观与企业文化、企业精神。

当今世界的
三种激励模式 **第3章**

学习目的

- 正确认识物质激励、精神激励、感情激励模式的内涵、实质及相互关系
- 全面认识我国物质激励的积极意义与存在的问题
- 理解西方企业精神与企业文化是精神激励的一种形式
- 分析我国精神激励的实际效果与应注意的问题
- 认识日本感情激励模式的特点
- 理解我国感情激励模式的内容及做出正确评价

3.1 物质激励模式

物质激励，即注重以物质刺激形式作为手段，鼓励员工从事工作。

不论在哪个国家，物质刺激都是调动员工积极性的重要手段之一。英国著名动物学家、人类行为学家约翰·德斯蒙德·莫里斯在他的一部惊世骇俗的学术著作《裸猿》中写道："地球上现存的猴类和猿类动物共有193种，其中的192种遍体毛发覆盖，唯有自称为人类的那种裸猿却是个例外。这个出类拔萃、高度发达的物种，耗费了大量的时间探究自己的较为高级的行为动机，而对自己的基本行为动机则视而不见……人尽管学识广博，但仍旧保留了裸猿的本色，人在不断获得新的高级行为动机的同时，并没有离弃那些不登大雅之堂的旧动机。这一点往往使他感到难

堪。"①人们有衣、食、住、行的需要，有想吃得好些、穿得好些、住得好些、出门有汽车等基本需求是不足为奇的。总之，想生活得好些是正当的，是应该尽量予以满足的。正当的物质利益追求是无可非议的，我们应该将物质激励放在极其重要的位置上。

3.1.1　物质激励模式的理论依据

物质激励模式的起源可以追溯到美国管理心理学家道格拉斯·麦格雷戈（Douglas McGregor）所提出的关于人性行为的 X 理论假设和雪恩的经济人假设。

1.X 理论假设

麦格雷戈在《管理理论 X 或 Y 的抉择——企业的人性面》一书中提出了管理理论 X 或 Y 的抉择问题。②他认为，理论 X 是领导和控制的传统观点。每一个管理决策或每一项管理措施的背后，都必有某些关于人性本质及人性行为的假定。这些假定是指：

（1）一般人对工作具有天生的厌恶，故只要可能，便会规避工作

这种对工作的天生厌恶是根深蒂固的，《圣经》中这样描述道，亚当和夏娃由于偷吃了智慧树上的果实，受到了逐出伊甸园的惩罚，来到了一个他们必须工作才能生存的世界。从此，工作就成为失去乐园的象征，而受到人们的厌恶。管理工作必须压制人类厌恶工作、规避工作的本性。

（2）由于人类具有不喜欢工作的本性，故大多数人必须予以强制、控制、督导，甚至给以惩罚的威胁，才能促使他们朝向组织的目标努力

这一假定认为，人类对工作的厌恶极其强烈，只用奖励仍无法促使他们努力工作，唯有给予惩罚的威胁才能有效。

持这项假定的人指责"放任管理"，要求结束"温和管理路线"，强调人必须在强迫与控制之下工作，为此，在管理上要求由分权化管理回复到集权化管理。

（3）一般人大都宁愿受人监督，性喜规避责任，志向不大，但求生活

---

① 莫里斯 D. 裸猿［M］. 余宁，周骏，周芝，译. 北京：学林出版社，1988.
② 俞文钊. 管理心理学参考资料［M］. 兰州：甘肃人民出版社，1989.

的安全

麦氏认为，上述这一套基本假定，可命名为"理论X"。在今天的美国产业界中，这项理论已经深切地影响了种种管理策略。进一步说，许多管理论著中讨论的各项组织的原则，都是以"理论X"的假定为基础而推演出来的。

由此可见，X理论强调的是严格管理制度和加强物质刺激，金钱被视为激励人类行为的主要因素。管理阶层运用金钱来换取部属对其督导和控制的接受。

但是，当今社会的物质文明、精神文明都已有长足发展。充分就业、生活水准增高、社会立法完善与科学化，凡此种种，均使人们对金钱的依存性趋于减弱，尽管金钱仍是满足多种需要的主体，但已不是人们唯一的追求目标，因此，X理论的不足也日益明显地显现出来了。

2.经济人假设

管理心理学家雪恩（Edgar H. Schein），对人性的假设提出了另一种分类。他提出存在着经济人、社会人、自我实现人、复杂人的假设。

经济人又称为唯利人（rational-economic man），这个名词起源于享乐主义哲学和亚当·斯密（Adam Smith）关于劳动交换的经济理论。亚当·斯密认为，人的行为动机源于经济诱因，在于追求自身的最大利益。因此，需要用金钱与权力、组织机构的操纵和控制，使员工服从与维持效率。雪恩在此基础上进一步提出，经济人假设包括以下几点：

（1）人们基本上都是受经济性刺激物激励的，不管是干什么，只要能向他们提供最大的经济收益，他们就会去干。

（2）由于经济性刺激物在组织的控制之下，所以职工在本质上是一种被动的因素，要受组织的左右、驱使和控制。

（3）感情这东西按其定义来说是非理性的，因此必须加以防范，以免干扰了人们对自己利害的理性的权衡。

（4）组织能够而且必须按照能中和并控制住人们的感情的方式来设计，也就是要控制住人们的那些无法预计的品质。

　　金钱及个人奖酬都已被证明是使人们努力工作的激励因素之一，但是，如果人们能得到的唯一东西就是薪酬，那么他们就会愈要愈多、欲壑难填。此外，在此情况下，人们的感情需要将得不到满足。

　　根据经济人假设而制定的管理策略有下列几种：①组织用经济性奖酬来获取职工的劳务与服从；②管理的重点主要摆在高效率的工作上，而对人们的感情和士气方面应负的责任是次要的；③如果人们工作效率低、情绪低落，解决办法就是重新审查组织的奖酬刺激方案，并加以改变。

　　雪恩已经看到，采用经济人假设而制定的管理策略，会造成消极影响与负面作用。这些负面作用表现为：①管理者奖酬什么，人们就干什么，奖酬之外的工作是不会有人去干的。②管理者认为人们仅靠金钱刺激才会工作，由此而采取的管理策略客观上把人们训练成仅以此方式工作的人，会出现"多给钱多干、少给钱少干、不给钱不干，一切向钱看"的消极后果。

3.1.2　美国的物质激励及其表现

　　给予员工报酬是美国企业界一直用来提高生产效率的主要激励手段。

　　美国国际商用机器公司（IBM）前负责销售的副总裁巴克·罗杰斯在他的《IBM道路——国际商用机器公司成功秘诀》一书中曾写道："建立一个能使人人满意的报酬系统是不容易的。当然，总的财务要求必须是对员工和公司都有利。但如何付给报酬即能决定职工的满意程度，也就决定了他或她会付出多大的努力。"[①]

　　IBM公司在报酬政策方面力争做到以下几点：

　　1.必须给职工一种安全感

　　IBM公司希望它的职工在工作时能全力以赴，不为他们的基本生活问题——一家老小的衣、食、住、行所困扰。在某些公司中，人们尽量让销售人员干得多、拿得少，IBM公司采取恰恰相反的做法，人们干得多，拿的也越多。当人们以基本工资、社会保险、带薪假期、退休计划和其他的

---

　　① PUCK R. IBM道路——国际商用机器公司成功秘诀 [M]. 刘文德，张翠，译. 北京：中国展望出版社，1987.

利益形式获得合理的收入时，公司就可以以一种既不是简单命令，又不是自由放任的方式来管理他们。因此，当工资和福利成为一种保证时，对雇主和雇员来说都有得有失，即公司失去金钱，但得到管理权，而员工得到了金钱，但要接受管理。

2. 报酬必须有很强的刺激性和鼓动性

有些人得到基本工资、补贴和福利就心满意足了，IBM 公司不想雇用这样的人。IBM 公司要雇用的是想要在固定薪金和福利之外得到更多东西的人。这种人一有适当的机会就跃跃欲试。为此，不仅要鼓励出色的工作和高水平的生产，而且在职工们获得成功为公司带来高额收入时，适时地给予奖励也是十分必要的。IBM 公司的有效奖励系统对于该公司的整个报酬策略的成功是非常重要的。

3. 在薪金和奖励之外，IBM 公司愿意为特别值得嘉奖的员工锦上添花

这些奖励一般不是预定的，而是出人意料地颁发给受奖者。这些给予公司中表现最出色或取得特殊成就的员工的奖励可以是现金，也可以是奖品或免费旅游。第一个得到巨额奖金的员工是圣·乔斯，他建议在装配逻辑电路时使用波峰焊接代替手工焊接。IBM 公司采纳了他的建议，使 25 分钟的操作减至 3 秒钟。为此，乔斯得到了 10 万美金的奖金。

IBM 公司还发生过这样一件事：有一天，数据处理部门的副总经理在几百名员工面前表扬了一个高级市场营销代表。部门总经理对他讲述的关于这个人的某些业绩印象很深，便把部门副总经理拉到一边，详细询问了这个人的情况。然后，他抓过话筒宣布："刚才你们听到了一个优秀人物的杰出表现。"接着，他转向这个代表继续说道："当你回到你的办公室时，会有 5 000 美元的支票等着你！"整个事情都是即兴的，立即引起轰动。

总之，美国的企业家们认识到，物质激励是必不可少的，正如公司不能在没有自我压力的情况下追求出色的成就一样，除非公司能慷慨地奖励其员工，否则就不要指望其员工能自我鼓励、创新和胸怀公司全局。

3.1.3　苏联时期的物质激励

1961年，赫鲁晓夫在苏共二十二大的报告中说："把物质刺激与精神刺激正确地结合起来——这就是我们在整个共产主义建设时期的方针，我们的路线。"1962年9月，苏联学者在《真理报》上发表了题为《计划、利润、奖金》的文章，其中写道："为了保证国家的公正和企业对最大生产效果的关心，根据盈利率（利润与生产基金之比）规定了各种物质奖励的统一基金。"当时采用了"集体激励"的形式，使每个工作者从物质利益上关心自己的工作成果，同时也关心集体劳动的成果。这种做法在当时激励了全体员工的工作热情。

1965年9月，苏联部长会议主席柯西金在苏共中央全会上的报告中说："近来在一系列部门里的企业里还实行了一种领导人员、工程技术人员及职员的新的奖励制度以提高工作人员对增加生产及提高产品质量的关心，我们所能取得的第一批成果证明了所选择的方法是正确的。"

在此期间，苏联开始了又一轮工资制度改革，其主要特征不是单纯改变工资制度，而是实行了一些新的分配形式。例如，兹洛宾建筑队实行的分工制，根据施工质量提取10%~40%的结余金额作为奖金奖励施工队员。又如，谢基诺化工企业试行工资包干节约全部归企业。

上述改革提高了职工的积极性和企业的生产效益。以谢基诺化工企业为例，1966年到1968年，总产量增长了73.4%，而生产人员减少了7.2%，劳动生产率增长了86.6%，利润增长了212%，平均工资提高了24.2%。1987年，白俄罗斯生活服务部的企业和组织实行自筹资金和分配收入结余的办法，把职工的劳动报酬和本单位经营状况更紧密地结合起来。在进行的工资改革中，当时的苏联政府规定，企业自己承担工资增加的部分，因此，在企业权利增加的同时，责任也增加了。物质激励的比重日益增加，并成为调动职工积极性的主要动力。

尽管采取了上述物质激励的措施，但客观上在未能起到刺激经济发展、提高人民生活水平的效果。苏联解体的原因很多，相信没能找到一种真正能刺激经济发展、提高人民生活水平的物质激励模式也是其中之一，这是值得深思和汲取的经验教训。

3.1.4 中国的物质激励

中华人民共和国成立以来，我国在激励模式的选择上曾有多次反复，这是由于传统文化的制约作用，以及我国外交、政治、经济重心的转变而造成的。大体上说，在与苏联友好的20世纪50年代，以及随后强调自力更生的六七十年代，我国主要采用了精神激励模式。但从20世纪70年代后期开始，我国较多地接触了美国式的物质激励以及日本式的感情激励模式，因而较多地推行了以物质激励为主的管理方式。虽然我国在1949年以后的30多年的工业化过程中也积累了不少好的激励经验，但在党的十一届三中全会提出改革开放的战略决策之前，具有中国特色的激励模式并未能形成。

1.我国采用物质激励的过程

20世纪60年代之后，特别是70年代中后期开始，我国逐渐恢复了一度中止过的奖金制度，并且赋予企业更多的权利，如定工资额、发放奖金、增加福利等。众多的外资与合资企业更是公开用高薪吸引优秀人才。从此，物质激励在中国已经取得了合法地位。

物质激励在我国主要表现为满足员工对劳动工资、奖金、住房等的需求。某大型国营造船厂的厂长曾经说过："劳动工资是企业里最重要的一项工作，分配问题解决得不好，员工的积极性就调动不起来，企业里什么工作都搞不上去。"

抓劳动工资、抓奖金就是抓物质刺激，主要解决工资、奖金分配的合理性问题。所谓合理，就是员工付出的劳动能得到相应的报酬。如果多劳少得、少劳多得、不劳也得，就要挫伤员工的积极性。20世纪70年代初（"文化大革命"后期），人们的劳动积极性普遍不高的一个基本原因，就是员工的工资难以满足基本的生活需要。

为了解决工资分配不合理的问题，我国进行了一系列的分配制度改革，创造了各种工资与奖金分配形式，特别是将经济效益与工资挂钩，实行效益工资、浮动工资，对员工起到了很大的激励作用，有力地调动了员工的积极性。

当时北京市皮革制品厂采用的"动态结构工资制"，就是做到工资奖金合理分配的一大尝试。该厂设计的新型工资模式，是由岗位（职务）、技能、年功、业绩、津贴等单元组成的结构工资制，它强调以技能工资为中心，既注意岗位、职务上的差别，又注意技能差别和年龄差别，最重要的是看贡献和实际业绩。该厂自 1987 年试行动态结构工资制的几年间，每人每月增资 2.75 元至 6.75 元不等。虽然增资额不大，但效果明显，增资时员工不再盯着领导和政策规定，转而注重自身的贡献。该厂的实践证明，动态结构工资模式，使企业的分配合理，从而调动了员工的生产积极性。

有些企业还实行了效益浮动工资制，即在企业经济效益增加的条件下，为部分员工晋升半级或一级浮动工资。如果经济效益稳定增长，浮动工资又可以变为固定工资。很显然，这种分配制度对员工有很大的激励作用。

但是，由于我国客观上存在着多种所有制形式，当时个体所有者、合资企业的员工收入大大高于全民所有制员工以及学校中的教职员工，社会上仍存在着分配不公的现象。一些企业片面强调个人利益和局部利益，片面强调物质刺激的原则，因此社会上出现了"一切向钱看"的不良倾向。显然，提倡物质刺激模式是有激励作用的，但过度强调物质刺激，就会脱离了国家精神文明建设的轨道与方向，走向歧途。

2.我国对物质激励的再认识

调动我国员工积极性应采取双重动力机制，一是政治、精神动力（实现四个现代化，共产主义的远大目标），一是经济、物质刺激动力（实现个人收入的最大化）。由于长期以来偏重前者、忽视后者，制约了我国国民经济的发展速度。

党的十一届三中全会以后，为了能正确贯彻物质激励的原则，我国理论界对物质利益的需求是激励的动力机制，物质激励与精神激励的正确关系是什么，实现什么样的分配制度才能有真正的激励功能等问题进行了再认识。

（1）平均分配并不是社会主义的分配原则

在思想史上曾经有两个对立的派别。一个学派是否认个人利益，以倡导自我牺牲和禁欲为特点的利他主义，另一个学派是否认社会利益和他人利益，以倡导功利和享乐为特点的利己主义。前一种思想适合于自然经济和专制政治的需要，是一种宗教与封建道德的反映，后一种思想适合于资本主义商品经济发展的需要，是一种资产阶级道德的反映。这两种思想从形式到内容都不同，但有一个共同的特点，就是将个人利益与社会利益直接对立起来。

在我国，长期以来相当多的人把个人利益与个人主义画等号，其认识论的根源就是将社会主义的个人利益与社会利益直接对立起来。这种思想反映在分配领域中，就是导致否认物质利益的原则，搞平均主义、大锅饭。这种分配方式歪曲了按劳分配的原则，是传统经济体制的特征之一。事实上，平均主义分配强化了分配中的平均主义，这种"大锅饭"分配体制，不承认物质利益，并不是真正的社会主义分配原则。

（2）物质利益与精神利益的正确关系

实践证明，在社会主义条件下，个人利益与社会利益是辩证统一的，社会主义既不以个人利益排斥社会利益，也不以社会利益排斥个人利益。实现个人利益和社会利益的完美统一是我们的理想，一切经济行为均应以个人利益与社会利益、与他人利益的协调发展为行为准则。

总之，只讲牺牲精神，不讲物质利益，否定按劳分配，对少数人行，对大多数人不行，一段时间行得通，长期行不通。革命是在物质利益基础上产生的，如果只讲牺牲精神不讲物质利益，那就是唯心论。当然，我们也要防止有些人走上另一极端，即把个人利益看得高于一切，无视社会利益。这种倾向实际上重蹈了历史上利己主义的覆辙，因而也会遭到群众的抨击和唾弃。

（3）分配制度改革主要是发挥物质利益需求的动力机制

当前分配制度改革中的各项措施，主要是发挥将对物质利益的需求作为激励的动力机制的作用。社会主义的分配制度理应具有两种职能：一为保障功能，即使社会成员通过劳动获得保障生活所需的消费资料；二为激励功能，就是通过"多劳才能多得"，从而促使劳动者努力劳动，为社会提供更多更好的物质资料或精神产品。然而，事实上长期以来我国的传统分配体制只重视前一职能，实行"低工资、高福利、多补贴"政策，致使员工收入一直不高。为了改变这种状况，必须充分发挥物质激励的动力机制作用。具体做法就是要激发员工具有追求个人收入最大化的利益需要动机，从而诱发员工的责任意识，通过努力达到个人利益与企业经济效益同步增长。

3.2　精神激励模式

精神激励，即注重用精神因素鼓励员工从事工作。

我国的客观历史条件、政治制度的性质决定了这些国家特别重视精神激励模式的应用，我国的情况就是这样。但是，这并不等于说其他国家不重视精神激励。西方的一些管理学家提出来的企业精神与企业文化就是精神激励的一种特殊形式。

3.2.1　精神激励的理论依据

精神激励的理论可以追溯到美国管理心理学家麦格雷戈提出的关于人性行为的Y理论假设，以及雪恩关于自我实现人的假设。

1.Y理论假设

麦格雷戈将Y理论称作个人目标与组织目标的融合。理论Y假定：

（1）在工作中消耗体力与智力乃是极其自然的事，就像游戏和休息一样自然。一般人并非天生厌恶工作；工作是一种满足的来源（当事人自动力求表现），抑或是一种惩罚的来源（当事人自会力求避免），应视人的情况而定。

（2）促使人向组织的目标努力，外力的控制及惩罚、威胁并非唯一的方法。人为了达成其本身已经承诺的目标，将进行"自我督导"和"自我控制"。

（3）人对于目标的承诺就是达成目标后会产生一种"报酬"。这种"报酬"项目甚多，其中最具意义的是自我需要及自我实现需要的满足。这种"报酬"可以驱使人朝向组织的目标努力。

（4）只要条件适当，一般人不但能学会承担责任，且能学会争取责任。常见的规避责任、缺乏志向等现象，乃是后天习得的结果，而不是人的先天本性。

（5）以高度的想象力、智力和创造力来解决组织的各种问题的能力，乃是大多数人都拥有的能力，而非少数人所独具的能力。

（6）在现代社会里，常人的智慧、潜能仅有一部分被利用。

上述这些假定被称为"Y理论"。这些假定都是动态的，而非静态的。这些假定指出了人有成长和发展的可能，它们的构成并非以一般工作标准为着眼点，而是着眼于一项深具发挥潜力的资源。

由此可见，Y理论强调的是参与管理和精神激励。Y理论引导我们去确立一种有关"关系的性质"的概念，引领我们建立一种环境，这种环境将鼓励我们对组织目标的承诺，同时也提供机会，使我们得以发挥我们最大的主动性、天资禀赋与自我督导精神等，以达到组织的目标。

2.自我实现人假设

自我实现人（self-actualizing man）假设，是指人们力求最大限度地将自己的潜能充分地发挥出来，只有在工作中充分表现自己的才能，才会感到最大的满足。

人的能力有大小，即使是能力低的人，他们在其他需要或多或少已获满足之后，也会在自己的工作中寻求意义和任务完成的满足感。

雪恩在总结了马斯洛、阿尔吉里斯、麦格雷戈等人的理论后，提出了以下的自我实现人假设，并认为这种假设与Y理论的假设是一致的。自我实现人假设可以概述为以下几点：

（1）当人们的最基本需要（食物、饮水、住所）得到满足时，他们就会转而致力于较高层次需要的满足，即自我实现。这种自我实现的需要是指，人所具有的力求最大限度地利用自己的才能与资源的需要。

（2）个人总是追求在工作中变得成熟起来，他通过行使一定的自主权，用长远的观点来看问题，培养自己的专长和能力，并以较大的灵活性去适应环境等成熟的表现，来使自己能真正变得成熟。

（3）人主要还是由自己来激励和控制自己的。外部施加的刺激物与控制很可能对人是一种威胁，并把人降低到较不成熟的状态中去。

（4）自我实现和使组织行为更富成果，这两方面并没有什么矛盾。如果能给予适当的机会，职工们是会自愿地把他们的个人目标与组织的目标结合为一体的。

自我实现人强调的是，要求满足自主、挑战、个人成长以及充分发挥自己潜能与才智等较高层次的需要。如科技专业人员、教师、管理干部等，他们往往有着强烈的参与工作的倾向。他们的核心价值观是追求挑战性的和有意义的工作。

根据自我实现人假设，应该采取的管理策略与措施有：

（1）管理重点的改变。管理者要较多地考虑怎样才能使工作本身变得更具有内在意义和更高的挑战性。问题不在于使职工的社交需要得到满足，而在于职工们能否在工作中找到意义。只有这样，才能给他们一种自豪感与自尊感。

（2）管理职能的改变。管理者与其说是一位激励者、指导者或控制者，不如说是一位起催化作用的媒介者，是创造与提供方便的人。管理者要为发挥人的聪明才智创造适宜的条件，减少和消除职工自我实现过程中所遇到的障碍。

（3）奖励方式的改变。奖励方式分外在的奖励与内在的奖励两种。外在的奖励包括增加工资、提升、良好的人际关系等。内在的奖励是指人们在工作中获得知识、增长才干，因完成了任务与发挥了个人潜能得到最大的满足感。我们应该强调内在的奖励，只有内在奖励才能满足人的自尊和自我实现的需要，才能极大地调动人们的积极性。

（4）管理方式的改变。从自我实现人假设来看，管理制度与方式也要做相应的改变。总的说来，管理制度与方式应能保证职工充分地展示自己的才能，达到自己所希望的成就。这就要求管理者实行民主与参与管理，给职工以一定的自主权，让他们参与组织决策的实施。

3.2.2 西方精神激励的形式——企业精神与企业文化

1.企业精神是最有效的管理手段

美国管理心理学家彼得·德鲁克（Peter Drucker）认为，管理不仅是一门学问，而且应当是一种"文化"，它有自己的价值观、信仰、工具和语言。现代企业的科学管理，最有效的并不是高利润、高指标、严格的规章制度、高智力组织结构、定量化的数学管理模式，也不是计算机或任何一种管理工具、方法和手段，甚至也不是先进的科学技术，而是所谓的"企业文化""企业精神"。

20世纪70年代，美国管理的主题是经营战略，进入80年代，管理的主题就转向企业精神与企业文化。这是因为，人们已经认识到了，没有强大的企业文化，即价值观和信仰，再高明的经营战略也无法成功实现。为此，企业精神是企业生存的基础、发展的动力、行为的准则、成功的核心。

传统管理重视对"物"的管理，而现代管理重视与突出以人为中心的管理。要搞好以人为中心的管理，就需要优秀的企业精神与企业文化，通过企业精神与企业文化使人的积极性获得持续的高涨。反之，没有优秀的企业精神与企业文化，则人的积极性就不能充分地发挥。

突出人的思想、精神、价值观比物质、金钱更具有无形的威力。显然，人的知识不如人的智力，人的智力不如人的素质，而人的素质又不如人的觉悟。因此，只有从企业精神方面提高了人的觉悟，人的积极性才会得到持续的提高。

2.企业精神强调重视员工的精神生活

我们可以将世界上一切存在归结为三类：第一类是指物理对象的世界；第二类是指主观经验世界；第三类是指人的精神产物，如理想、信仰、道德、情操、伦理、价值观、审美观等。

企业既要注意生产数字、利润指标，同时也必须注意员工精神领域中的"高级建设"。企业精神建设就是进行"思想灌输"，激发职工内在积极性、进取心，最终形成较完善、持久的"思想体系""价值观念体系""行为规范化体系"等。

企业中物质的建设如果脱离了企业精神的建设，就会走向错误的方向，物质的高速发展也就成为不可能。但是，企业精神的建设如果完全脱离了物质建设，也会变得苍白无力，成为脱离实际的空中楼阁。

3.企业精神的激励功能

企业精神与企业文化的激励功能可归纳为以下几点：

（1）企业精神有利于实行内化控制

企业精神是一种非正式的控制规则，这种规则可以部分地代替发布命令和对职工的严密控制，有效地实行企业的内化控制和外在控制。

内化控制是员工个人的社会化过程，个人在接受团体的社会价值观念后，会使这种价值观成为其个性人格的一个方面。

灌输企业精神的过程，就是通过价值观念进行自我控制的过程。一种价值观念一旦被成功地内化，就会自然地成为习惯。事实说明，内化控制是控制行为偏差的最有效方式。

（2）企业精神能增强企业的内聚力

日本的企业家们认识到，归根结底，企业是人的集团，无论总经理和一小批干部多么出色，倘若其余90%的人都只会消极地唯命是从，那么这家企业很难以发展。通过企业精神的培养，使全体员工人人勇于担当艰苦而有前途的工作，企业才会有活力。为此，要把责任和权限落实到基层，让每个人都担任主角。企业精神确能使职工热爱企业，从而增强企业内聚力。

（3）企业精神能强化企业的个性特征

企业精神有了个性才有生命力，它是管理的无形财富。因此，管理者要根据本企业在产品、服务对象、传统文化、地理、名称、商标等某一方面的特色，铸造具有本企业特色的企业精神。

IBM的企业精神就是强调服务，该公司是最佳服务的典范，其经营成功的信念就是最佳服务。美国麦当劳快餐公司的企业精神就是："质量、服务、清洁和实惠的福音。"

在我国，曾广为传播的"铁人精神""人和心齐，求实创新""技术进步，艰苦创业，质量第一，用户至上""艰苦创业，勇于创新，不断创优"等企业经营理念，都是企业团体创业意识和企业文化的集中反映，也是企业上下生产经营活动的价值观念和追求目标、利益一致的外在反映。

（4）企业精神有助于优化企业小环境

企业精神强化企业内的软管理，使企业内的小环境得以优化。这样做的结果可以抗衡和缓解社会上的不良思想与丑恶行为对员工的冲击。

树立良好的企业精神也是加强与改进企业思想政治工作的有效途径。同时可以树立良好的企业形象，增加企业的信誉与知名度。

在我国，通过树立企业精神可以找到物质与精神文明建设的结合部，为优化企业小环境开创新局面。

3.2.3　美国的精神激励及其表现

在美国，除了物质激励外，同样存在着精神激励。以个人价值观为核心的企业精神与企业文化正推动着美国的科技、军事工业、民用工业和农业的迅速发展。下面举几个简单的实例加以分析。

【实例1】　　　　惠普公司："尊重个人价值"

惠普公司实行以下的尊重个人价值的管理方式：

（1）公司宗旨为：组织之成就乃系每位同仁个人共同努力之结果。

（2）实行"开放实验室备用品库"制度。该公司的工程技术人员为了搞试验，可以从开放实验室将备用品任意拿回家中供个人使用。有一次总经理比尔看到实验室门上加了锁，就在门上写了张条子："请勿再锁此门，比尔。"从此，备用品库门一直开放着。

（3）废除出勤、考勤制，实行弹性工作时间，给员工以充分自由。每人可采用本人认为最有利完成工作的时间、方式，达到本公司的总体目标。

（4）对公司的领导，员工不拘礼仪地直呼其名，不冠头衔。

（5）终身雇用。该公司不减员，有困难时全员减薪20%，减少工作量20%，使公司顺利渡过难关。

（6）采取走动式管理方式，如"巡视管理"，在与员工沟通时采用"饮咖啡聊天"方式，这样可以通过非正规的方式使一些疑难问题得以解决。

由于该公司实行了尊重个人价值的精神激励的各种措施，使员工们表现出了极大的干劲与热情，每一位员工都为公司所取得的成就而感到自豪。

【实例2】　　　　　　康德计算机公司："人员共享"

康德计算机公司提出，作为公司的主要资源，员工应该具有创造性和保持愉快，在人的管理上不能完全依赖集权统治、正式化的程序和等级森严的职位权力，而是要在控制与自治之间保持平衡，提倡人员共享。

这个公司为了体现人与人之间平等的气氛，每周五下午举行"啤酒联欢会"，以联络员工的感情。该公司也强调个人的楷模作用，如总经理的言行要成为公司员工的榜样。公司还对有突出贡献的个人进行及时的表扬。

【实例3】　　　　　　联合航空公司："深入现场精神"

联合航空公司的总经理一年要旅行巡视20万英里，以此表示对有形管理的关心。该公司的领导提倡自由交谈，鼓励员工提意见，以免自己被唯唯诺诺"不敢道半个不字"的人包围起来。

该公司领导人巡视的目的不是出风头，拆下级的台，而是为了与基层人员保持很好的工作关系。公司最高领导层共15人，65%的时间花在一线工作现场，以此保持在"深入现场"价值观上的一致性与协调性。

3.2.4　日本的精神激励及其表现

日本企业重视软管理（又称软"S"），软管理是相对硬管理（又称硬"S"）而言的。硬"S"包括制度（system）、策略（strategy）、结构（structure），而软"S"是指作风（style）、最高目标（super-ordinate）、人员（staff）与技巧（skill）。

软管理中，作风是指主要管理人员达成组织目标所采用的方法，也包括组织的传统作风等；最高目标是指组织灌输给其成员的指导观念和组织目标；技巧是指主要管理人员或整个公司的独特能力；人员是指公司内部重要人事分类的详细内容。

在重视软管理的思想指导下，日本企业中日本式的精神激励模式——企业精神与企业文化得到普遍推广。现就典型企业中的实施情况介绍如下。

1.松下电器公司的"松下精神"

松下电器公司提出了"松下七精神"：

（1）产业报国

（2）光明正大

（3）友好一致

（4）奋斗向上

（5）礼节谦让

（6）适应同化

（7）感激报恩

公司还提出了"松下基本纲领"：认清我们身为企业人的责任，追求进步，促进社会大众的福利，致力于社会化的长远发展。

此外，公司还明确了"松下员工信条"：唯有本公司每一位成员亲和协力、至诚团结，才能促成进步与发展。我们每一个人都要记住这一信条，努力使本公司不断进步。

对于上述条文，不论董事长、部长、课长，还是新来的职工，全体成员都要齐声诵读。

松下精神、松下纲领、松下信条充满着精神激励的内容。

2.妙德工业公司的"妙德精神"

妙德的"社训"中有以下明确的规定：（1）待人要亲切；（2）勤能补拙；（3）今日事今日毕；（4）遇到工作上的难题，虚心请教别人；（5）批评别人之前，必须自我反省；（6）决定要做的事，必须全力以赴，发挥敬业精神；（7）日常行事，严肃中不失亲切。

这一"社训"贴在餐厅里、休息区、生产线上，起到了"耳提面命"的作用。妙德精神实际上体现了一种做人必须遵守的行为规范，其内容属于精神激励范畴。

3.2.5　中国的精神激励

我国在1949年后在接受了当时苏联的工业援助的同时，也引进了苏联的激励模式，并加以中国化。20世纪50年代，我国经常评选劳动模范、先进工作者，并为他们授勋奖励。到50年代后期又将精神激励具体化为"鼓足干劲，力争上游，多快好省地建设社会主义"的总路线，在一些大型的企业中，不断出现各自的激励模式和先进典型。例如，有的企业强调理想激励，认为追求理想的力量是最巨大的，它可以使人战胜一切困难。当时我国第一汽车制造厂在换型改造中，面对艰巨的生产任务，所想到的是如何依靠7万名员工的力量。企业从理想教育入手，唤起员工的崇高情怀，出现了很多动人的英雄事迹，使劳动生产率得到了很大的提升。这个事例说明，精神激励在一定条件下是起作用的，理想的力量在当时的确是"一汽"换型改造成功的重要因素。

当时，我国企业重视荣誉激励，这也是中国精神激励的一种模式。荣誉是贡献的象征，每一个员工都有一种强烈的荣誉感，获得某种荣誉就能增强员工的信心，就会满腔热情地工作，体验到自己的价值。因此，满足员工的荣誉感可以使他们迸发出强大的能量。许多企业从员工这种特殊需要出发，通过给予员工各种荣誉，收到了调动员工积极性的好效果。北京百货大楼较好地运用了荣誉激励手段，在售货员张秉贵身上收到了明显的效果。该店举行过一次别开生面的激励式的庆祝活动，祝贺张秉贵从事商业服务、站柜台数十年，并把他的老伴也请了来，这无疑给了张秉贵极大的荣誉。

与此同时，在工业系统中许多适合中国国情的激励模式也涌现了出来，如"两参一改三结合"、"三老四严"（大庆）、"孟泰精神"（鞍钢）等。

毫无疑问，在生产力水平较低、物质分配尚不富裕的情况下，突出精神激励会起到意想不到的效果。但是，精神激励如果得不到物质激励的支持与辅助，它的效果是难以持久的。实践证明，20世纪五六十年代我国的精神激励模式如果能得到物质激励的支撑，其效果将会更加明显，并能得到持久的发挥。可惜，60年代后期开始的"文化大革命"，使精神激励完全与物质激励相脱离。那个时期，个人的物质利益原则被完全否定了，人们将个人物质利益视为异己并纳入"阶级斗争"的对象加以批判，群众的劳动积极性得不到提高。

事实证明，并不是精神激励本身不具备激励效果，而是精神激励如果完全脱离物质激励，则它既不能持久，还会引起员工的"逆反心理"，最后导致去激励效应。

随着改革开放和经济社会的发展，只重精神激励而忽视甚至排斥物质激励的情况逐渐得到了扭转，但令人遗憾的是，现今的情况似乎又走向了另一个极端——忽视精神激励而偏重物质激励的事时有发生。《经济日报》曾刊登过一篇文章——《外国专家坦诚相告，中国企业普遍忽视精神鼓励》，讲到某大型航空工业公司的美国专家离任回国前在公司为他举行的欢送会上坦诚地指出：中国的企业普遍偏重物质刺激，忽视精神鼓励。他在工作中发现，这里人与人之间、部门与部门之间缺少协作和谅解的精神，工作中出现了问题，不是积极想办法去解决，而是相互指责。有些干部把领导职务看作是一种权力，习惯以领导者身份出现，而在实际工作中又缺少承担风险的精神。他认为，中国企业的领导者把奖金作为提高劳动生产率的砝码，为提高工人的积极性，以解决工人的住房、提高他们的奖金作为主要激励手段，这在短期内可能管用，但时间长了就会失效，如不纠正这种状况，中国的航空工业难以真正走上国际舞台参与竞争。

3.3　感情激励模式

感情激励是指既不是以物质利益为刺激，也不是以精神理想为刺激，而是以个人与个人之间的感情联系为手段的激励模式。

我国、日本、韩国与东南亚诸国大多崇尚儒家思想，提倡"和为贵""爱人者人恒爱之，敬人者人恒敬之"，提倡以"礼""诚"等信条来协调各种人际关系。将这种观念应用到管理上就发展为感情激励模式。这说明，我国优秀的文化传统作为人类思想的一部分，其伦理道德观念仍有机地存在于上层建筑和经济基础之中，并且对经济基础和生产力发展起到了巩固和推动作用。

3.3.1　感情激励的理论依据

1.以人为本的人性化管理理念

当前，党和国家特别重视实施以人为本的管理理念，其实质就是要推行人性化的管理。人性化管理的要点是，一切要以人为主体，要尊重人、关心人，要建立以人为中心的现代管理体制。要做到这点，就一定要加强、加深领导者与员工之间、人与人之间的情感联系。以情感为纽带的人性化管理对广大员工会产生有效的激励作用。

2.情绪激发与情绪管理理念

激励是指持续激发人的动机的心理过程，所以我们研究动机激发时也必须考虑到人的情绪因素。

把动机与情绪联系起来的看法早已存在，达尔文在一百年前从种族进化上就看到了情绪对有机体生存的适应价值，美国心理学家汤姆金斯曾从动机的角度对情绪进行了分析。汤姆金斯十分明确地提出，情绪是基本的动机系统，情绪对动机和生理驱力起放大作用。例如，人在窒息的情况下由于缺氧而产生恐惧情绪，恐惧情绪就增大了对氧的需要。

美国心理学家伊扎德进一步提出了分化情绪理论，他从完整的人格出发，把生理驱力、情绪、认知和行动统纳入人格这个框架之内。他主张人格是由体内平衡、生理需要、情绪、知觉、认知、行动等六个子系统所构成。这些子系统又可以组合成四种动机系统：生理需要系统；情绪系统；感情—认知相互作用系统；感情—认知结构系统。在这四种动机系统中，情绪明显地起着核心作用。这样，他就把生理层面的驱力，以及认知水平上的评价，用情绪的动机性质整合了起来。

情绪的动机激发功能可以表现为以下三方面：

（1）情绪可以影响和调节认知过程。情绪既是一种客观表现，又是一种主观体验，情绪体验所构成的恒常心理背景或一时的心理状态，都对当前进行的信息加工起组织与协调作用。人们在心境良好的状态下工作时思路开阔、思维敏捷，解决问题迅速。

（2）情绪可以协调社会交往和人际关系。情绪通过表情的渠道达到人们之间的相互了解和共鸣，它为人们建立了相互依恋的纽带和友谊，并以十分微妙的表情动作传递着交际的信息。

（3）情绪有更大的自发产生的可能性。情绪是进化发展而来的，而且随着大脑的发展而得到分化，因而它对帮助人类适应环境有很高的价值。

由此可见，情绪具有重要的生理、认知与社会意义，这对于管理也是非常重要的。要提高员工的生产效率，就必须使员工在良好的心境状态下工作，而要做到这一点，员工与员工间、领导与员工间的关系融洽就显得十分重要。为此，要激励员工，调动人的生产积极性，就不能忽略激励中的情绪因素。

3.3.2 日本的感情激励

日本是亚洲最早实现工业化的国家。第二次世界大战（以下简称"二战"）以后，日本从战争的废墟上迅速崛起，在短时期内超越了众多老牌工业国家，一跃成为仅次于美国的经济大国。日本的成功，引起了众多学者的关注。研究结果表明：日本企业管理具有独特性，"感情激励"在日本企业管理中起了重要作用。

1. 日本是一个极重视感情的民族

感情在日本人的生活中具有重要的位置。日本人觉得一个人生于这个国家，得以如此生活，得到大大小小的关怀，这一切就是某人施予的恩惠。每个人生来都负有恩情债，这促使每个日本人都要求自己具有清偿这种债务的能力。这些恩情债的债权人，如天皇、父母、师长，就是他们的最高上司，这种强制力迫使日本人对上至天皇、下至父母都有一种强烈的责任感。

2.家庭主义是感情激励的一种方式

在企业里创造家族气氛与日本工业化初期的特点有关。日本历史上既未出现过英国式的驱逐农民的圈地运动，也不像美国那样有来自各大洲的劳动力移民，因此劳动力来源十分缺乏。为了说服和吸引农民把年轻的子女送到工厂做工，工厂主一方面亲自下乡游说，另一方面尽力把工厂办得像家庭一样富有人情味，以吸引雇员。日本企业迄今仍很重视培养家族气氛，从而保证企业发展。

美国得克萨斯州一家电视机厂因经营不善濒临倒闭，老板决定请日本人来接管此家工厂。日本经理来后，非但未指责、嘲笑美国同行的失败，反而请他们喝咖啡、聚会，还每人赠送半导体收音机一台，并且和员工们一齐动手清扫、粉刷了厂房，使工厂面貌焕然一新。日方经理一反美国资方与工会通常对立的常态，主动拜访了工会负责人，希望"多多关照"。工厂生产有了起色后需要补充劳动力，但日本经理不是雇请新人，而是把以前解雇的老员工们全部召回，重新任用。因此，工人们与日本经理在感情上大大接近了一步，生产效率扶摇直上。几年后，该工厂的产品数量、质量都达到了历史最高水平。

3."和"是感情激励的指导思想

日本人把"和"放在第一位。集体可以是一个家庭、一个村庄、一个企业，甚至是一个国家，每个人都应该对集体保持绝对忠诚。企业是人组成的，人是企业的主体，企业是有组织地追求盈利的集体，因而企业也代表着个人的主张和利益。企业内的每一个成员都要参与企业的各项经营决策，企业集体经营的特点是自下而上、层层商议、集思广益，用统一与和谐的"感情管理"来经营企业。

人们一致认为，日本企业的成功之处就在于员工的忠心耿耿，每一个成员和公司的成败休戚与共，雇员与上级之间充满人间真情。

4.有具体的强化感情激励的措施

为了强化感情激励，日本企业，尤其是大企业，为员工的工作和生活提供了种种服务。现举例说明：

（1）丰田公司不仅拥有从医疗机构到体育中心，从幼儿园到福利院的全套生活措施，而且鼓励员工参加公司的各种社团组织，如"同乡会""同窗会""俱乐部"等，还建立了"生活关心制度""会员参与制度""功绩档案制度"等。

（2）松下公司定有"松下精神"。每天早上，全公司七八万人同时背诵"松下信条"，从而形成了一种浓郁的家族气氛。

（3）出光兴产石油公司的"家族主义"。该公司共有五万名员工，公司中无工会组织，也无罢工、怠工和劳动纠纷。这主要是因为在公司里采取了家庭式的经营方式，即产业家长制。这是一种以人为主的经营方式。公司采取了以下管理措施：

①无解雇之忧，视员工为养子，不愿干的员工也不解雇，而是介绍给别的公司。如果离开公司的员工想回来的话也是受欢迎的。

②没有退休年限，也没有员工老龄化会使公司垮台的担心。

③没有出勤簿。因为劳资之间互相信任，自然就没有考勤的必要。

④员工不计较工资的多少。公司使员工能够维持中产阶级的生活水平。工资不是根据制度发放的，而是以父亲发给子女生活费的形式发放的。

⑤工资是保证和稳定生活所需，而不是劳动代价的标志。

⑥公司无所谓加班不加班，因为它的员工具有出光大家庭的家族意识，他们把加班当成了自己的家务事。

⑦公司里没有工会。因为在这样公司的环境下，成立工会反而是奇怪的事。

总之，出光公司认为，工人不是获取利润的"工具"，而是家庭成员，只有在感情激励的影响下企业才会成功。

3.3.3 中国的感情激励

1. "感情管理法"

1988 年 5 月 30 日，《新民晚报》上有一篇报道，题目是：《感情投资下去，经济效益上来——越来越多的企业家找到"金钥匙"》。这篇报道就提到了上海某厂的"感情管理法"。

在我国的政治、经济、文化背景下，实行感情激励应该包括以下几方面的主要内容：

（1）明确以人为中心的管理思想。例如，前面提到的上海某厂领导有五条治厂的指导思想：一切以人为中心；工人是工厂的主人，干部是群众的公仆；依靠绝大多数职工搞好工厂；治厂必须从严，严中有理、严中有情；企业领导要在政治上、思想上、技术上、文化上、生活上关心工人。这五个指导思想都是以尊重人、满足职工需要为核心的。

（2）创造文明、健康的环境条件，满足职工的生理需求。

（3）从生活上关心职工是"感情投资"的主要内容。

（4）厂纪厂规富有"弹性"。这表现在执行纪律时具体情况具体分析，分析违纪的原因，以理服人，使受罚者心服口服，不存在疙瘩。厂纪厂规富有"弹性"还表现为使受罚者人数最少而效果最大。要以理服人，要罚中有情，不能以权压人，更不能以权害人。

（5）处理好各种人际关系。

2.对"感情投资"的评价

"感情投资"是现实生活中出现的新事物，我们理论工作者应持热情欢迎、积极支持的态度，并力图从理论角度对此进行总结，对于某些不当提法也要及时适度地指出、纠正。总之，我们要将实践中产生的经验规律适时地纳入科学的轨道，促使其成熟、提高，并作为一种普遍规律应用于实践。

20世纪80年代提出的"感情投资"这一理念在21世纪的现代社会中是否适用？答案是肯定的。以人为本的管理理念现在已经被提到了重要的位置上，人性化的"感情投资"这一内容将重新发挥出其新的生命力。当然，本着与时俱进的观念，感情投资的内容与形式将会有所变化，与时代同步。为此，对这一理念的实质、实施中应注意的问题进行新的评价仍然是有意义的。

（1）"感情投资"的通俗化提法

领导者的非权力性影响力是由四个维度构成的，其中之一就是领导者的感情因素，因而可以认为领导者的感情因素是领导者的非权力性影响力之中的一个成分。这说明，感情因素确实可以成为激励因素。但是，仔细推敲"感情投资"这一概念就会发现，它有容易被人误解之处。感情因素是一种心理因素，不像货币那样具有实实在在的投资作用。"感情投资"不过是对管理行为的一种朴素的比喻和形象的描述而已，如果要确切地说明，应用感情激励这一术语更为科学，只是"感情投资"更易为大家所接受。因此，不妨认为感情激励是一种标准化的科学术语，而"感情投资"是一种通俗的提法。

（2）感情激励的性质是一种软性管理

感情激励是以联络人的情感为基础的管理过程。如果说用规章制度进行的管理称为硬性管理，那么，感情激励就是一种软性管理，是一种带有人情味的管理。

其实，早在1920年就有人提出要在企业中注意员工感情的观点。美国一家钢铁公司的人事经理威廉斯在一本《员工们在想什么》的书中就提到：工人们根据感情办事，考虑工作的性质胜过金钱。他认为，管理人员如果仅仅注意到员工的生理和经济欲望，而不注意他们的心理因素、感情因素，管理工作必然失败。

进而，管理心理学家梅奥经过数年的霍桑试验，得出了社会人的新假设，并提出了人群关系的新理论。由于员工不是纯粹的经济人，而是社会人，因而，提高工作效率不仅依靠外力（工资、报酬等），更要依靠员工的内部状态，其中就包括士气、情绪等因素。

当代美籍日本学者大内比较了美国与日本企业管理方法的差别，得出了"使工人关心企业是提高劳动生产率的关键"，须"重视个人感情在工作中的地位"的结论。他具体地提出了"生产力可能取决于信任、微妙性和亲密性"这一设想，其目的是协调企业的人际关系。

（3）感情激励是我国协调人际关系的原则和方法

现阶段的我国，在社会主义商品经济的条件下，用感情因素来协调人际关系，是很有益的思路，同时也有其客观的必然性。

人与人之间的感情是自有人类以来就存在的，但是在以阶级对立和阶级统治为基础的社会里，同他人交往时表现纯粹人类感情的可能性已经被破坏得差不多了。社会主义公有制的建立，使劳动者成了生产资料的主人，他们的根本利益是一致的，这样，人与人之间的关系就变成团结互助的关系，在社会主义商品经济的条件下，这种关系又以互利为前提条件，这就为感情投资提供了客观基础。

此外，由于社会分工在社会主义初级阶段并没有被消灭，而且日益发展，同它相联系的社会化大生产又需要权威和指挥，因此，社会个体在一系列问题上不可避免地存在着"摩擦系数"和矛盾冲突。例如，在分配工作时，领导为落实任务绞尽脑汁，而一些员工置若罔闻；领导制定决策很少吸收员工参加，而员工中也很少有人为领导着想。领导者与被领导者成了两股道上跑的车，使许多有利于企业发展的因素被抵消，有的时候二者之间的矛盾甚至达到白热化的程度。这些问题，有的可以用法规、制度等方法进行硬性管理，有的则要用感情激励的方法进行软性管理。

（4）感情激励的形式

感情激励的形式在我国是多种多样的，有沟通思想式、排忧解难式、慰问家访式、交往娱乐式、批评帮助式、共同劳动式、自主管理式等等。这些激励形式实质上分为两大类，一类是感知性感情激励，另一类为理智性感情激励。

所谓感知性感情激励，是指当人们受到外部和机体内部等条件的影响时所引起的感情。这种感情来得快、来得直接，收效明显，排忧解难式就属于这一类。

所谓理智性感情激励，就是在感知性感情激励的基础上，用一定的价值观把职工与企业联系起来，形成共同的价值观，使职工有一个持久的内激励。自主管理就属于这一类。

在进行感情激励的具体工作时，我们必须注意一个基本问题，即这种感情激励的基础是建立在双方平等的基础上，是彼此以主人的身份进行感情交流，而不能因角色不同而以为这是一种"恩赐""赏赐"。如果有这种想法就会事倍功半。

（5）感情激励的作用

感情激励的最大作用就在于关心人、帮助人、尊重人，并使被激励者感到自己被尊重，而这种尊重在目前协调企业间的人际关系、调动生产积极性方面具有较大的作用。

一份对上海、天津等大城市1.1万名青年工人的调查问卷发现，其中有67.39%的人认为，工作责任心和积极性来源于"有强烈的自尊心"。另一份对上海四大行业199人抽样调查所得到的数据是，职工的积极性来源于"不甘心落在别人后头的强烈自尊心"的占72%，来源于"领导关心群众生活，注意工作方法"的占71%。这些调查数据从更广的角度说明，感情激励是符合人们交往的需要、爱的需要、尊重的需要的。实行感情激励会使企业中的人际关系特别是干群关系得以协调，摩擦将会减少，劳动者的生产积极性将会源源不断地发挥出来。这就是感情激励的魅力所在。

（6）感情激励实施时应注意的问题

①感情激励要与科学管理相辅相成地同步实施。在现实生活中，感情激励不能游离于企业日常经营管理活动之外另搞一套，它要同企业生产经营管理的内在、客观要求相吻合，它必须在严格执行规章制度和保证生产任务及质量指标的基础上来实施，两者相辅相成、缺一不可，这样的感情激励在企业中才具有最佳的效果。

②感情激励实施时要注意广泛性。感情激励的对象要面对企业的全体职工，切忌围绕少数人进行，弃众不顾、点面分离容易失去其管理的有效性，甚至容易被人误解为搞个人的小圈子。

③感情激励实施时要注意过程的深化性。感情激励要投入哪些感情呢？首先是管理者与职工之间的感情，因为管理者是企业的法人代表。但是，感情激励的层次不能仅限于此，应该不断地深化。除管理者与职工的

感情联系外，感情的激励层次要深化到职工与企业的感情，它是管理者和职工之间感情的主干，离开了这一主干，感情激励就往往会丢弃原则，变成笼络人心为己所用的庸俗感情激励。而感情激励的最高层次为职工与国家、社会的感情共通。

以上三个层次的关系用一个通俗的比喻来讲，就是一棵根植于土壤的大树，土壤是国家与社会，大树是企业，树枝就是管理者和职工。这三层关系既层次分明，又盘根错节、脉脉相通。

总之，每一事物的发展过程中都存在着自始至终的矛盾运动。感情激励也是一个过程，是一个由量变到质变、由低级到高级的发展过程。在进行感知性感情激励时，要防止"有事有人，无事无人"的实用主义做法。一旦产生效用，要随时注意深化这一过程，并及时转变为理智性感情激励，以防止时间上的断层。

主要概念

物质激励模式　精神激励模式　感情激励模式

思考题

1. 简述美国的物质激励及其表现。

2. 概述我国物质激励的过程及对物质激励的再认识。

3. 为什么说企业精神、企业文化是精神激励的形式与内容（通过案例说明）？

4. 为什么说感情激励是一种软性管理？

学习目的

- 区分经济学与心理学激励理论的差别
- 全面掌握内容型激励诸理论间的相互关系
- 对马斯洛的需要层次论理论的积极与消极意义做出合理的评价
- 对双因素理论与成就需要理论的应用价值做出分析与评价

4.1 两种激励理论——经济学与心理学的激励理论

4.1.1 经济学激励理论

经济学对现代激励理论的研究是与现代企业理论的发展联系在一起的。在新古典经济学的框架内，劳动力被作为一种可变投入要素，管理者的目标就是要尽力使成本最小化。诚然，强调技术特征（生产函数）是必要的，但是这并不能完全把握企业生产的实质。按照科斯（Coase，1937）的话来说，新古典经济学将企业内部视为一个黑箱的假设虽然具有"可控性"，但缺乏"现实性"。企业理论就是为使得经济假设更具有现实性而对新古典经济学进行突破的结果。科斯于1937年发表《企业的性质》一文，但是并没有引起多少人的注意。直到20世纪70年代，由于威廉姆森（Williamson）、哈特（Hart）、阿尔钦（Alchian）、詹森（Jensen）和阿克洛夫（Akerlof）等人的努力，现代企业理论才得以蓬勃发展。企业中的激励理论也得以迅速发展。

从古至今，经济学路线的激励理论大致有以下5个流派：

1.劳动力市场供求模型

劳动力市场供求模型是新古典经济学最流行的分析逻辑。该模型认为，劳动力是一种商品，劳动力的价格由劳动力市场的供给与需求决定。雇主支付市场均衡工资给工人，换取工人的劳动力。可见，这个模型的最大特征是工人工资的支付必须基于市场。这条定律也成了经济学路线的激励理论的一个根本特征。

按照劳动力市场供求模型的看法，企业决定是否雇用工人主要是看雇用一个工人所增加的边际产品价值（value of marginal product，VMP）是否大于工资成本。只要VMP大于工人工资，企业就会雇用工人。当VMP与工人工资相等时，两者达到均衡状态。当VMP小于工人工资时，企业再雇用工人反而会使利润缩水，因而不会再增加工人。这从逻辑上讲没有任何问题。但是问题在于企业主如何能精确计算出VMP呢？因而，这样的理论适用性又何在呢？另一方面，支付给工人市场均衡水平的工资，并不能使工人努力工作，因为工人被解雇后很容易找到一份市场均衡工资水平的工作。

2.契约经济学

由科斯（1937）、阿尔钦和德姆塞茨（Alchian and Demsetz，1972）、克莱因（Klein et al.，1978）、詹森和梅克林（Jensen and Meckling，1976）、威廉姆森（1985）等发展起来的契约理论是目前在主流经济学中最前沿的领域。契约理论的主要论点是："大部分组织只是法律虚拟物，是个人间合同订立关系的联结（Jensen and Meckling，1976）。"在契约理论看来，企业的本质就是契约。从契约的角度来看，管理者对雇员的激励主要是要设计一份合理的、可执行的、具有激励功能的合约。因此，合约的完全性、可执行性以及激励性是管理者要重点考虑的问题。

（1）不完全合约

由于个人的有限理性和环境的不确定性，要设计一份能预期未来一切可能情况的合约几乎是不可能的。因而，企业与雇员签订的大多是不完全合约。由于雇主与雇员都是理性经济人，不完全合约将意味着企业和雇员都将存在机会主义倾向。比如，雇员只要不会被发现就会尽量偷懒，同样，假如雇员努力工作后，雇主有提高工作标准、少报企业利润的动机。棘轮效应（ratchet effects）就是雇主机会主义行为的结果（威茨曼 Weitzman，1980）。正由于合同的不完全性可能产生严重的后果，因而探究不完全合约存在的原因、解决的办法构成了相当一部分文献的主题（如Williamson，1985；施沃茨 Schwartz，1992）。

（2）自我实施的合约

合约的可执行性尤其是自我实施性也是契约经济学家所关注的主题（如 Klein et al.，1992）。为了使合约具有自我实施性，满足激励相容条件（incentive compatibility）是必要的。这里面的一个主要思想就是尽量使当事人遵守合同比违背合同好。因此，这中间就会涉及违背合同时的惩罚力度问题。工作生命激励理论（work‑life incentive theory）、锦标赛理论（tournament theory）、效益工资理论（efficiency wage theory）和声誉理论（reputation theory）都体现了这个思想。

拉齐尔（Lazear，1979）的工作生命激励理论强调与雇员签订一份工资水平倾斜向上的长期合同，先支付给雇员比较低的工资水平（低于其边际产品价值），然后工资水平逐渐提高（高出其边际产品价值）。这种逐渐提高的工资合约相当于强迫雇员购买了一份长期"债券"，如果雇员提前从公司退出，则其无法收回"债券"的本金与利息。如此一来，企业可以通过设计工资曲线的倾斜幅度，使得雇员刚好到退休时才收回"债券"的本金和利息。这样，与企业签订了这种合约的工人如果提前离开公司，或者因不努力工作被提前解雇，工人是得不偿失的。于是，一份原本无味的工作也将变得有价值了。

拉齐尔和罗森（Lazear and Rosen，1981）提出的锦标赛理论继续了这种思想。只不过在这里，他们提出用组织层级取代年资，即工资随雇员在组织层级体系中的职位而逐渐上升，职位等级越高，工资越高。雇员往往从最低层进入企业，然后一级一级往上爬。在最低层，雇员的工资低于其边际产品价值，当到达一定的职位时，工资就会超过其边际产品价值。管理者的任务就是要使得个体在企业内的整个职业生涯的期望收入的现值等于他的保留工资（即市场均衡工资）的现值。可见，在这种情况下，个体提前离开公司或因不努力工作而被解雇仍然是得不偿失的。

夏皮罗和斯蒂格利茨（Shapiro and Stiglitz，1984）提出的效益工资理论则与上述两种迫使雇员购买"债券"的做法相反，该理论认为如果付出高出市场均衡水平的工资给雇员，雇员将会努力工作，遵守合约。这种高工资与其说是奖励雇员努力工作，还不如说是加大雇员被解雇的惩罚力度。毕竟，如果被公司解雇，在其他地方他很难再找到一家能支付给他这么高工资的雇主。为了避免被解雇，雇员自然会努力工作。

声誉模型（Kreps，Roberts and Wilson，1982）则从另一个角度讨论了当事人为了顾全"声誉"而遵守合约的可能。从心理学角度而言，追求声誉是由管理者的尊重、自我实现、成就等需要所驱动。但在经济学视角下的声誉作用机制则完全不一样。经济学家认为，合约当事人追求声誉是为了长期利益最大化，是长期重复博弈的结果。长期重复博弈使得背叛对方得不偿失，因为会招致对方的报复。多次合作博弈形成了声誉。对于雇主而言，这种声誉是吸引优秀员工的一种资产；对于雇员而言，这种声誉也是影响其今后被新雇主雇用的一个重要因素。这种外在劳动力市场的约束迫使雇员和雇主都遵守合约。

（3）激励合约

合约的激励性也一直是契约经济学家所关注的问题，得到普遍认同的一个基本原则是将个人的报酬与其业绩挂钩。计件工资制、佣金制等都属于这种情况。而所有这些都属于显性激励合约。然而，在许多情况下，业绩指标及其测评工具是相当难以确定的，因而雇主与工人之间订立显性激励合约是不可能的。于是，存在着隐性激励合约的可能。心理契约、声誉机制等都属于隐性激励。个体努力工作完全是基于维持长期合约的内在机制是自我激励（self-motivated）。因此，隐性激励合约能减少对显性激励合约的需求，因而能节约很大一部分的交易成本（法律处理成本），也可以节约很大一部分的监督费用，还可以减少企业支付的薪金数额。

正是由于隐性激励合约具有如此巨大的功效，源于社会心理学的"心理契约"概念日益受到经济学家们的关注（Akerlof，1982；Tumley，2003）。这中间最有名的理论应是阿克洛夫在1982年提出的礼物交换理论（Gift Exchange Theory）。阿克洛夫认为，雇主支付给雇员超过标准工资水平以上的工资，雇员就将回报给雇主超过工作标准以上的努力。在这中间起重要作用的是公平观念。雇员的努力标准也是由公平感受来决定的。当雇员获得超过标准水平的工资收入时，雇员如果不提高努力标准，他们就会在内心感到自己对雇主不公平。为了使这种内心失调状态重新平衡，就需要雇员提高努力标准。可见，阿克洛夫的礼物交换理论已经突破了传统经济学将人定义为经济效用最大化的假定。

3. 委托代理理论

委托代理理论将雇主视为委托人（principle），将雇员视为代理人（agent）。当委托人很容易监督代理人时，也就不存在代理人偷懒的问题。但是，委托人和代理人之间存在信息不对称，因而就会产生机会主义行为。逆向选择（adverse selection）是由事前信息不对称造成的，而道德风险（moral hazard）则是由事后信息不对称造成的。解决逆向选择行为的办法是设计一个机制诱导信息占优的一方说真话；而解决道德风险行为的办法是设计一个机制让信息占优的一方承担风险。

任务的结构也会影响到委托代理关系。霍姆斯特朗和米尔格罗姆（Holmstrom and Milgrom，1991）的多任务委托模型指出，为了避免替代效应的发生，有必要将容易监督的工作交给一个人完成，而将那些难以监督的工作交给另外一个人来完成。这项研究具有非常重要的意义，因为他们其实已经看到基于委托代理理论的经济激励比较适合于"简单任务"的工作，而对于复杂任务的工作，激励效果可能并不佳。这其实也就是心理学家们、社会学家们要提倡非经济性激励，比如道德激励、内在激励和公平激励等的原因。

4.产权理论

科斯（1960）指出，当交易成本不为零时，产权的分配是非常重要的。产权具有非常重要的激励效果。巴泽尔（Barzel，1977）通过美国奴隶制的瓦解来论述产权激励的重要性；阿尔钦和德姆塞茨（1972）则认为赋予监督人剩余索取权能有效解决团队生产中搭便车的行为。在现代企业中常采用的股票期权、ESOP 以及 MBO 等，都是产权激励理论在实践中的应用。

5.人力资本理论

人力资本理论是在 20 世纪 60 年代发展起来的。它的一个基本论点是，人们所拥有的知识、技能、体力以及其他精神状态等人力资本是企业中最重要的资源。因而，恰当地对人力资本进行定价是非常重要的。准确的人力资本定价是激励员工发挥工作积极性的关键。

4.1.2　对经济学路线激励理论研究的评价

从前面的论述中，我们可以看出：

（1）经济学路线的激励理论都有一个基本假定：人是追求经济利益最大化的。从这个假定出发有两个推论：物质报酬越多，个体工作越努力；当报酬一定时，个体总是想方设法偷懒。第一个推论意味着设计合理的报酬机制是激励个体努力工作的重要手段。第二个推论则意味着设计有效的监督和惩罚机制是避免个体偷懒的重要手段。经济学路线的激励理论主要就是围绕这两大主题展开。

如果说心理学路线的激励理论是将人视为"真实人"的话，那么经济学路线的激励理论纯粹是将人视为"理性人"。这两种视角上的差异使得经济学更关注人类行为的共性，而心理学更关注人类行为的个体差异。这两种理论路径的差异也就决定了两大类激励思想各自的应用空间。在进行激励制度设计时，必须以经济学激励理论为基础；而对个人施以具体激励时，则必须以心理学激励理论为基础。

（2）经济学家一直强调激励机制的设计，其实质是诱导个体进行自我激励。有效的激励机制可以理解为一份自我实施的合约。自我实施的前提是满足参与约束和激励相容约束两个条件。可见，一份自我实施的合约的实质就是要通过设计报酬支付函数，使雇员自己选择雇主所期待的行为。这里蕴涵着一个非常重要的激励思想：设计一个有效的报酬函数，诱导个体进行自我激励。

隐性激励是经济学家最新关注的一个议题。尽管隐性激励合约与显性激励合约在很多方面都不一样，但其作用机理却是一样的。其核心思想同样是诱导个体进行自我激励。可见，自我激励是经济学路线激励理论所一直强调的。当然，要指出的是，经济学路线激励理论强调的自我激励也是指经济性的自我激励。因而，经济学路线激励理论尽管蕴涵着自我激励的思想，但并没有把握自我激励的实质，也没有把握自我激励本身的内在机制。

（3）在经济学路线的激励理论中，市场始终占有非常重要的地位。市场均衡工资水平往往是一个重要的参考点。比如，工作生命激励理论、效益工资理论和委托代理理论等等都将市场保留工资水平作为其一个重要的逻辑参照点。

（4）经济学路线的激励理论日益出现人本化趋势。这集中体现为从行为经济学的角度来研究激励问题。源于社会心理学的"礼物交换"、"心理契约"、"同辈压力"（peer pressure）、"互惠需求"（reciprocity）和"公平"（fairness）概念日益受到经济学家们的关注（如 Akerlof，1982；Rabin，1993；Tumley，2003）。比如，阿克洛夫提出的礼物交换理论其实就是源于心理学中的互惠需求、心理契约概念。他认为，雇主支付给雇员超过标准工资水平的工资，雇员就将回报给雇主超过工作标准的努力。可见，阿克洛夫的礼物交换理论已经突破了传统经济学将人定义为经济效用最大化的假定。行为经济学家们通过引入心理学的概念，将传统经济学的"经济人假定"修正为"真实人假定"，重新研究企业中的激励问题。从这个角度研究出来的激励理论更富有人性化，更能解释现实中的经济现象。

4.1.3　心理学激励理论

在心理学中的激励理论可分为：早期的动机激发理论、行为主义激励理论（新、老行为主义激励论，强化理论，又称行为修正激励论）、综合激励理论（勒温的场动力论与波特、劳勒的综合激励模式）和认知派激励理论。

认知派激励理论包括：

（1）内容型激励理论：①需要层次论（马斯洛）；②生存—关系—成长理论（阿德佛）；③成就需要论（麦克利兰等）；④双因素理论（赫茨伯格）。

（2）过程型激励理论：①期望理论（佛隆）；②公平理论（亚当斯）；③目标理论（德鲁克等）；④归因理论（海特等）。

（3）认知评价理论。

现代激励理论的分类详见图4-1。

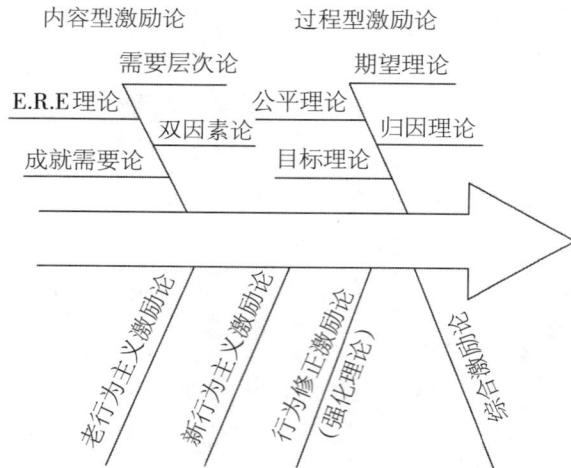

图4-1　现代激励理论分类图

上述理论的具体内容将在本章及第5章中逐一详述。本书的重点是从心理学的角度阐述激励理论及其应用的各个方面。

4.1.4　对心理学激励理论的评价

1.强调内在动力机制

心理学家认为，个体行为动力分为内在动力和外在动力。内在动力是指由个体的内部需要所引起的动机，如成就感、职责、胜任感、个人成长和受重视等。外在动力则是指在外部刺激的作用下产生的动机，如薪水、晋级、奖金和工作条件等。

他们认为，内在动力机制在个体行为中起决定作用。内在动机意味着人们想努力工作（want to work hard）；外在动机则意味着人们必须努力工作（have to work hard）。比如赫茨伯格（Herzberg）认为：只有那些内在动机因素如成就感、别人的认同、工作、职责、进步和个人成长等才是真正的激励因子（motivating factors），而薪水、人际关系、工作环境、工作安全性和公司的组织政策等等只是保健性因子（hygiene factors）。激励因子才能让员工工作满意，而保健性因子只能消除员工的不满意感。因此，企业传统的薪酬概念必须发生变化，即从注重外在报酬转向内在报酬。

个性心理学家也强调内部动力机制，不过他们不再强调个体的需要，相反，他们认为某些个性特质决定了个体的工作行为。正因为如此，组织为有效地进行激励，关键是在企业人员流动的入口处把好关，即选好恰当个性的人。在选进来之后，再对个体的个性进行培养。

认知心理学家同样注重个体行为的内部动力机制，他们与上述心理学家的看法不同，他们认为个体内部具有某种基本能力，这些能力决定了其今后的工作行为。因此，所谓的激励，也就不过是识别、培养和开发一些关键能力。

2.强调个体的主动性

经济人假定将人视为单纯追逐利益的个体，外部环境可以通过设计报酬方案对个体行为进行有效控制。这样，个体内在的主动性、潜能被彻底忽视。心理学激励理论则与此相反，它们认为，个体具有内在的工作动力，个体可以自行引发工作行为，也可以对自己的努力行为进行自我监控。个体不单单被外部力量控制，他有自我调控能力，也有自我反思能力。正如班杜拉指出的那样，"承认某些外部原因和支持，然而不能否认这样的事实：自我影响的实现部分决定了行为方向"。

3.强调个体的差异性

心理学理论都特别强调个体差异，这与经济学理论截然不同。经济学理论将人界定为追求经济利益最大化的个体，这是单一假定。心理学理论则认为影响个体行为的要素繁多，并且每个人在各个要素上的表现都不一样。比如，心理学理论认为，个体不仅存在经济性动机，而且存在社会性动机、成就动机以及利他动机，个体在各个动机上的强度也各不相同。又比如，个性心理学理论认为个体有诸多人格特质与工作行为相关，但每个人在各个特质上的得分不一样。再如，认知心理学理论认为，影响个体行为的内部认知能力的要素有很多，每个人的能力状况也不一样。正由于个体之间差异性如此巨大，因此要想寻求一个适用所有个体的激励方法将是不可能的。基于心理学的激励理论倾向于为不同的个体提供个性化的激励解决方案。

4.2　早期激励理论——人类动机激发的理论

1.动机激发的感知论

这一理论主要是从理性的角度来解释人类的行为，是一种宏观动机激发论，其代表人物是笛卡尔。笛卡尔是一个物质与精神二元论者，他认为，动物只有本能的应答行为，而人类则具有理性行为。人的有意识的欲望是借助理性而产生的，为了满足这一欲望诉诸能力，而能力乃意志的体现，要想控制自己的意志，个人就要对行为负起责任。

心理学家凯利（Kelly，G.A.）进一步认为，行为不过是持续的能动，其主要问题在于选择事物。人所做出的决定，不外是他个人的构想，即依据观念、价值观，以及他对世界的态度所得出的。

这种宏观动机激发论并不能解释清楚激发动机时各个具体变量之间的相互制约性。

2.动机激发的苦乐论

早在两千多年前，苏格拉底就提出激发动机的苦乐学说，认为人的动机总是求乐避苦，因而是一种功利主义、享乐主义的模式。在近代，人们已用接近与回避行为（客观尺度）来代替主观性的苦乐尺度，认为动机激发的目标或诱因都以追求愉快为原则。

3.动机激发的本能论

英国哲学家斯宾塞引进了达尔文的进化论，从进化论的观点出发，用本能理论来解释动机激发。他认为，人与动物的行为都是为了适应环境，生命要同环境永远适应下去，就需要进取、能动这类活动。激发动机的根本原因是人类的根本性动机——本能性动机，所以，动机激发不是靠外部影响，而是靠自身的本能行动。

4.动机激发的动因论

动因（drive）又称驱力，或叫内驱力。心理学家伍德沃斯（Woodworth）用"驱力"概念代替"本能"概念，认为动因（内驱力）是开拓行为的直接因素，需求（need）往往处于潜在状态，而使需求变为行为的是动因。

动因有两种，一种是持续赋予行为以目标方向的行为动因，另一种是旨在开拓的行为，作为内部刺激的生理性动因。驱力状态与人的生理剥夺的水平相关。当有机体出现缺少或过剩状态时，就会产生生理性需求，如营养枯竭会导致饥饿动因，因而产生了食物的需求，只有得到了食物才能达到新的平衡。由此，他提出了一个"守恒性"的概念，只要条件偏离正常安定状态，体内就会发生不平衡状态，而动机激发就是由守恒性的不均衡或紧张所导致的动机。

由此可见，一切行为无不依靠守恒性动因或以守恒性动因为基础的二次动因来激发动机。在此，可使动机激发区分为有原因的一次性需求与凭借经验而产生的二次性需求。

4.3 综合激励理论

4.3.1 勒温的场动力论

心理学家勒温提出的场动力论是最早期的综合型激励论。行为主义的激励论强调的是外在激励的重要性，而认知派激励论强调的是内在激励的重要意义。外在激励是指用工资报酬、劳动条件和劳保福利等外部条件，刺激人的积极性。内在激励是指工作本身的兴趣、价值和成就感等，也是产生激励的刺激因素。

勒温的场动力论是用以下的函数关系来表述的：

B=f（P·E）

式中，B为个人行为的方向和向量，P为个人的内部动力，E为环境刺激。这个公式表明，个人行为的方向和向量取决于环境和个人内部动力的乘积。

这一理论说明，任何外部刺激要成为激励因素的话，还要看内部动力的强度，两者的乘积才能决定人的行为方向。

勒温比喻外界环境只是一种导火线，是情境的力场之一，而人的需要是一种内部驱动力，人的行为方向取决于内部系统需要的张力与外界之间的相互关系。如果内部需要不强烈，那么，再强的导火线也没有多大意义。反之，如果内部需要很强烈，那么微弱的导火线也会引起强烈的反响。比如说，某厂星期天要加班，如果加班仅仅是为了钱的话，那么为了要结婚等钱用的青工就会拼命加班。但是，对于生活上非常富裕的青工，那么加不加班是无所谓的。当然，如果我们赋予星期天加班除了金钱以外的政治意义（如奉献爱心、星期天义务劳动日）作为内部驱动力，那么即使没有钱，工人们也会积极参加的。

4.3.2　波特和劳勒的综合激励模型

1968年，波特（L.W.Poter）和劳勒（E.ELawler）提出了新的综合激励理论模型图。在20世纪70年代时，这一模式得到进一步的考察和完善。

这一模型是将行为主义激励论的外在激励和认知派激励论的内在激励综合起来的新的激励模型。图4-2即为这一新理论的模型图。

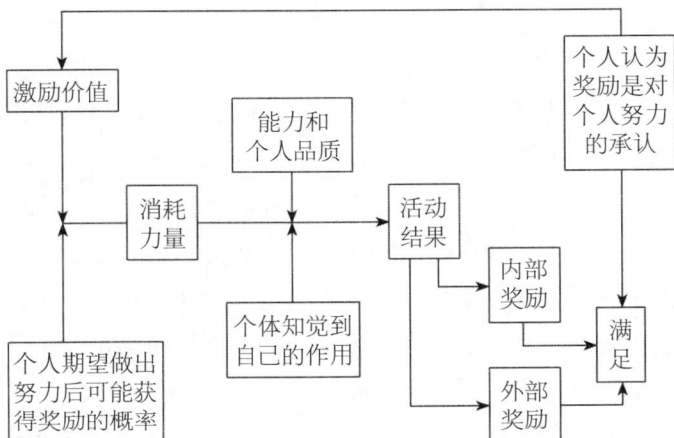

图4-2　波特和劳勒的综合激励模型图

　　波特和劳勒将激励分为内激励和外激励两种。内激励的内容包括：劳动报酬、工作条件和企业政策等；外激励的内容包括社会、心理特征的因素，如认可、人际关系等。

　　在上述模型中波特和劳勒将激励过程看成为外部刺激、个体内部条件、行为表现和行为结果的相互作用的统一过程。这一模型也说明了个人工作定势与行为结果之间的相互联系。

　　在这一模型中还可以分出以下变量：

　　（1）努力程度。在模型中的"消耗力量"一项是指估价工作者在完成作业中所消耗的能量大小。这些都是由完成作业时所获得的激励价值和个人感到做出努力后可能获得奖励的概率所决定的。激励价值本身是由吸引它的程度所决定的。不同类型的激励（工资、认可、预见、领导评价和同工作人员的友谊等）对不同的人具有不同的意义。对个体的激励价值愈高，他所获得的期望概率愈高，消耗在完成作业上的力量也愈大。

　　（2）工作绩效。从模型中还可以进一步看到，活动结果既依赖于消耗力量的努力程度，还要依赖于个体的能力和个体品质以及个体对自己工作作用的知觉。这说明在消耗力量的努力相同的情况下，根据个人能力、知识和个人品质的差别，以及对自己工作作用的知觉不同，活动结果也会有所差别。

对自己工作作用的知觉就是指个人在工作中的"角色知觉",这是指个体掌握了一定的工作任务,并明确了自己的努力方向和水平,从而规定自己应该消耗多大的力量到这一工作中去。

(3)满足。在模型中进一步分析了个人对工作的满足与活动结果的相互关系。满足依赖于所获得的激励同期望所获得的结果的一致性。如果前项等同或大于后项,那么个体便会感到满足。此外,满足还取决于工作者本身的想法和意见,比如他认为怎样的激励是可信的,并可获得结果。这一因素也影响到"结果—满足"的联系。

波特和劳勒的综合激励模型在企业中已得到应用,其结果表明,在7个企业组织的近600名领导人中进行的试验都是一致的,即上述模型中所举的各种变量与活动结果之间的联系具有正的结果。

企业领导人在应用上述模型时,可以确定管理生产时的领导者的定势作用、个人的价值定向与活动结果之间的联系。

企业领导者在按照上述模型工作时,要做好以下几件事:

(1)尝试估计工作者的满足水平。

(2)从活动中比较不同工作者的满足水平。为了激励个人的积极性,并不需要提高满足程度,只要加强满足同工作结果之间的联系即可。

(3)要使员工对自己工作的期望更有力,就要设法使其通过自己的努力来获得激励。

(4)如果这些期待不够有力,就需要重新考察刺激是否适当,人们是如何对待这些刺激的。

(5)经常进行定期检查,测量定势、员工态度等。

波特和劳勒认为,如果激励和劳动结果之间的联系减弱,那么员工就会丧失信心。为此,企业领导人要经常关心是否出现了满足与活动结果之间联系减弱的信号,同时要设法增加新的刺激,并增加员工的期望同获得刺激之间的联系。

波特和劳勒的综合激励模型是很复杂的,在我国企业中尚未深入尝试应用，因此这一理论模型的实用价值还有待通过实践来进一步探索和评价。

4.4 内容型激励理论

内容型激励理论更注重研究那些影响行为变量的性质，但忽视这些变量影响行为的过程，以及这些变量之间的交互作用。例如，他们研究人们需要什么特殊的报酬，需要满足哪些基本需要，什么样的刺激是最有效的等等。"需要层次理论""双因素理论"和"成就需要理论"等都属于内容型激励理论。

4.4.1 需要理论

1.马斯洛的需要层次论

马斯洛（Abraham Harold Maslow，1908—1970）是美国心理学家，早期曾从事动物社会心理学的研究。马斯洛于1940年曾在美国社会心理学杂志上发表《灵长类优势品质和社会行为》一文，之后转入人类的社会心理学研究。其1943年出版《人类动机理论》一书，1954年出版《动机与人格》一书，1962年又出版《存在心理学导言》一书。

（1）需要层次论概述

美国心理学家马斯洛在其《人类动机理论》一文中，阐述了人的基本需要可以分为五个层次，简明扼要地说，就是生理、安全、爱、尊重和自我实现。现分述如下：

①生理需要（the physiological needs）。马斯洛认为，属于基本生理需要一览表内的项目有很多，如食、性、渴等。当一个人受某种生理需要支配时，他的理想境界也可能会变化。例如，长期处于极端饥饿状态的人，他的追求目标首先是食物，为此，生活的目的被看成是为了填饱肚子。但是，一旦这种需要被满足了，它就不再是一种需要了。

生理需要是属于最低层次的人类的基本需要。在现实生活中人的正常的生理需要是应该满足的，但决不能局限于此，而是应该去追求更高层次的需要。

②安全需要（the safety needs）。马斯洛认为，人们喜欢一个安全的、有秩序的、可以预测、有组织的世界。在那里他有所依靠，不会发生意外的或难以控制的以及其他危险的事情。

安全需要的含义是广泛的，涵盖世界和平、社会安定直至个人的安全。人们希望有一个和平、安定、良好的社会，在这个社会中，健康、正常、幸运的人的安全需要基本上可以得到满足。人们不希望受到犯罪、谋杀和专制等不安全因素的威胁。

在现实社会中不安全因素仍然到处存在，交通与工矿事故不断发生，谋杀、犯罪、偷盗等案例也不断出现，为此保障与满足人的安全需要，仍有现实意义。

③爱的需要（the love needs）。马斯洛认为，爱的需要是指个人对爱、情感和归属的需要。个人在生活中感到需要朋友、爱人和孩子，渴望与同事之间有着深情厚谊。

爱应该包括两个方面：给别人的爱和接受别人的爱。在现实社会中，要搞好人际关系，不能简单地就事论事，而应该有感情与爱的因素。

④尊重需要（the esteem needs）。马斯洛认为，社会上所有的人都希望自己有稳定、牢固的地位，希望得到别人的高度评价。尊重需要包括希望别人尊重自己，自己也表现出相应的自尊、自重。

尊重需要分为两类：一类是希望有实力、有成就、能胜任、有信心，以及要求独立和自由；另一类是要求有名誉或威望，受到别人的赏识、关心、重视或高度评价。

在现实社会中，人的自尊需要的满足会使人有自信的感情，觉得在这个世界上有价值、有实力、有能力、有用处。一旦人的自尊需要受到挫折，就会产生自卑感、软弱感、无能感，最后导致失去基本的信心。

⑤自我实现需要（the needs for self-actualization）。"自我实现"这个词是库尔特·戈德斯泰因（K.Goldstein）首创的。马斯洛在使用这个词时已经有所限定。

马斯洛认为，他在说到自我实现需要时，就是指促使人的能力得以实现的趋势，这种趋势就是希望自己越来越成为所期望的人物、完成与自己的能力相称的一切事情。为此，音乐家必须演奏音乐、画家必须绘画、诗人必须写诗，这样才会使他们感到最大的快乐，是什么样的角色就应该干什么样的事，我们把这种需要叫作自我实现。

自我实现就是使人的潜能现实化，也就是说要使这个人成为有完美人性的人，成为这个人能够成为的一切。

自我实现这个概念是演绎性的，在不同的方面具体包括心理健康、自主性和创造性等。这说明，在人的内部存在着一种向一定方向成长的趋势或需要，这个方向一般地可以概括为自我实现或心理的健康成长。

在现实社会中，人的高层次需要应该是自我实现。人们千方百计地通过工作实践，将自己的潜能现实化。现代人应该不断地希望、向往和有所追求，使自己成为一个比较完美的自我实现的人。

（2）需要各层次间的相互关系

以马斯洛看来，人类价值体系中存在两类不同的需要，一类是沿生物谱系上升方向逐渐变弱的本能或冲动，称为低级需要和生理需要；另一类是随生物进化而逐渐显现的潜能或需要，称为高级需要。

这两类需要的关系表现为：

①这五种需要像阶梯一样从低到高，但这种次序不是完全固定的，可以变化，也有种种例外情况（如图4-3所示）。

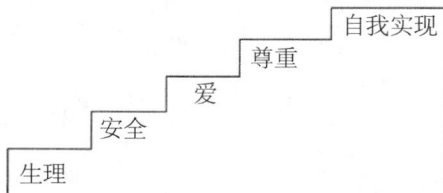

图4-3　人的基本需要

②一个层次的需要相对地满足了，就会向高一层次发展。这五种需要不可能完全满足，愈到上层，满足的百分比愈少。

③在同一时期内，可以同时存在几种需要，因为人的行为是受多种需

要支配的。但是，每一时期内总有一种需要是占支配地位的。

图4-4表明，任何一种需要并不因为下一个高层次需要的发展而消失，各层次的需要相互依赖与重叠，高层次的需要发展后，低层次的需要仍然存在，只是对行为影响的比重减轻了而已。

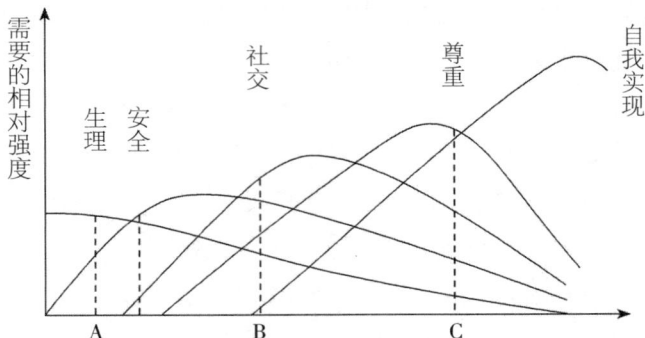

图4-4　需要各层次间的相互关系

④需要满足了就不再是一股激励力量。

（3）需要层次论在企业管理中的作用

据一些西方管理心理学家宣称，马斯洛的需要层次论能够帮助企业家管理好业务。表4-1就是一张需要层次论同管理措施密切结合的参考表。

表4-1　　　　　　　　需要层次论与管理措施相关表

需要的层次	诱因（追求的目标）	管理制度与措施
（1）生理需要	薪水、健康的工作环境、各种福利	身体保健（医疗设备）、工作时间（休息）、住宅设施、福利设备
（2）安全需要	职位的保障、意外的防止	雇用保证、退休金制度、健康保险制度、意外保险制度
（3）归属与相爱的需要	友谊（良好的人群关系）、团体的接纳与组织的一致	协谈制度、利润分配制度、团体活动制度、互助金制度、娱乐制度、教育训练制度
（4）尊重需要	地位、名分、权力、责任、与他人薪水的相对高低	人事考核制度、晋升制度、表彰制度、奖金制度、选拔进修制度、委员会参与制度
（5）自我实现需要	能发展个人特长的组织环境，具有挑战性的工作	决策参与制度、提案制度、研究发展计划、劳资会议

2.阿德佛的需要理论

阿德佛（Alderfer）根据对工人进行的大量调查研究的结果，认为一个人的需要不是分为五种，而是三种：生存、相互关系和成长。

他的三种基础需要理论简称为 E、R、G 理论（其中的 E 代表 existence——生存，R 代表 relatedness——相互关系，G 代表 growth——成长）。

阿德佛认为：

（1）生存的需要是最基本的。生存的需要是指人在衣、食、住、行等方面的物质需要。这种需要只有通过钱才能满足。

（2）相互关系和谐的需要。相当于在马斯洛理论中所说的友谊、爱和归属的需要。当一个人的工资已经满足他的基本生存需要之后，他就希望在与上级和同级的相互关系上处理得更好。一个人当他对工资不满意时，对归属方面的需求就小些。

（3）当相互关系的需要满足后，就会产生成长的需要。这种需要是指个人在事业上、前途方面发展的需要。

阿德佛还认为，作为一个企业的管理人员，应该了解员工的真实需要。这种情况可由图4-5来说明。

图4-5中的员工需要可分为三类，各人有不同的需要。各人有不同的需要会导致他们在工作中的不同行为表现，最终也决定了他们不同的工作结果。这些结果可能满足他们的需要，也可能不能满足他们的需要。

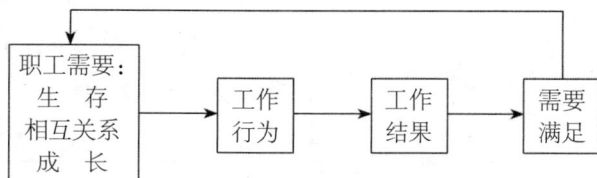

图4-5 阿德佛的需要与工作成果的关系图

管理人员想要控制下属的工作行为或工作表现，首先要了解他们的真实需要，同时通过控制工作结果（使之成为能满足下属需要的东西和报酬）来达到控制他们的工作行为的目的。如果管理人员不能控制那些对下属人员的需要起作用的工作结果，那么他也就不能影响下属的工作行为。

3.马斯洛理论与阿德佛理论的异同

马斯洛理论与阿德佛理论之间的相似点和不同点见表4-2。

表4-2 **两种需要理论的相似和不同点**

相似点：

马斯洛的需要理论	阿德佛的需要理论
（1）人的需要分为五类	（1）人的需要分为三类
（2）这五种需要由低到高逐步发展上升，同时也是相互联系的	（2）这三种需要一般来说由低到高逐步发展，同时这三种需要又是相互联系的

不同点：

马斯洛的需要理论	阿德佛的需要理论
（1）人类有五种需要，它们是生来就有的，是内在的、下意识的，即使小孩子也具有	（1）人类有三种需要，这些需要不完全是生来就有的，有的需要是通过后天学习产生的
（2）人的需要按照严格的层次，由低级向高级逐步上升。如果越级上升，那就是神经不正常的人	（2）人的需要并不一定严格地按照由低到高逐级发展的顺序，可以越级。例如，人可能在没有归属的情况下，先产生自尊需要
（3）人的五种需要只存在由低到高的上升情况，不存在由高级需要后退到低级需要的问题	（3）人的三种需要，既是由低到高向上发展的，也存在一旦遇到挫折就下降的情况，如人得不到好的相互关系，就下降为生存需要

4.需要理论的评价

西方管理心理学对马斯洛的需要理论的评价各不相同。总的来说，既重视这一理论，又指出了这一理论的不足之处。美国管理心理学家列维特（H.J.Leavitt）认为，对马斯洛理论的有效性、科学性是存在争议的，但它的效用对于管理者可以成为一种思考的工具，似乎优点总是超过它存在的问题。

为了正确评价马斯洛的需要理论，必须联系他的基本哲学观点和人本主义的心理学观点，这样才能客观、历史地考察这种理论产生的思想根源、历史背景，以及它在一定时期的进步作用和局限性。

（1）人本主义心理学与马斯洛的需要理论

人本主义心理学的渊源可追溯到古希腊以至现象学和存在主义近期的发展。人本主义的观点现已为许多国家如比利时、荷兰、意大利、法国、瑞士和英国的心理学家所接受。

美国早期提倡人本主义心理学思想的是詹姆士（1842—1910）和霍尔（1844—1924），他们都认为科学心理学应揭示整体的人，应探讨人们基于理智的丰富的感情生活，以便了解个体的人性。他们对当时由行为主义心理学所铸造的机械形态的人类行为模式感到沮丧。

20世纪30年代以后，格·阿尔波特和亨·默里竭力鼓吹他们的人本主义的人格理论。他们主张全面理解处在环境关系中的个体，把人看作是积极的、独立的和看重未来的整体。

1942年，卡尔·罗杰斯出版了《咨询和心理治疗》一书，写出了患者的新的主动作用，由此提出了患者中心治疗法。

1943年，阿伯拉罕·马斯洛出版了第一部关于动机理论的著作。

但是，由于20世纪上半期在美国行为主义占统治地位，所以马斯洛与罗杰斯这样的人本主义心理学家一直受到学术界的排斥。

20世纪50年代，人本主义心理学在美国逐渐形成，它是因对行为主义心理学的不满而产生的。强调以人为中心、以价值为中心，主张现象学和存在主义的心理学著作在这一时期大量出版，如马斯洛的《动机与人格》（1954）、阿尔波特的《成长》（1955）、穆斯塔克的《自我》（1956）、加德纳与墨菲的《人的潜能》（1958）和科恩的《人本主义心理学》（1958）等。

人本主义心理学的基本观点是，人作为一个生物体不是简单地由外界力量或是无意识冲动来控制的，而是受他们自己的价值观和选择性所支配的。马斯洛称这场人本主义运动为第三势力，他就是这场运动的发动者。

1961年，《人本主义心理学》杂志创刊；1962年，美国人本主义心理学会成立；1968年，马斯洛当选为美国心理学会主席，这说明他所提倡的人本主义观点已在美国心理学家中得到承认和重视；1970年，在荷兰的阿姆斯特丹召开了第一次人本主义心理学的国际会议；1971年，在美国心理学会内建立了一个专门的分会——第32分会，即人本主义心理学分会，该分会的宗旨是：将人本主义心理学的概念、理论和哲学应用于科学心理学的研究、教育和专业实施等方面。

人本主义心理学的产生有其深刻的社会原因。20世纪60年代至20世纪70年代初，美国正处于激烈的社会变动和精神动荡之中，而人本主义心理学所关切的问题，如人的潜能、成长等问题正是社会所关心的。

人本主义心理学强调心理学应该是一门关于人的科学，而人不仅仅是作为客体在行为主义的机械形态模式中被操作的对象，而是一个有感情、有权利的人。

由此可见，人本主义心理学批判行为主义的外因决定论，强调人与动物的差异，强调人的价值、人的内在因素和人的特殊性，在这些观点上是有其历史的进步意义的。

马斯洛的需要理论是一种内容型激励理论，它强调人的不同层次的内部需要是激发动机的主要因素。这种理论强调人的内部需求、思想意识、兴趣和价值等内在因素，批判了人的行为是外部刺激机械决定的行为主义理论，在这个意义上，需要层次论也具有积极的意义。

（2）马斯洛需要理论的积极意义

马斯洛的需要层次论作为一种激励理论，在一定程度上反映了人类行为和心理活动的共同规律。

首先，激励理论在很大程度上直接或间接立论于人的需要。心理学已经证实，人的意志行为开始于需要以及由需要引起的动机。具体说来，人受到刺激产生了需要，当需要不满足时，引起心理紧张，这种心理紧张就成为寻找目标以满足需要的驱动力，由此激发了动机。因此，从研究需要着手来探索激励，是符合心理规律的有效途径。

其次，如果撇开需要的社会内容，就其心理发展的形式而言，马斯洛所概括的生理、安全、爱、尊敬和自我实现的基本需要，应该说在我国劳动人民中间也同样存在。

马斯洛把需要分为五个层次并逐级上升的模式，虽在国外颇有争议，但他所指出的需要层次性和需要由低级向高级发展的趋向，是一般人的共同的心理过程，这一原理在西方国家中已经得到验证。

马斯洛从人的需要出发研究人的行为，这抓住了问题的关键。人们在为了生存的需要、为了更好地生活的需要等种种物质和精神需要的强有力的推动下，发展生产力、变革生产关系，使人类社会不断地发展。

马斯洛的需要理论为企业管理指出了调动员工积极性的工作方向和工作内容。例如，任何企业都应从物质和精神两方面去满足员工的合理需要。

此外，人的需要按不同的情况（因人、因时、因地而异）而有所不同。为此，要根据不同人的不同需要，针对性地采取不同的管理措施，才能取得效果。

我国哈尔滨汽车齿轮厂做了全厂员工的需要调查，并解决了一部分员工的迫切而合理的需要之后，收到了显著的激励效果。厂党委负责同志深有体会地说："群众思想脉搏从来都不是凭空跳动的，是受他本人的各种需要控制的。只有掌握了群众的需要，才有可能摸到群众思想的脉搏。"

4.4.2 需要理论在国内外的应用

1.现代中国的五层次激励体系

社会是发展的，激励内容和手段也必须跟上形势发展的变化，如在温饱问题尚未解决的年代，员工更关心的是基本生存的需要；在知识经济的今天，激励方向又有了新的变化。我们构建了如图4-6所示的五层次激励体系。

```
                    ┌──────────────────┐   教 个 主 股 自
                    │  第五层次的激励   │   育 人 动 票 我
                    │   (自我实现)    │   培 成 竞 期 选
                    └──────────────────┘   训 长 争 权 择
                             ↑
     表 批 巩 民 充   ┌──────────────────┐
     扬 评 固 主 分   │  第四层次的激励   │
     与 与 地 管 授   │    (尊重)      │
     鼓 舆 位 理 权   └──────────────────┘
     励 论              ↑
                    ┌──────────────────┐   交 趣 团 服 胸
                    │  第三层次的激励   │   谊 味 队 务 牌
                    │   (团队归属)    │   活 性 奖 周 与
                    └──────────────────┘   动 奖     年 制
                             ↑                励     奖 服
     劳 劳 休 生 工   ┌──────────────────┐
     动 动 假 存 作   │  第二层次的激励   │
     保 保    压 环   │   (健康与安全)  │
     护 险    力 境   └──────────────────┘
                             ↑
                    ┌──────────────────┐   激 一 现 食 用
                    │  第一层次的激励   │   励 般 金
                    │   (生理需要)    │   薪 性 替 品 品
                    └──────────────────┘   酬 奖 代
                                              金 品
```

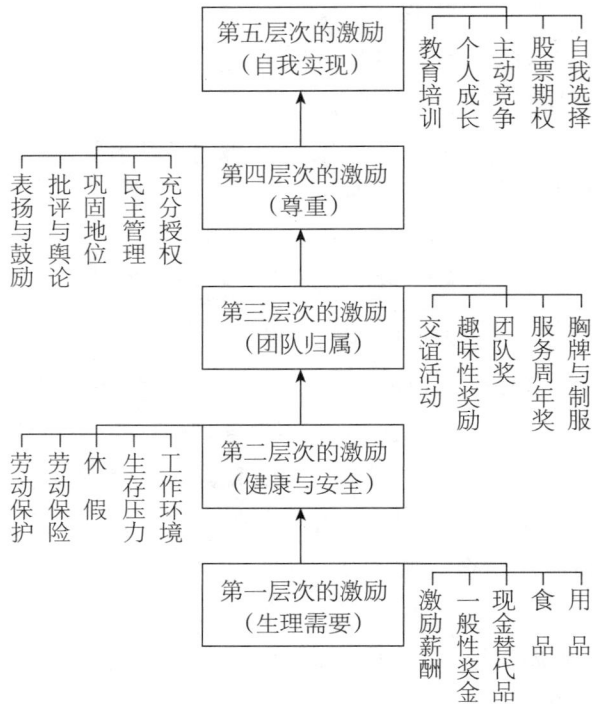

图4-6　五层次激励体系树状图

由4-6图可见，五层次的激励分别为：

（1）第一层次的激励，即以满足员工基本需求为中心的激励手段，主要有薪酬、人人有份的奖金、现金替代品、食物和用品等。

（2）第二层次的激励，即以满足员工健康与安全需要的激励手段，包括劳保、福利、沟通、休假、健康健美活动、安抚、关怀、宽容、解压和良好的工作环境等。

（3）第三层次的激励，即以满足员工友爱、归属及接纳需要的激励手段，通过团队工作、趣味性奖励等有关企业文化方面的建设，来促进员工的向心力。其主要包括团队作业、团队奖、服务周年奖、公司周年庆、胸牌与制服、员工持股、企业文化建设、交谊活动、趣味性奖励活动和庆祝会等激励手段与内容。

（4）第四层次的激励，即通过表扬与批评、民主与授权等手段，来达到对员工的尊重和使员工自尊心得到满足，从而满足其第四层次的需要。其主要有表扬、鼓励、以身作则、奖励、竞赛活动、旅游与考察活动、参加特殊庆典、巩固地位、民主管理、支持员工的善举、充分授权、信任员工、倾听、老板认错、批评与舆论等激励手段。

（5）第五层次的激励，即通过教育培训、比学赶帮竞赛活动、工作的自主选择，促使员工与企业同步发展，让员工形成追求个人能力极限的内驱力，促进员工成长与发展，发挥自身的潜能，实现自己的理想。其主要有教育培训、个人成长、自我充实、正当竞争、股票与期权、赋予责任和自我选择等激励手段。

2.五层次需要的分析与应用

（1）生理需要的分析与应用

生理需要的内容有薪酬、奖金、食品和用品等，而这一切的实质就是需要"钱"。这是因为，用钱才能购买物品，同时它也包含着一定的含义。

①钱可以买什么

从全世界来看，成千上万的人们在辛苦地工作，虽然工作只能提供很少的内在回报，但可以满足他们对"上有片瓦、口中有食"的基本需求。钱的最基本的特性就是能购买到基本的安全感。马斯洛把钱视为人类的一个需求，赫茨伯格把它放在保健因素中——一种避免让人们产生不满意的因素。对于大多数没有出生在富裕家庭的人来说，工作是获取金钱的一种可以接受的方法。

当然，大多数人想要的更多——我们得到的更多，我们想要的就更多——更舒适的房子，更漂亮的家具、衣服，更奢华的轿车，满足更多的兴趣爱好，给孩子提供更好的学校。我们所赚的钱似乎总是有一点不够花，直到我们得到升职、红利或者其他待遇更好的工作。幸运的是，对于像待遇较低但属于重要的"奉献"性质的职业，如教师和社会工作者等，有些人满足于这些工作所带来的低微收入，愿意为帮助他人所获得的无形的满足感而做出牺牲。但是有许多人在选择工作的时候主要是为了他们可获取的潜在报酬，或者潜在的购买能力。对于这些人，每一种职业变动都受到相关待遇的影响。

我们所想要的生活方式以及为维持这种生活所需要的钱会影响到我们对于职业的选择：决定从事一项特定工作、决定离开现有工作而转向另一项工作，甚至决定有时候为我们觉得并不喜欢的工作而继续工作。但是金钱所能买到的仅仅是其权利源泉的一种，经常不是占主导地位。钱有这样的影响力的另一个理由是我们用它来衡量许多重要的无形资产。

②钱标志着什么

许多人把钱看作一种衡量的尺度。他们所获得报酬的多少显示了他们对组织的重要性如何，他们在相关的同事中的排名如何，他们在社区中的地位如何，以及在某些圈子里及他们在世界上的声誉如何。金钱衡量了他们自己所获得的成就的价值。

由此可归纳出如下结论：

人们工作是为了获得报酬，来满足他们对于基本的财务安全的需要，并获取某些程度的奢侈享受。

员工没有得到足够的报酬来满足这些需求，会引起他们的不满意，这可能会反映在员工的工作绩效低下或者引发员工离开原来的工作而去寻求新的工作。

人们把报酬看作是一种尺度，来判断组织如何看待他们的价值以及组织如何把他们和其他人进行排序。

经济的回报可能会导致短期的业绩提高，但随着时间的推移，员工会认为额外的报酬是一种自然应获得的权利。

（2）安全需要的分析与应用

安全需要的核心内容是劳保与福利，现着重就这两项需要分析如下：

①劳动保护是基本的安全需要

在当今这个竞争日益激烈的社会，每个人对于安全感的渴望和需求似乎远比以往任何时候都来得强烈。特别是公司的雇员，他们对于工作安全感的渴望之强烈，就像每个人对自己家庭安全感的渴望那般根深蒂固，并且带有一定的防御性。

美国施乐公司通过做出完善的健康保健计划、报销员工及其家属一切医疗费用的办法，满足一个人的安全感。而且该公司还为那些两年内定期看牙科医生并接受治疗的员工报销费用，解决了员工的后顾之忧。

同样，如果员工总是生活在被开除或辞退的恐惧中，就不会长久地对他所从事的工作感到愉快，这是必然的事情。当然，管理者有权要求员工做好他的工作，但危机四伏、四面楚歌的感觉，对激励一个人的进取心，达到预期的目的却是一个不小的障碍。可见，人需要有一定的安全感，尽管更多时候一个人的工作可能做得很完美。

在我国，现在很多劳动保障都有了法律规定，如养老保险、医疗保险、工伤保险和生育保险等。

养老保险是为解决劳动者在达到国家规定的解除劳动义务的劳动年龄界限，或因年老丧失劳动能力退出劳动岗位后的基本生活而建立的一种社会保险制度。

基本养老保险是按国家统一政策规定强制实施的，保障广大离退休人员的基本生活需要的一种养老保险制度。

企业补充养老保险是指由企业根据自身的经济实力，在国家规定的实施政策和实施条件下，为本企业员工所建立的一种辅助性的养老保险。

基本养老保险制度的实施解决了员工的后顾之忧，便于员工全身心投入工作，有利于调动员工的劳动积极性。

医疗保险是当人们生病或受到伤害后，由国家或社会给予的一种物质帮助，即提供医疗服务或经济补偿的一种社会保障制度。医疗保险制度通常由国家立法，强制实施，建立基金制度，费用由用人单位和个人共同缴纳，医疗保险费由医疗保险机构支付，以解决劳动者因患病或受伤害带来的医疗风险。

医疗保险的实施，对于稳定工作队伍、保证工作的连续性具有积极的现实意义。

工伤保险是国家为了保障劳动者在工作中遭受事故伤害和罹患职业病

后获得医疗救治、经济补偿和职业康复的权利，是分散工伤风险、促进工伤预防的一种社会保障手段。

工伤保险费对于风险性、职业危害程度高的行业具有不可忽视的作用。

生育保险是对怀孕、分娩的女员工给予生活保障和物质帮助的一项社会政策。其宗旨在于通过向职业妇女提供生育津贴、医疗服务和产假，帮助她们恢复劳动能力，重返工作岗位，对于女性员工的生活安定性具有很好的作用。

②福利是一种长期性的保障

第一，满足员工的福利需求。

从广义上讲，福利应该是薪酬的一部分，但是在实际的企业管理中，福利已经延伸到非物质的领域，以满足员工更高层次的需求。如果要具体区分福利与薪酬的话，那就是薪酬是企业对员工的短期报偿，而只有福利才是企业对员工的长期而可靠的承诺。所以，如果说高薪可以激励员工，那么福利则能够更持久地激励员工。

然而，以前公司的管理者很少想过用福利来激励员工，忽视了福利激励能够产生的强大作用。福利并不为管理者所看重。而今天，福利措施已成为越来越多的管理者密切注视的焦点。更多的大企业都在致力于改善福利措施，并把高福利、高工资、多休假并称为激励员工的三大法宝。从员工的角度来看，他们要长年在一家公司工作，最关心的就是其福利待遇。

第二，给予员工真正想要的东西。

如果说，对企业而言已成为一项庞大支出的福利费用的上升，是管理者必须面对的忧虑，那么更让他们烦恼和不解的是，日益增大的福利计划却总是无法取得预期的成效——留住并激励员工。所以，管理者要想让福利发挥出激励的作用，首先就必须知道员工真正想从福利措施中获得什么，而不是管理者想当然地给予员工一些他们认为员工想要的东西。

美国的罗恩·卡多斯在经营他的位于波士顿地区的第一个美食连锁公司的时候，为尽可能地避免人员流动，提高他们的积极性，给予了员工医疗和人寿保险、带薪度假、病假工资等福利待遇，但是员工们并不满意，员工的变动率平均每年高达30%。对于一个零售部门来说，这种情况虽不足为奇，可是却让卡多斯感到不是滋味。反省之后的卡多斯说过："我不再给予员工我认为他们想要的东西，而是给予他们真正想要的东西，即在周末能得到数额更大的工资支票，这才是最为实际、最为重要的。"

这就是说，给予员工优先关心的福利，才最能成功激励员工。这一点是非常重要的。

（3）归属需要的分析与应用

①团队归属感

归属感对每位员工都是十分重要的。

在公司中的每位员工，都属于公司或机构的一部分，而一个善于激励员工的管理者，还会使他的员工归属于一个小组。

有时候，他们会另外为小组取名字。比如说，以小组领导者的别名当作组名。有些机构是以部门来分组：生产部、行销部、业务部以及其他部门。在一个已经塑造出团队归属感的地方，善于激励员工的管理者，会创造出更新颖的活动来凝聚员工的向心力，这可能包括夏季的户外烤肉活动、戏剧欣赏活动、例行性的小组会议和简报等等。另外，T恤、笔和日志，也都能创造组员之间的凝聚力。请记住：团队归属感能激励员工。

②团队作业与团队奖：把大伙拧在一起

第一，1+1>2。

"1+1>2"，是个富有哲理的不等式，它所表明的是集体力量，并不等于单个人累加之和。所以，艾尔弗雷德·富勒曾说，员工不是为我工作，而是与我合作，我们在同一家企业共事。

真正合作的精髓之点是：你想取之，必先予之。管理者想赢得员工的协作，必须采取主动，首先以合作配合的态度面对他们。当管理者这样做了，所得到的，一定比他所给予人们的更多。

管理者若与这一理念截然相反，导致员工被降格到机器的地位，必使每一方都只考虑自身，不太尊重和关心另一方。结果，在大多数时间里，管理者的态度一直是在咒骂工人，而工人的态度也一直是在咒骂管理者。这一鸿沟严重阻碍了双方的相互协作，当然很难调动员工的积极性，从而使他们对自己所从事的工作失去激情。

如果管理者把员工视作合作伙伴，反过来，员工也会视管理者为合作伙伴。这样，管理者与员工一道工作，常会得到意想不到的结果。有成功者说："我的成功取决于一直赢得人们与我合作。"可见，成功最重要的决定因素是人们之间的相互合作，而相互合作则是改善员工工作绩效的有效激励措施。

第二，合作带来双赢。

实践证明，增强员工之间的协作精神，使员工激发出同呼吸共命运的集体感，让员工有更多的权利和责任感，这非常有利于激励员工完成一些具有挑战性和复杂性的工作。

"合作"可通过人的心灵"磁力"，相互激励、相互诱发，产生连锁反应，扩大并增多创造性设想。通过合作，员工可以看到自己的想法在付诸实施，从而感到由衷的自豪，也体会到自身的价值和重要性，还极大激励了他们以新的思考方式，用自己的才智、大脑、积极性和独创性为公司，也是为自己赚钱。在相当真实的程度上，使他们感到自己是管理者的一员，而不是麻木的机器人。

所以，有奋斗目标和方向的协作，是一个极有效的激发兴奋点，这可使员工的自我实现感和被重视感得到满足，使员工死心塌地地追随着管理者和公司。

第三，团队奖。

当一个团队达成了某种成就时，整个团队都应该获得奖励，假如只有经理或主要人员获得奖励的话，这个团队就会失去努力的意志。"五星级演讲及训练顾问公司"在达成一项目标时，公司会关门半天，带全体员工去看电影、喝咖啡；看电影的时候，公司又发零用钱给大家买零食。另外有一次，该公司的员工对某件工作尽了额外的努力，公司就选一天让大家不必讲究穿着，可以穿家常便服来上班。

专卖青少年服装的"代沟"服装公司，为了感谢员工加紧努力而准时交出一大批货，送给员工一家温泉浴场的礼券，让大家去美容或做个全身按摩。管理者认为，在紧张劳累的工作之后，这样的奖励非常受欢迎。

③胸牌与制服：公司成员的显著标志

胸牌与制服本来只是公司成员的一种标志。但是，当公司形象良好、社会地位重要时，胸牌与制服便有着正激励作用。当员工上班时，人人身着制服、戴工作帽、佩挂识别证，服装、仪容整齐、清洁、干净，自然士气大增。很多年轻人甚至将之作为心的归属和精神力量的源泉。故而很多企业每年夏冬各发两套制服，每年初发一顶工作帽。

有的公司还对职员着装提出了具体的要求，如男职员着装，夏天穿衬衣、系领带；着衬衣时，不得挽起袖子或不系袖扣；着西装时，要佩戴公司的徽章；不准穿皮鞋以外的其他鞋类（包括皮凉鞋）。女职员上班不得穿牛仔服、运动服、超短裙、低胸衫或其他有碍观瞻的奇装异服，并且一律穿肉色丝袜。女职员上班必须在左胸前适当位置佩戴公司的徽章，男职员在穿西装时要求戴公司的徽章。

这时，他们并不将这些规定看成是约束，而看成是品味的要求。故而，制服的质地必须优良、颜色新鲜、样式美观，胸牌、徽章必须精美。

但是当公司经营不善、效益不好、社会形象恶劣时，胸牌与制服又会成为一种负激励。如果制服质地、颜色、样式不好，胸牌、徽章不精美，便会成为员工的一种心理负累，严重影响员工的士气。

（4）尊重需要的分析与应用

尊重需要的核心内容为认同、信任和充分授权。

①讲求认同

"认同"可经由许多不同的形式表达出来：从职位晋升到一封感谢函，从你为某人做介绍到赞叹别人家中的一瓶鲜花。

在企业界里，公司会利用会议的场合认同员工。在会议上，他们会感谢员工的表现、成果和忠诚等等。在认同员工时，有一项黄金法则，那就是：不要忽略任何人。

②信任——激励员工的王牌

论及信任与激励，根据汤姆·彼得斯的观点：工艺技术是十分重要的，但是增强信任却更有效。管理者应将"信任"放置在激励的重要位置。如果管理者使员工感到不被信任，他们就会感觉自己不会成功，感到愤怒、厌烦或被抛弃，也许他们还会犹豫是否应在没有管理者赞同的情况下做更多的工作。相反，如果他们感觉到管理者相信他们，便会自然将事情做好，实现管理者对自己的信任。不被信任的员工，只能在希望和恐惧中徘徊。信任就是要在员工心中建立一种自信。而管理者所表现出的强烈的信任，可使员工在经受失败的打击后，能够马上重新振作起来。

但实际上，有很多管理者并没有或者没能很好地向员工表达自己的信任，甚至根本没有表达。因为很多管理者天真地认为：员工已感受到自己对他们是信任的。但就实际而论，很少有管理者能真正做到让员工感受到自己对他的信任。

取得信任的方法之一，首先是明白员工的价值所在，然后鼓励他们坚持不懈地去做，相信员工一定会全身心地投入到工作中去。

信任是相互的事。如果管理者以怀疑的态度去信任别人，如不让他们承担更多的责任，不赋予他们更多的权利，那么就不要指望员工信任他比他信任员工更多。

值得一提的是，管理者要想让信任在自己与员工间产生，还必须以诚待人。若管理者言行不一致，就无疑是给你所创造的"信任"戴上了一副假面具。那么，管理者用他手中的哪一张激励王牌，能使员工们总是情绪高涨，即使在他自己无法确定未来的结果时，也总是充满了信心呢？

"奖励好的员工，公开对他说声谢谢并送他一份礼物，不但展现你待人的礼仪，也能发挥管理上的多重功能。"管理顾问坎特如是认为。第一重功能，是对于受到奖励的员工，你让他明白你重视他、关心他。试想，一个人在工作上全力以赴，期待的不就是有人关注与重视吗？如果没有人关注与重视，他的努力有什么意义呢？第二重功能，是对于组织的其他成员，你的奖励为他们塑造了值得学习的榜样，也让他们明白，公司对员工有着什么样的期待，什么样的表现能获得上司的赞赏。

③充分授权，发挥潜力

授权也是一种奖励，它代表上司信任下属的能力。

人们希望在手中握有权力，以使事情能照自己的意思去做，或者使环境能照自己的意思去改变。针对这样的心理，授权给别人，也是一种奖励，有了这种奖励，员工做事的态度会不一样，对公司的满意度也会不一样。

管理者事必躬亲，是对员工智慧的扼杀，往往事与愿违。长此以往，员工容易形成惰性，责任心大大降低，把责任全推给管理者。何况个人的智慧毕竟是有限而且片面的，给员工留下空间，发挥他们的智慧，是对他们无声的激励，他们会干得更好。多让员工参与公司的决策事务，是对他们的肯定，也是满足员工自我价值实现的精神需要。赋予员工更多的责任和权力，他们会取得让你意想不到的成绩。

无需询问，几乎所有员工都愿意在敢于放手让自己去做而不是在紧抓权力不肯授权的上司手下工作。所以，如果你的手下个个精明强干，但工作态度消极，工作效率迟迟上不去，这时，你就该反思一下，我是否将权力太过集中于自己手中了呢？如果是，那就赶快分工授权吧。将大权集中，小权分散，把职务、权力、责任、目标四位一体授给合适的各级负责人。简言之，明其责、授其权，让权力与责任给员工注入新的活力和工作动力。这也是激励员工的一个经典要诀。

被誉为美国汽车大王的亨利（福特三世），在其事业发展的顶峰，变得刚愎自用、嫉贤妒能，绝不允许下属"威高震主"，不敢也更不愿委以重任于他人，甚至不顾一切将立下汗马功劳的员工解职，让部属心寒至极，丧失了前进的信心和希望，导致亨利的事业大滑坡——福特汽车公司丧失了昔日的威风，福特三世也于63岁时被迫忍痛割爱，辞去了福特汽车公司董事会主席之职，彻底宣告了"万年福特王朝"的结束。反之，卡耐基本人对钢铁制造、钢铁生产的工艺流程所知不多，但他对手下的3 000多个精兵强将，大胆起用、委以重任，激发了他们的工作热情。最后，"众星捧月"，卡耐基荣登美国钢铁大王的宝座。

所以，有人说：一个管理者，如果不知道如何授权，下场是被活活累死；如果不知道何时授权，会被活活气死；如果再不知道授权给什么人，肯定会被活活急死。因此，管理者若想更大更强地唤起员工工作的热情，不被工作累死、气死、急死，赶快研究一下"授权经典"吧，让你的公司变成希望的田野，让你的员工背负责、权，带着自信心向着更大的希望主动迈进，那将是再好不过了。

深圳万科集团的老总王石就很善于授权，在他去攀登珠穆朗玛峰、几个月不在公司的日子里，公司照样井然有序地运转，而且效益还有提高，这就是平时充分授权的结果。

（5）自我实现需要的分析与应用

自我实现的核心内容是讲求参与、教育培训以及正当竞争。

①讲求参与

从20世纪80年代中期起，兴起了一股"员工入股"的热潮。而在许多的案例中，原来几乎毫不获利的公司，因"员工入股"而后来被经营得非常成功。在这些成功案例中，员工有较多的股份拥有权，此现象显示，"参与"的确能激励员工。所以，通过让员工参与经营，你将能创造士气更高昂的员工团队。

②教育培训：最具效益的投资

第一，培训是激励的最有效方法之一。

一位管理专家曾言："员工培训是企业风险最小、收益最大的战略性投资。"这句话足以阐明现代员工培训对于企业的重要意义。随着时代的进步与企业的发展，企业对人才资源的素质要求越来越高。企业要获得高质量、高素质的人才资源，除了从企业外部吸引、招聘高素质的人才外，唯有对企业内部的人力资源进行培训开发，以提高他们的素质和质量这一条途径。较外部招聘，内部培训尽管慢一些，但是它有利于企业更经济、更可靠地获得人才，有利于激励员工、培养员工对企业产生持久的归属感及对企业的忠诚。正因如此，许多公司常常提供大量、灵活的培训方式，增加员工的学习机会，让他们更有效地提高自身，以利于企业的发展。所以，很多管理者认为，对培训的投入已经不能再被单纯地看做是企业的"费用"，而应视之为一种"投资"。

日本松下公司正是把创造、培育人作为公司经营的根本指导思想，十分重视对"创造产品的人"的培育和训练使用。公司把"训练和职业发展"作为一项经常性的工作，其20多万名员工，每一个人都会受到较长时间的培训。通过对公司员工的培训，不仅训练出了具有高超生产能力的工人，而且培养出了一批既具有实际工作能力，又具有丰富生产和销售经验的人才，这些人才成为企业不断向前发展的动力。松下公司在企业正常发展时如此，就是在公司受世界经济衰退影响经营受挫时，也十分注意对员工的培训，使得广大员工更深刻地感受到公司在困难之时能与自己同舟共济，密切了员工与公司的关系，甚至使员工达到了"士为知己者死"的境界。这也就是松下幸之助引以为豪的用"培训"从平凡人身上摘取不平凡成果的事例。

第二，给员工自愿"充电"的动力。

在世界正不断发生着日新月异变化的今天，知识作为个人与集体发展的最主要因素的作用被凸显出来。"不学习就意味着不前进，不前进就意味着退步，而退步就意味着被淘汰"，这已成为严峻的现实。在这种背景下，员工们的最大愿望就是"与时俱进"，不被时代所淘汰，而这就需要员工在知识方面不断充实自己，始终让自己跟上形势发展的步伐。

在现实中，公司管理没有激励是万万不可取的；但同样，在管理中也不存在万能的激励。所以，在员工激励领域，或许没有一个简单的方法可以把每一位员工变成积极努力工作的好员工，但是鼓励员工学习知识却会让管理者发现神奇的"新大陆"。因为几乎所有的员工都对通过自我学习来获取一定的知识表现出很大的兴趣。毕竟，谁都希望进步，谁都不希望被淘汰。"我不是教育家，可是我是学习者。而我的工作最让我乐此不疲的一点是，我的周围环绕着其他热爱学习的人。"微软公司总裁比尔·盖茨面对爱学习的员工充满信心、充满希望地说。可见，不论是对于管理者抑或是员工，知识成了最宝贵的财富，爱学习则成为最成功的进取和激励方法。

4.4.3　双因素理论及其在我国的应用

1.双因素理论的一般概念

双因素理论是由美国心理学家弗雷德里克·赫茨伯格（Frederick Herzberg）提出的。他曾任美国克利夫兰州西部保留大学的心理学系主任和教授。

赫茨伯格的主要著述有：1959年出版的《工业的激励》、1966年出版的《工作与人的本质》、1968年在《哈佛商业评论》上发表的《再一次：你怎样激励雇员》一文以及1969年在同一杂志上与其他作者共同发表的《丰富工作内容大有好处》一文，在这些著作与论文中赫氏阐述了双因素理论的基本观点。

双因素理论的实验基础：

20世纪50年代后期，赫茨伯格在匹兹堡心理研究所与其同事一起，对该地区的11个工商业机构中的200位工程师和会计师进行了一次调查。调查人员要求这些人回答的问题是：他们在工作中何时感到心情舒畅。调查人员探寻他们产生这种心情的原因，要求他们回答导致他们产生这种心情的事件发生的先后顺序。调查人员再把他们的回答详细分类，以便考察导致对工作满意和不满意的事件的类型。

赫茨伯格将调查的结果，按满意与不满意因素作了如图4-7的综合分析。

研究的主要成果表明，导致员工对工作满意与不满意的事件是截然不同的。

导致满意的主要因素有：成就、认可、工作本身的吸引力、责任和发展。

导致不满意的主要因素有：企业政策与行政管理、监督、工资、人际关系以及工作条件等。

使职工非常不满的因素　　　　　使职工非常满意的因素

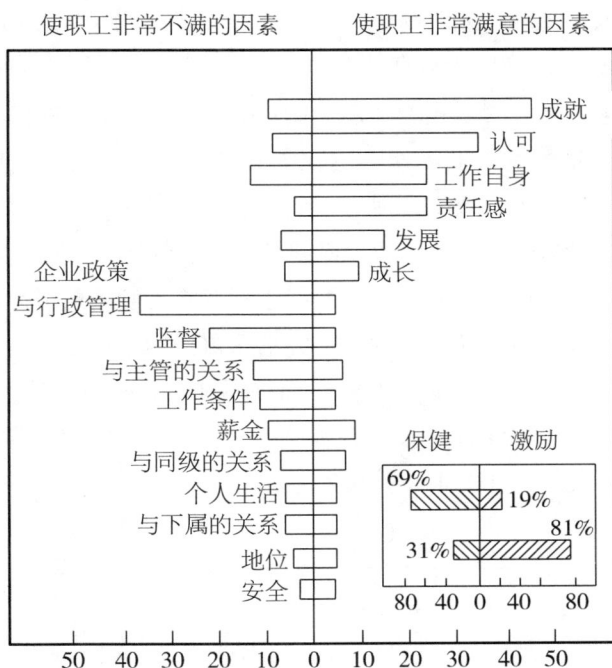

图4-7　满意因素与不满意因素的比较

　　赫茨伯格把这些独特的、不相同的要素与对工作满意和不满意的事件联系起来，从而得出结论认为，这两种感觉彼此并不矛盾，只是之后赫茨伯格又对1 600多名从属于不同地方、不同企业和组织的雇员进行了12次不同的调查，进而得出结论认为，对工作满意起作用的主要因素是成长与发展，而对工作不满意起作用的主要因素是环境。

　　2.双因素理论的含义

　　双因素理论实为激励因素、保健因素理论，简称为"双因素理论"。

　　双因素理论认为，激发人的动机的因素有两类，一类为保健因素，另一类为激励因素。

　　保健因素又称为维持因素，这些因素没有激励人的作用，但却具有保持人的积极性、维持工作现状的作用。例如，上述的企业政策、工资水平、工作环境、福利和安全等等，皆属于此类因素。这种因素像卫生条件那样能保证人不生病，如对跌了一跤的人，皮肤被擦破，为此需要及时用点药水消消毒，这样做可以防止发炎，使伤口复原，但不能增加健康状况。在工作中，保健因素起着防止人们对工作产生不满情绪的作用。

激励因素是影响人们工作的内在因素，其本质为注重工作本身的内容，借此可以提高工作效率，促进人们进取，激发人们做到最好。激励因素像人们锻炼身体一样，可以改变其身体素质，增进人们的健康，如上述的成就、认可、责任、发展等因素的存在，将给人们带来极大的满足。

关于激励因素与保健因素的相互关系问题，赫茨伯格认为，传统的满意—不满意的观点（认为满意的对立面是不满意）是不正确的。他认为，满意的对立面应该是没有满意；不满意的对立面应该是没有不满意。这种观点用图示来表示，如图4-8所示。

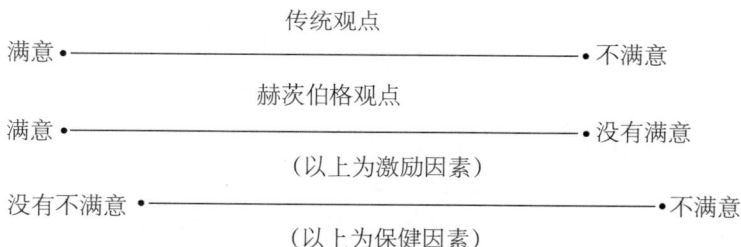

传统观点

满意 •————————————————————————• 不满意

赫茨伯格观点

满意 •————————————————————————• 没有满意

（以上为激励因素）

没有不满意 •————————————————————————• 不满意

（以上为保健因素）

图4-8 传统观点与赫茨伯格观点的不同

这说明，保健因素与激励因素，对于调动人的积极性都是起作用的，只是其影响的程度不同而已。

20世纪60年代以来，双因素理论越来越受人关注。根据1973—1974年美国民意研究中心的调查，过半数的男工都认为工作的首要条件是能提供成就感。此外，把有意义的工作列为首位的人，要比把缩短工作时间列为首位的人数多7倍。

3.双因素理论在管理中的应用

图4-9是西方国家员工的需求，分为两大类：一类是维持性的保健因素的需要（如图4-9中的外圈所示），即追求的目标，其中包括物质、经济、安全、所处环境、地位和社会活动等多种多样的内容；另一类为激励

性的高层次需求（如图4-9中的内圈所示），即追求的目标，其中包括成长、成就、工作、职责和赏识等内容。

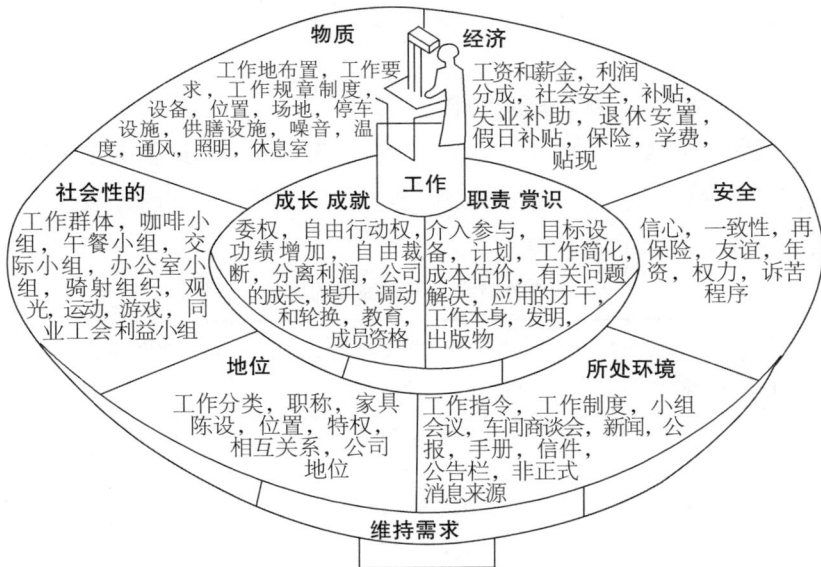

图4-9　员工的需求——保健性的和激励性的

4.双因素理论在我国的应用中应注意的问题

我们要调动员工的积极性，首先得注意保健因素，使员工不至于产生不满情绪，但是，更重要的是要利用激励因素去激发员工的工作热情，创造出第一流的工作成绩。因此，双因素理论在我国有着很高的应用价值。领导者是创业者、开拓者，如果只顾及保健因素，仅仅满足于员工没有什么意见，大家相安无事，是不能创造出一流的工作成绩的，这种企业的领导只能是守业者。

我们还应该强调指出，我国与国外的社会制度、国情和民族传统不同，因而在企业中，哪些因素应该属于保健因素，哪些因素应该属于激励因素，与国外的划分是会有差异的。就是同一因素，在不同时期也有可能划归不同的类别，在国外认为是保健因素的内容，在我国很可能仍是重要的激励因素，如工资等。

应用双因素理论还有一个时机问题。调整员工的工资本来是一项重要的激励因素，但如果这件事放在调整物价之后进行，那么所得到的反应是，增加工资是为了补偿物价的上涨，因而这项措施只起到了保健因素的作用。

（1）激励、保健因素的跨文化比较

不同国家的政治、经济、文化传统有很大的差别，这就决定了这些国家的激励、保健因素的类别与项目也会有差异。我们将国内外激励、保健因素的比较分析列于表4-3中。

表4-3 国内外激励、保健因素的比较

国外所确定的激励因素 （赫茨伯格）	国外所确定的保健因素 （赫茨伯格）	国内所确定的激励因素 （本书材料）
成　就 认　可 工作吸引力 责　任 发　展	公司政策与管理 技术监督 薪　金 人际关系 工作条件	公平发展 认　可 工作条件 工作吸引力 报　酬 人际关系 责　任 基本需要

根据表4-3可知，我国与西方国家在激励因素上的差别表现为：

①西方的激励因素主要包括高层次的需要，即成就、认可、工作吸引力、责任和发展；中国的激励因素中既包括高层次的需要（发展、认可、工作吸引力和责任），也包括低层次的需要（报酬、基本需要），以及人际关系、领导行为（公平）等。

②西方的保健因素在中国仍为激励因素。我们的进一步分析表明（见表4-4），国外的激励因素相当于我国的强激励与较强激励因素之和，而国外的保健因素只相当于我国的较弱与弱激励因素之和。其中的类别与项目既有相同的一面，也有不同的一面（详见表4-5）。

表4-4 　　　　　　　　　　　**国内外激励因素的比较**

国外所确定的激励因素（赫茨伯格的结论）		我国员工的激励因素（自主研究材料）		
类　　别	项　　目	激励水平	类　　别	项　　目
个人成长	成就发展	强激励	报酬	奖金
			领导行为	公平与否
领导行为	认　可		人际关系	与领导同事的关系
工作性质	工作本身吸引力责　任	较强激励	个人成长	提升、晋级
			企业政策	规章制度合理化
			工作性质	工作责任心
			领导行为	上级信任与赏识

表4-5 　　　　　　　　　　　**国内外保健因素的比较**

国外所确定的保健因素（赫茨伯格的结论）		我国员工的保健因素（自主研究材料）		
类　　别	项　　目	激励水平	类　　别	项　　目
企业政策	企业政策与行政管理	较弱激励	报酬	工资
			领导行为	上级是否关心员工的生活
领导行为	监　督		工作性质	工作是否有自主性
人际关系		弱激励	个人成长	学习与培训机会
			工作性质	工作量，工作岗位
工作条件			人际关系	领导与同事是否努力

（2）中、英、日三国激励因素比较

人们究竟为何而劳动，哪些是调动人们积极性的激励因素？一般认为，金钱、地位、名声、创造和社会贡献等人们所具有的欲望都可能成为激励因素。

日本社会学家屋邦雄把这些欲望划分为三大类，即金钱、社会贡献和自我充实。

日本学者千石保对哪些激励因素能刺激劳动热情的问题进行了调查。调查是在日本、美国、中国三国的青年员工中进行的。其结果如下：

①在工厂里被认为是非常起作用的人，工作效率是很高的；

②受人尊敬的工作；

③决定重大问题时，有发言权；

④令人自豪的工作；

⑤很重要的、出成果的工作；

⑥能充分发挥自己能力的工作；

⑦有趣的工作；

⑧责任重大的工作；

⑨全体员工不管工作份内份外，都努力工作；

⑩有较快晋升机会的工作。

以上10项与劳动热情具有很强的相关性。此项调查还发现，中国与日本的青年员工的激励因素有许多相似之处，说明在中国和日本支撑着劳动伦理的东西差异不大。

这项调查原先考虑到了我国的特殊性，调查者把焦点放在"社会贡献"上，以说明作为一种职业、一项工作，若要被社会所承认，得到好评，必须含有某种为社会做贡献的因素。但是，调查的结果表明，不论在日本还是在中国，"社会贡献"基本上没有成为劳动热情的刺激因素，或者说还不是主要激励因素。美国青年的回答与中国和日本青年有较大的不同。在美国人的思想中，国家公民的义务感是支撑美国国家精神的支柱。对美国青年员工而言，第一位的激励因素是"有忙得干不完的工作"。这是因为，在美国，越有能力的人担负的工作也就越多。但是，三个国家的青年员工在"受人尊敬""有自主权"和"能充分发挥自己的能力"等工作态度上的调查结果是一致的。

从上述调查结果可见，日、中、美三国青年员工的劳动热情与积极性主要是由得到上级或同事的良好评价与认可，个人创造力的发挥和发言权，有价值的责任感高的工作等激励因素诱发的。这说明，人们并不单是为了得到金钱而工作。

过去人们认为，金钱和地位是主要的激励因素。然而，时代变化了，即使在发达的工业国家，对于报酬体系的研究焦点也已从金钱和地位转向诸如"表彰""认可"等内容上来。人们已逐渐认识到，要在同别人的比较中求得自己存在的价值。这就是说，人们总是力求最大限度地将自己的潜能充分地发挥出来，只有在工作中将自己的才能充分表现出来，才会得到最大的满足感。

4.4.4 成就需要与管理

1.成就需要的概念

美国心理学家麦克利兰（David C.Mcclelland）是哈佛大学的教授，经过长期的研究，于20世纪60年代提出了成就需要的理论。

1961年，麦克利兰出版了《有成就的社会》一书，1969年与另一作者温特尔（D. G.Winter）共同出版了《激励经济成就》一书，在这本书中系统地阐述了成就需要理论。

麦克利兰认为，人的基本需要有三种：成就需要、权力需要和归属需要。

成就需要是一种内化了优越标准的成功需要。

由成就需要所诱发的成就动机，是一种特殊的人类动机，在心理学上又称为"A"动机。

凡具有成就需要的人，都有以下的行为特征：

（1）事业心强，敢于负责，敢于寻求解决问题的途径；

（2）有进取心，也比较实际，甘冒一定的可以预测出来的危险，但不是去进行赌博，而是有进取心的现实主义者；

（3）密切注意自己的处境，要求不断得到反馈信息，以了解自己的工作和计划的适应情况；

（4）重成就、轻金钱，在工作中取得成功或者攻克了难关，从中得到乐趣和激情，胜过物质的鼓励。报酬对人来说，是衡量进步和成就的工具。有成就动机的人，更多的是关心个人的成就，而不是成功后的报酬。

2.成就需要与企业的绩效相关

麦克利兰认为，一个企业乃至一个国家的兴旺发达，取决于具有成就需要的人的多寡。据调查，英国1925年时经济情况良好，拥有高度成就需要的人数在25个国家中名列第5；第二次世界大战后英国经济走下坡路，1950年再做调查，拥有高度成就需要的人数在39个国家中只占第27位。

　　企业家的责任是将成就需要转化为经济发展的动力。国外曾进行过系列的试验，检验企业家的成就需要水平与企业绩效之间的关系。

　　施莱奇（Schrage）的一项研究报告指出，高成就需要的企业家，会将企业引向高的利润，而低成就需要的企业家，则会将企业引向低的利润。这说明，只有高成就需要才能导致高绩效的行为。

　　威纳（I. M.Wainer）与鲁宾认为，研究和开发企业家的动机是企业成功的因素。为此，两位作者着重比较了成就需要、权力需要与归属需要的强度同企业绩效平均增长率的相关性。

　　试验是在美国波士顿地区51个小的技术型公司中进行的。这些公司的业务为计算机软件、集成元件、特种应用计算机的开发，工厂的厂龄为4~10年，试验的对象为年龄在36岁左右受到硕士程度教育的企业家，使用的工具为"哈佛大学动机研究小组"的TAT主题统觉测验方法。试验的结果见表4-6。

表4-6　　　　　　　　　**需要强度与企业绩效的相关性**

需要类型	曼一惠特尼U检验结果的代号	强　度	平均增长率
成就需要	A	高（≥9）N：14	0.73
	B	中（4≤X≤8）N：9	0.21
	C	低（≤3）N：18	0.36
权力需要	A	高（≥13）N：15	0.38
	B	中（8≤X≤12）N：19	0.47
	C	低（≤7）N：17	0.36
归属需要	A	高（≥4）N：20	0.33
	B	中（2≤X≤3）N：18	0.30
	C	低（≤1）N：13	0.67

试验的结论是：

（1）权力需要与企业的绩效完全没有关系；

（2）归属需要与企业的绩效甚至会出现负相关；

（3）在中等和高成就需要等级内，成就需要与企业绩效间有显著的正相关。

由此可见，成就需要是一种更为内化了的需要，这种需要是导致国家、企业取得高绩效的主要动力。

表4-7是应用麦克利兰的成就需要论对美国多位总统的分析结果（其动机是根据他们在任期内所制定的法律与政策归纳而成的）。根据表4-7可见，在这7位美国总统中成就需要的高低是不同的。

表4-7　　　　　**关于美国总统的权力、成就与社交需要**

总　　统	权力需要	成就需要	社交需要
B.克林顿	中	高	高
G.布什	中	中	低
R.W.里根	高	中	低
J.F.肯尼迪	高	低	高
F.D.罗斯福	高	中	低
A.林肯	中	低	中
G.华盛顿	低	低	中

3.成就需要的培训

（1）开设发展成就动机的训练班

麦克利兰曾在联合国工业发展组织的资助下，对许多国家的企业家开办了"发展成就动机训练班"，并取得了显著的效果。

例如，针对美国的一家大公司，墨西哥一些企业的总经理们，印度孟买和安得拉邦的城市卡基纳达的商人们等，都举办过系列的讲座并开设过一系列的训练课程。

一般训练班为期7~16天（短期性质），课程大纲有4个主要目标：

①根据他们17年研究获得的高度成就需要者的知识，课程设计为怎样教给参加者如同高度成就需要者那样思考、谈论和行动。一般是编写高成就需要的故事、做抛环游戏和建立目标等。

②课程促使参加者在接下来的两年内，为自己建立较高的但经过仔细计划的、现实的工作目标。对计划每6个月检查一次。

③在课程中也使用由他们自己研发出来的新方法，这些方法不受旧的习惯、态度的束缚。

④让学习者从希望与恐惧、成功与失败的相互学习中获得一种共同的情绪体验。课程通常也创造一种小组的团体精神，每个学习者都将得到小组成员的同情和支持。

事实上，这种训练方法同样适用于成就感不足的青少年，为此，麦克利兰也为虽聪明但成就感不足的青少年开设夏季训练班。这有利于从青少年时期起就培养他们的高度成就动机的需要，以便日后成为高成就企业家的接班人。

在有关培养青少年成就动机的课本中，就有这样两个故事。要求学习者说出在这两个故事中哪个包含了更多的成就需要。

【故事1】 **"不要感激人"**

世界是幻觉。妻子、孩子、马群、牛群，所有这一切恰好是命运的锁链。所有这一切都是暂时的，在生活得到满足之后，每样东西都消逝了。所以，明智的是，我们不应该吵吵闹闹地去追求不是永久的财富，只思念上帝。我们应该无烦恼地生活，因为还没有到悲伤结束的时候。所以，最好是明了现实状况地去生活，不受家庭生活网络的牵连。

【故事2】 **"我多么喜欢学习"**

我到速成技术中学读书。我幸福得哭了。学习不是很容易的，一开始，我不能理解老师教给我们的东西。我的作业本上老是打着红叉叉。坐在我边上的男孩非常热情，他是个成绩突出的学生，当他发现我不能回答问题时，他就给我看他是怎样做的，但我不能抄他的作业。我必须通过自己的推理来学习。我把他的簿子还给他，说我应该自己做。有时，我为了一个问题一直学到半夜，如果我不能做完它，明天一早我会继续做。我作业本上的红叉叉越来越少了。我克服了困难，提高了分数。我毕业了，并且上了大学。

显然，故事2中包含了更多的成就需要。

（2）进行心理测验

麦克利兰同时设计了一套心理测验方法，以测验个人成就需要的高低。他运用主题统觉试验原理，把一张图片让被试者看15秒钟，然后让他在5分钟内把所看到的图片内容编写成一个小故事，之后，将这个故事按照一定标准进行评分。这种测验的根据是，时间短而被试者来不及深入思考，会根据一刹那的感觉把自己潜在的意识投射到所编的故事中去。

（3）培训的效果

麦克利兰为企业家与青少年所办的训练班取得了非常显著的效果。

凡参加训练班的企业家都比没有参加训练班的人干得更好些，赚了更多的钱，提升得更快，企业与商业得到了快速的发展。

此外，在一个训练班中，在训练前，52名参加者中只有9人显示有不平常的"事业心"，占18%；经过训练班18个月的训练，有不平常"事业心"的人增至25人，将近50%。

青少年训练班的成绩也是显著的。但同时也发现，不同阶层的青少年，其训练效果不同。例如，中产阶级的孩子经训练两年后，成绩得到稳定的改善。低层阶级的孩子经训练一年后有了改善，但是，一旦他们回到了其父母和朋友不鼓励成就和向上努力的环境中，他们又回到了原先较低的平均成绩。

以上结果说明了，企业家和一般人的成就动机不是单一、孤立的某种因素的简单结合，而是遗传、环境和教育3种因素综合影响的表现。

人的成就动机能否实现，除本人努力外，环境条件的制约作用也是明显的。例如，一旦组织阻碍一个人发挥其积极性，那么成就动机再高的人，也没有成功的可能。同样，一个有成就动机的人，不能主管实际事务，没有实践的机会，那么即使有高成就需要动机也是无用的。

这种现象表明，成就动机不是一个人天生的，而更多的是环境、教育和实践影响的结果。

为了取得高速的经济发展，我们要有计划、有目的地从青少年开始，将成就动机与需要灌输到人们的头脑中去，以此来造就一大批有高成就需要的企业家与各行业的管理者。

4.4.5　内容型激励理论的相互关系

内容型激励理论的相互关系可以通过图4-10来显示。

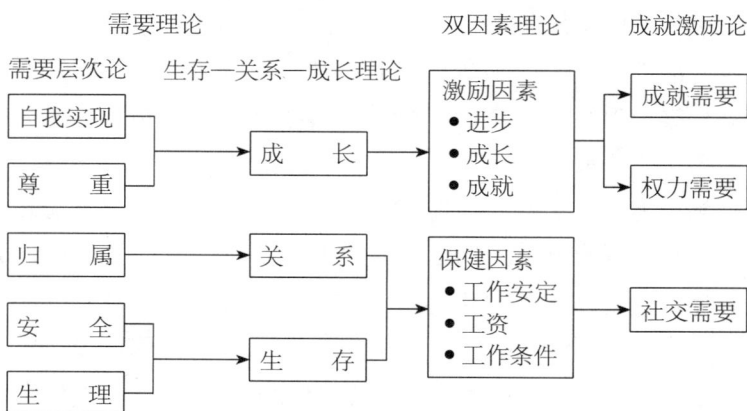

图4-10　内容型激励理论的相互关系

图4-10将四种理论的相互关系进行了表述。生存—关系—成长理论将需要层次论作为其理论基础，因而两者之间具有一些重要的相似性：自我实现与尊重需要构成了成长需要，归属需要与关系需要相似，安全与生理需要则构成了生存需要的基础。这两种理论的主要区别在于：需要层次论提出了基于"满足—上进"原则的静态的需要体系，而生存—关系—成长理论则提出了基于"挫折—退化"原则的灵活的三种需要分类。

双因素理论则源于上述两种需要理论。如果在需要层次论中的安全与生理需要获得满足，则保健因素的要求获得了实现；同样地，如果在生存—关系—成长理论中关系与生存需要的满足未遭受挫折，则保健因素的要求亦获得了实现。而激励因素则注重于工作本身以及满足个体更高层次的需要或成长需要。

成就激励论不承认个体低层次的需要，如果个体满足了在其工作中的保健因素，则社交需要也就获得了满足。如果工作本身具有挑战性以及为个体的发展提供了机遇，那么就会产生激励作用，上述条件的满足将引导个体实现其成就需要。

主要概念

人力资本理论　需要理论　双因素理论　成就需要

思考题

1. 比较经济学路线与心理学路线的激励理论各自不同的特点。

2. 对马斯洛的需要层次论进行评价。

3. 试述双因素理论的内涵及其应用价值。

4. 概述成就需要与个人、组织绩效的相关性。

学习目的

● 认识期望理论的内涵及其应用的价值。

● 了解目标设置理论的意义及目标管理法的具体步骤。

● 掌握公平理论的实质，并学会将此理论应用于社会公平与分配公平中。

本章主要阐述过程型激励理论的各种类型及其应用。

过程型激励理论首先力图找出一些变量来解释人们选择某一任务、作出某一程度的努力，并持续作出努力的行为过程。这些变量主要是刺激、驱力、强化和期望。过程型激励理论还研究这些变量是怎样交互作用来影响某一因变量的。过程型激励理论是阐述人们选择某一特定行为以实现其目标任务的原因何在的理论。下面分别予以阐述。

5.1　期望理论与应用

5.1.1　期望理论的一般概念

期望理论是一种过程型的激励理论。它是由佛隆（V.H.Vroom）在其《工作与激励》（1964年出版）一书中首先提出来的。

这一理论认为，人的固定要求决定了他的行为和行为方式。员工的劳动是建立在一定的期望（对未来方向的某种期望）基础上的，这样就可以在个人活动与其结果之间建立某种联系。

期望理论可用下列公式表示：

激励力量 = $\sum$ 效价 × 期望值

用符号表示即为：

$$M = \sum V \times E$$

其中，M 为英文 motivation（激励力量）的第一个字母；V 为英文 valence（效价）的第一个字母；E 为英文 expectancy（期望值）的第一个字母。

效价是指个人对他所从事的工作或所要达到的目标的估价。这也可理解为，被激励对象对目标的价值看得多大。

在现实生活中，对同一个目标，由于各人的需要不同，所处的环境不同，从而他们对该目标的效价也往往不同。比如，有一个人希望通过努力得到升迁的机会，这就表明，他的升迁欲望高，于是"升迁"在他心目中的效价就高；如果一个人对升迁漠不关心，毫无要求，那么升迁对他来说，其效价等于零；如果一个人不但没有升迁的要求，甚至害怕升迁，这时，升迁对他来说，效价为负值。

升迁的效价是如此，别的需要的效价也是如此。在这种意义上，效价有正值、零、负值之分，但其含义仅仅是大小、高低之分。

期望值是指个人对某项目标能够实现的概率的估计。这也可以理解为，被激励对象对目标能够实现的可能性大小的估计。

期望值也叫期望概率，在日常生活中，一个人往往根据过去的经验来判断一定行为能够导致某种结果或满足某种需要的概率。例如，一个孩子的父亲是个音乐家，这个孩子喜欢音乐，那么他对于这个孩子能成为音乐家的期望值就会很高。只有当一次又一次的事实证明他的音乐才能很差，并有了多次不成功的经验后，他才可能完全放弃让孩子做个音乐家的目标。

一个人对某个目标，如果他估计完全可能实现，这时概率为最大（P=1）；反之，如果他估计完全不可能实现，那么这时的概率为最小

（P=0）。

　　由此可见，对于一个一心想升迁的人，升迁对他的效价很高，如果他同时觉得升迁的可能性也很大（即期望值很高），那么用升迁对他进行激励，便能收到较好的效果。

　　同理，假设有一个学生认为考大学这件事对他很重要，吸引力很大，这样效价（即V值）就大。与此同时，他又觉得考取大学的概率很大，相当有把握，即期望值（E值）也高，那么他受到的激励也就比较强。为此，考大学这件事对他激励作用就很大。假设，这个学生根本就不想考大学，感到考大学远不如早就业来得"实惠"，考大学对他来说效价就很低，考大学这件事对他的激励作用就不大。

　　另一种情况也影响该学生的激励力量，比如，该学生想考大学，觉得读了大学对将来工作有利，但因学习不好，自估考取大学的把握极小，那么这时考大学对该学生的激励力量也会显著下降。

　　由此可见，这个公式的含义就是，当一个人对某项结果的效价很高，而且他判断出自己获得这项结果的可能性也很大时，那么用这项结果来激励他就非常起作用。

　　效价和期望值的不同结合，会产生不同的激励力量，其情况有以下几种：

$E_{高} \times V_{高} = M_{高}$

$E_{中} \times V_{中} = M_{中}$

$E_{低} \times V_{低} = M_{低}$

$E_{高} \times V_{低} = M_{低}$

$E_{低} \times V_{高} = M_{低}$

　　从此可见，要使被激励对象的激励力量大，效价值和期望值也必须高。只要效价和期望值中有一项的值很低，这件事对被激励对象来说就缺乏激励力量。

5.1.2　期望理论的VIE模式

期望理论还可以用模式图（如图5-1所示）来表示。

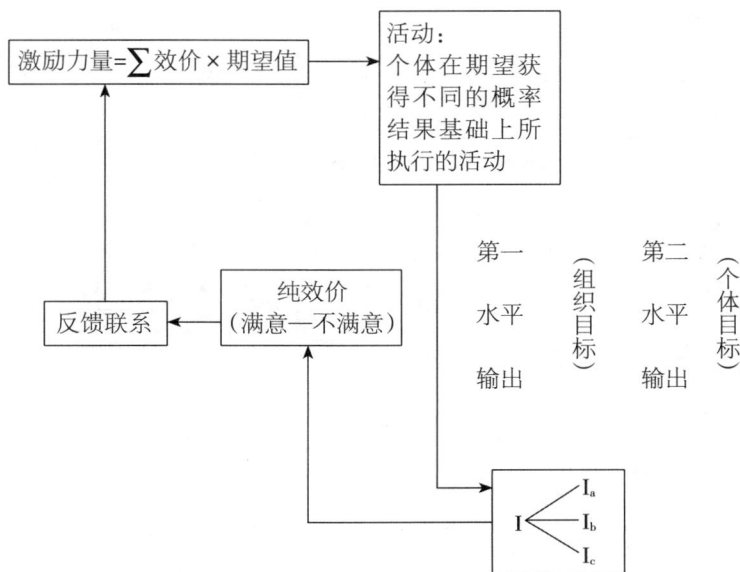

图5-1 期望理论模式图

从图5-1中可见，通过一定的努力，个体可以达到两种水平的输出：第一种水平的输出，即为组织所要达到的目标；第二种水平的输出，就是个体本身想达到的目标。这一模式图有助于我们分析并说明在个人行为与组织目标之间的可能联系。这两种水平输出之间是有联系的，第一种水平输出的目标是带有工具性的，是达到目标的手段，而第二种水平输出的目标则是个人的目标（可能是认可或金钱）。如果工人的工作结果低于规定指标，这就意味着，他没能达到企业的目标，即第一种水平的输出，与此同时，也不能达到第二种水平的输出。在这种情况下，这种工作对工人的激励力量是很微弱的。

在模式图中引进了期望理论的第三个概念，即工具性或手段性（instrumentality），将 V 与 E 结合起来，在西方就简称为VIE激励模式。

工具性或手段性是与效价有关的另一个重要因素。个人所预期的成果（或目标）有两个层次：一级成果是最初目标，是达到二级成果的工具或手段；二级成果才是最终目标。工具性或手段性标志着个人对一级和二级

成果之间内在联系的认识。为了形象地说明上述模式，我们列出了实例图
（如图5-2所示）。

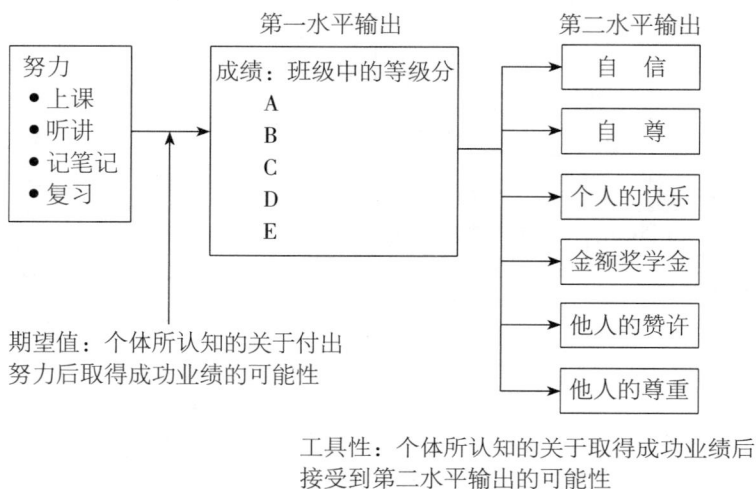

图5-2　期望理论模式实例图

由图5-2可见，期望理论模式由5个关键变量所构成。激励是引发
个体作出努力的动力，然而仅仅努力是不够的，除非个体认定该努力会
产生所需要的绩效水平（第一种水平输出），否则他将不会作出相应的
努力。关于努力—绩效的关系则是基于个体对进行某一特定行为的难度
与可能性的认知（如勤奋读书，争取得A）。如果你认真上课、仔细听
讲、记好笔记、做好复习，那么你对自己在班上得A就会有一个高的期
望值，这一期望值会转化为努力进取、力争得A的行动。但是，如果你
认为即使自己认真上课、仔细听讲、记好笔记、做好复习，最终得A的
概率也仅为20%，那么这一期望值就会阻止你将努力进取、力争得A付
诸行动。

成绩水平对于个体获得所期望的第二种水平输出是十分重要的。图
5-2显示了6种个体所期望的第二种水平输出，分别是自信、自尊、个人
的快乐、全额奖学金、他人的赞许以及他人的尊重。一般而言，如果你认
为特定的成绩水平将产生自己所期望的输出，那么你就会努力去达成。如

果你确实期望获得上述6种第二种水平的输出结果，并且只有当成绩为A才能达到时，那么在A与6种输出结果之间的工具性将是正值。然而，如果你认为成绩为A意味着将失去个人的快乐、他人的赞许与尊重时，那么A与输出结果之间的工具性则为负值。换言之，如果考试成绩越好，你所体验的快乐就越少，那么你将不愿考试得A。一旦作出了这种选择，你将不再努力学习，而是会厌学逃课等。

5.1.3　期望理论在我国的应用

1.奖金的发放与绩效挂钩

期望理论可以指导企业奖金制度的实施。用期望理论指导奖金制度的实施，首先要调查、了解以下两个方面的问题：①奖金的"效价"如何？员工需不需要？是否感兴趣？②员工对奖金的期望值高不高？能得到奖金的可能性大不大？

如果调查发现，这种奖金制度的"效价"很高，吸引力很强，同时大部分人又有可能达到数量和质量要求，能得到奖金，那么这种奖金制度就会有很高的激励力量。如果员工觉得这种奖金制度没有吸引力，效价低，或者虽有吸引力但目标太高达不到，则期望值就低，那么它就不能达到强激励的目的。

达不到强激励目的，积极性调动不起来，怎么办？不能因为这种奖金制度的效价低或期望低而放弃目标，不去完成企业的生产任务。行之有效的做法是，提高奖金制度的效价或期望值。提高效价可以通过改善奖励办法来实现，如提高奖金额，辅以精神奖励等；提高期望值可以通过改善工作条件等办法来实现。

表5-1可以帮助我们利用期望理论来分析某种奖金制度是有激励作用还是没有激励作用。如果激励作用弱，它可以帮助我们找出原因，并提供解决弱激励的方法。它可以用来表示，当发放奖金时，不同效价和期望值可能会产生不同的激励力量，并为提高效价和期望值提供方法。

表5-1　　　　　　　　　　　期望理论在奖金发放中的应用

效价激励力量（M）期望值		效价高（$V_{高}$）对奖金很感兴趣	效价低（$V_{低}$）对奖金不感兴趣
期望值高（$E_{高}$）	努力工作取得奖金可能性较大	$E_{高} \times V_{高} = M_{高}$ 有很高的激励力量实施奖金计划	$E_{高} \times V_{低} = M_{低}$ 弱激励解决办法：寻求其他种类的奖励办法，做思想政治工作
期望值低（$E_{低}$）	努力工作取得奖金可能性不大	$E_{低} \times V_{高} = M_{低}$ 弱激励解决办法：进行E培训、提高工作能力、改善工作条件、改进工艺过程	$E_{低} \times V_{低} = M_{低}$ 最弱激励解决办法：采取新的奖励办法和改变工作条件

【实例1】　　　　　　高效价、高期望值产生效益

　　上海××制面厂，由于各方面的原因，生产任务没有完成，奖金也发不出来，出现了人心涣散、纪律松懈，许多员工要求调离的局面。上级领导针对该单位的情况，一方面对设备进行了更新改造，另一方面调整了厂领导班子。

　　当时生产形势是严峻的：年初，上级下达的生产任务是200万千克切面，而1月至9月只生产了92.5万千克，也就是说在以后的3个月里要完成107.5万千克的生产任务；1月至9月亏损4万元，而10月至12月不仅要补平4万元，还要创3.3万元的利润，这是一项十分艰巨的任务。

　　根据上述情况，新的厂领导班子制定了切实可行的奖金制度，将企业的生产成果与个人绩效挂钩，实行奖励分配制度：要求每班必须保质保量地完成3 750千克的生产指标，若超额完成这一指标则可获得特定目标奖360元。这个奖金制度在全厂员工中引起强烈反响，认为它很有吸引力。大家认为，要达到这个水平需要3个条件：水电供应充足，机器正常，以及团结一致。经奋战，10月至11月产量达到60万千克。员工们认为，如

果这3个条件得到满足，创利润3.3万元是完全有可能的。这就是说员工们对这项奖金计划的期望值很高，因而这项奖金计划有很强的激励力量，能够调动全厂员工的积极性。

2.实现效价与期望值的最佳组合以产生最大激励力量

在现实生活中，由于各人需要不同，所处的环境不同，他们对同一目标的效价估计也往往不同。例如，一个招标任务完成后可得奖金600元。有的员工对招标很感兴趣，那么在他们的心目中招标的效价就高；有的员工对招标漠不关心，抱着多一事不如少一事、吃太平饭的想法，则其效价等于零；有些员工不但对招标没有要求，而且害怕招标，那么招标对他们来说，其效价为负值。

另外，人们往往根据过去的经验来判断行为能够达到某种结果或满足某种需要的期望值。如有的员工认为自己能完成招标任务，并可获得酬金，这时期望值为最大（等于1）；而有的员工认为自己完不成招标任务，得不到酬金，这时期望值为最小（等于0）。期望值的区间为0~1。

我们从效价数值中取两个数值——0.1和1，从期望值中取两个数值——0.1和1，排成表5-2。从表5-2中可以看出，4个值的不同组合可以有以下4种情况出现：

表5-2　　　　　　　　　**期望值与效价的相互关系**

效价激励力量（M）（积极性大小）期望值		效　价（V）	
		效价低（0.1）（无兴趣）	效价高（1）（有兴趣）
期望值（E）	期望值低（0.1）（不可能）	（0.1×0.1=0.01）$E_低×V_低=M_{最低}$	（0.1×1=0.1）$E_低×V_高=M_低$
	期望值高（1）（很可能）	（1×0.1=0.1）$E_高×V_低=M_低$	（1×1=1）$E_高×V_高=M_{最高}$

（1）期望值低（0.1），效价低（0.1），则激励力量最低（0.1×0.1=0.01）。用公式表示为：

$\mathrm{E}_{低}×\mathrm{V}_{低}=\mathrm{M}_{最低}$

（2）期望值高（1），效价低（0.1），则激励力量低（0.1×1=0.1）。用公式表示为：

$\mathrm{E}_{高}×\mathrm{V}_{低}=\mathrm{M}_{低}$

（3）期望值低（0.1），效价高（1），则激励力量低（1×0.1=0.1）。用公式表示为：

$\mathrm{E}_{低}×\mathrm{V}_{高}=\mathrm{M}_{低}$

（4）期望值高（1），效价高（1），则激励力量最高（1×1=1）。用公式表示为：

$\mathrm{E}_{高}×\mathrm{V}_{高}=\mathrm{M}_{最高}$

从上述4种情况看，（1）至（3）激励力量都低，原因是：效价或期望值中只要有一项低，两项乘积结果就低，只有第四种情况，效价和期望值都高时，激励力量才最大。因而可得出结论，要使被激励对象的激励力量很大时，就要充分调动人的积极性，效价和期望值必须都高。只要效价和期望值中有一项值低，这件事对被激励对象来说就缺乏激励力量，也就是人的积极性就不能被调动起来。

5.2　目标理论与应用

目标管理是一种过程型的激励理论，在国外被称为现代企业之导航。在现代化的企业中，我们更强调通过目标的设置来激发动机、指导行为，使员工需要与企业的目标挂起钩来，以激励他们的积极性。

5.2.1　目标行为的心理分析

1.目标的激励作用

人的行为的特点是有目的性的行为。有无目的性，行为的结果是大不一样的。一般来说，没有目的性的行为无成果而言，而有目的性的行为，其行为的成果最大。

心理学的许多实验表明，漫不经心的练习是没有什么作用的。当人在掌握某种技能时，有无明确的目的与要求，这是区别练习和简单重复的基本特征。练习虽然也是多次地完成某一种动作，但并不是同一动作的机械重复。练习乃是有目的、有指导、有组织的学习活动，而简单重复本身并没有改进动作方式的目的。因此，有的人虽然天天在写字，可是不良的书法却可能保持终身。

在掌握技能的过程中，练习者为自己确立一定的目标，对于提高练习的效果具有重要意义。例如，练习游泳时，练习者确定当天或一个阶段内所要达到的质量和距离目标，并向着这一目标奋斗，这就有助于练习效果的提高。因为这种目标可以加强练习的自觉性，使练习的进行经常处在意识的控制之下。

在企业管理中，人们的经济行为都是有目标的计划行为。一个企业有自己的总目标体系，而每一个工人都有自己具体的生产指标，总之，企业中人们的任何行为都是为了达到某个目标。

在企业管理中，目标是一种外在的对象，它可以是物质的对象，如一定的产量、质量指标，也可以是精神的或理想的对象，如达到一定的技术水平、文化水平和思想水平等。

目标又有个人目标和团体目标之分。

目标是一种刺激，合适的目标能够诱发人的动机，规定行为的方向。心理学上把目标称为诱因。由诱因诱发动机，再由行为达成目标的过程就称为激励过程。例如，在企业中奖金就是一种诱因，员工为了获得奖金而努力工作，最后获得了奖金，这就是一种激励过程。其中，奖金作为一种目标、诱因对员工的积极性起着强烈的激励作用。

2. 目标与动机

人的行为都是由动机引起的，并且都是指向一定目标的。活动动机和活动目标是两个既相互联系又相互区别的概念。我们将凡是能引发人们去从事某种活动，并指导活动去满足一定需要的愿望或意念，称为这种活动的动机。显然，这种动机是人的活动的推动者，对人的活动起着激励作用，并把人的活动引向既定的、满足他需要的具体目标。

　　有时，活动动机和活动目标是一致的，在这种情况下，对某一事物的反映，就其对人的推动作用来说，是活动的动机；就其作为活动所要达到的预期结果而言，又可以是活动的目标。例如，烤火取暖既是活动动机，又是活动目的。

　　但有的时候活动动机和活动目标并不一致，比如，医护人员救死扶伤的行为本身作为一种行为目标，是行动所要达到的结果，而行为的动机则反映着人为什么要去追求这一结果的主观原因，那就是舍己为人的道德信念。正因为动机和目标之间存在着这种差别，所以人的同一行动，尽管其目标是一样的，却可因其有不同动机而具有不同的心理内容，也可因其不同的动机而获得不同的社会评价。

　　动机是比目标更为内在、更为隐藏、更为直接地推动人去行动的因素。动机和目标的区别也表现在，有些行动的动机只有一个，而目标则不然，可以有若干个局部的或阶段性的具体目标，如员工为了升级就需要利用业余时间去学习、完成作业和通过考试等。

　　此外，动机和目标的不同还表现在同样的动机可以体现在目标不同的行动中。

　　在各种各样的活动动机中，社会性动机所产生的力量是最大的，它可以超过和压制人的生物学本能动机。

　　按照动机的价值，动机又可分为集体主义动机和利己主义动机等。由此可见，一个人复杂而多样的动机，以其一定的相互关系而构成了动机体系。在同一个人身上，各种不同动机所占的地位和所起的作用是不同的。一个人最强烈、最稳定的动机构成了他的主导动机，这种主导动机对他而言，相对地具有更大的激励作用。

　　动机是激励人去行动的内在原因和直接动力。它有以下3种机能：

　　（1）始发机能。动机能够引发行为，驱使一个人产生某种行为。

　　（2）指向或选择机能。动机能使人的行为朝着特定的方向进行，有选择地决定目标，有指向性。比如学生想通过某个课程的考试，大多数人会以努力学习的行为去达到目标，个别学生也可能以作弊的行为去

"达到目标"。

（3）强化机能。动机能保持与巩固行为。人的行为的结果对动机具有很大的影响。动机会因良好的行为结果，使行为重复出现，使行为得到加强；动机会因不好的行为结果，而使行为受到削弱，使这种行为减少以致不再出现。这两种情况都是强化作用，前者称为正强化，后者称为负强化。

总之，动机对人们的行为起着引发、加强、推动和导向的作用，它驱使一个人的行为趋向预定的目标。

3.目标行为与目标导向行为

动机支配行为，而行为又可分为3类：

（1）目标导向行为（goal directed activity）。这是指为了达到目标所表现的行为。

（2）目标行为（goal activity）。这是指直接满足需要的行为。例如，吃饭是目标行为，准备食物则是目标导向行为。

（3）间接行为（indirect activity）。这是指与当前目标暂无关系，而为将来满足需要作准备的行为。

由强烈动机而产生的行为，是前两类行为：目标导向行为和目标行为。两者对动机强度有不同的影响力。对目标导向行为来说，动机强度随着这种行为的进行而增强，直至目标达成或遭受挫折才停止。而目标行为则不一样，当目标行为开始后，需要强度就有降低的趋势。例如，一个饥饿的人为了吃东西，迫不及待地找寻食物，而在进食过程中对食物的需求强度便逐渐降低，直至吃饱离开饭桌，进食动机暂时消失。

管理心理学将一个人从动机到行为，直到达成目标的过程称为激励过程。图5-3即为这一过程的示意图。从图中可见，一个人的动机如何被导向目标的达成。因为，并非所有的目标都可达成，即目标行为可能产生也可能不产生，所以其方框可用虚线表示。

```
┌─────────┐                                    ┌─────────────┐
│  动  机  │                                    │  目标导向行为  │
└─────────┘                                    └─────────────┘
     │         ┌─────────┐                            │
     │    ┌───▶│  行  为  │────────▶                   ▼
     ▼    │    └─────────┘           ┌ ─ ─ ─ ─ ─ ─ ─ ─ ┐
┌─────────┐                          │    目标行为      │
│  目  标  │                          └ ─ ─ ─ ─ ─ ─ ─ ─ ┘
└─────────┘
```

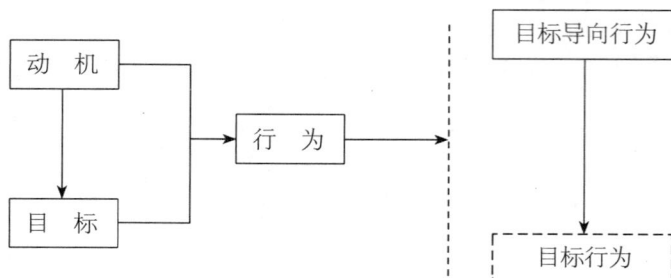

图5-3　激励过程示意图

　　如果举"运用有形目标来影响行为"的例子，那么图5-3可改为图5-4。

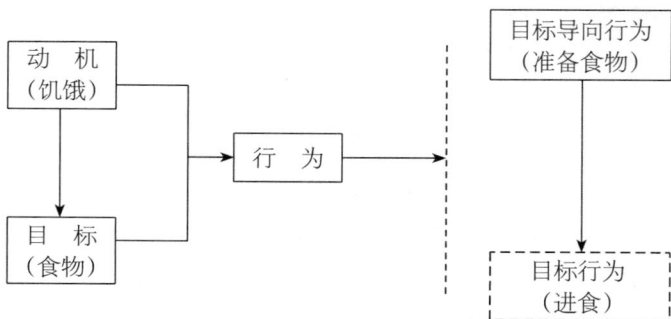

```
┌─────────┐                                  ┌─────────────┐
│  动  机  │                                  │  目标导向行为  │
│  (饥饿)  │                                  │  (准备食物)   │
└─────────┘                                  └─────────────┘
     │         ┌─────────┐                          │
     │    ┌───▶│  行  为  │────────▶                 ▼
     ▼    │    └─────────┘          ┌ ─ ─ ─ ─ ─ ─ ─ ─ ┐
┌─────────┐                         │    目标行为      │
│  目  标  │                         │    (进食)       │
│  (食物)  │                         └ ─ ─ ─ ─ ─ ─ ─ ─ ┘
└─────────┘
```

图5-4　运用有形诱因的激励过程

　　在谈到广泛的目标（如食物）时，要注意具体情况。如满足饥饿动机的食物，会随情况而异：如果一个人感到极饿，再差的东西也要吃，可谓"饥不择食"；而在其他时刻，他也可能挑肥拣瘦，十分讲究。

　　运用无形目标来影响行为，也要针对一个人的动机。对一个有较高成就感的人，交给他具有挑战性的任务，能使他的积极性得到更好的发挥。例如，对一个有"被认可"的需要的人，上级的赞赏可能成为满足他需要的诱因。

　　要达到任何一个目标，都要经过目标导向行为。但是，一个人如果停留在目标导向行为的时间太长，就会感到目标"可望而不可及"，出现消极思想，从而影响积极性的维持。

另一方面，如果只从事目标行为，而这个目标又不具有挑战性，让人感到"唾手可得"，那么在这种情况下，激励力量也会降低。

管理心理学认为，一个较有效的办法便是循环地、交替运用目标导向行为和目标行为（如图5-5所示）。

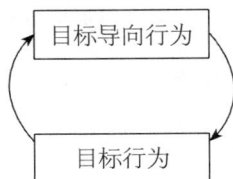

图5-5 交替使用目标行为及目标导向行为

有时，预定的目标比较高，容易使人感到目标遥远而难以激发员工的积极性。如果运用目标导向行为和目标行为，就可以通过所谓"大目标、小步子"的办法，把员工一步步引向更高的目标，从而不断地保持员工的积极性。

在目标导向过程中，当员工达成目标的能力增加时，上级就要设法给他们提供一个可使其实现更高目标的条件、环境，以及成长和发展的机会，引导他们去实现更高的目标。

这时，最好不是由上级直接向下属提出目标，而是通过参与，让下属自己设立自己的目标。这样做有利于使下属提高实现目标的积极性，因为目标是自己设立的，容易增加达到目标的决心。如果受到挫折，下属也会以更多的目标导向工作去克服种种困难，努力达成目标。若是由上级直接替他们设立目标，这样就容易使下属感到那是上级的目标，而不是自己的目标，从而放弃努力，被困难挡住道路。

4.目标的期望与抱负水平

从心理学角度可以分析人所追求的目标的性质以及目标的高低，前者就是人对目标的期望，后者是人对目标的抱负水平。现分述如下：

（1）目标的期望。

所谓目标，在某种意义上就是人所期望达到的成就和结果。我们做工作是因为期望得到报酬。由于各人的理想不同，所以期望得到不同的报酬才感到满足。

　　不同民族、不同文化背景的人对所指目标可能有完全不同的观点，对所指目标的性质也完全有着根本不同的理解。比如，日本人在美国办厂很成功，有人到那里去学习调研，他先找到那个厂里的两名高级的美国工作人员（副经理）谈话，他们反映说，这些日本人待他们很好，让他们参加决策，工资很高，他们很满足。调查者进一步追问道："你们很幸运，不过你们总会想到还有什么可以改进的地方吧，告诉我好不好？"他们不假思索地迅速回答了问题，显然这个问题一直是他们的心事，他们说："这些日本人就是不懂得目标，它使我们纳闷。"然后调查者又向日本经理（就是上面两个副经理的上司）调查，日本经理对这两个美国人大加称赞，认为他们既忠诚又内行，好得不得了。但当调查者追问他们有什么需要改进时，日本经理就说："这些美国人就是不了解我们的目标。"

　　显然，美国和日本的企业管理者彼此对目标的见解不同。美国企业家有他们追求的目标，一般偏重营业利润的指标、减少损耗的指标等；而日本企业家有自己的企业哲学，那就是要了解雇主和雇员的要求，了解服务对象的要求，了解怎样才能对付竞争对手等。所以，日本经理认为，只要懂得这些道理，则不论情况如何变化，不用交代，分管的人员都会自己去了解目标所在。由此可见，美国的企业管理者比较偏重一些具体的经济指标，认为没有这些指标就无从检查或者衡量他们的成就；而日本的企业管理者则更重视企业之所以会取得成就的经营上的奥秘，这些才是企业所追求的更重要和更高一级的目标。

　　我国正在进行中国特色社会主义的建设，因此我国企业管理者的期望目标应该同西方资本主义国家企业管理者的期望目标有所区别。我国的企业一方面要取得最佳的经济效益，另一方面又负有为全体人民谋福利的崇高职责。这就说明，在企业的目标性质上，不同制度的国家存在着很大的差异。

作为个人来说，一个人的努力程度是受制于他期望的目标的。但是，不同的人所期望的目标的性质是不同的。从图5-6中可见，一个人通过努力可以取得某种成就，根据这些成就可以取得报酬，但报酬分为两种：一种是物质的，另一种是精神的。不同的人需要的报酬是不同的。有些人有"一切向钱看"的倾向，但是绝大部分人重视的还是精神上的报酬。精神报酬就是精神鼓励。这首先表现为劳动的成果要得到集体和社会的承认。用员工的话来说就是"我们这样干，只要领导晓得就行了"。由此可见，员工干活不完全是为了钱，而是要得到领导的认可。对于员工的目标给予"认可"之后，就等于目标有了结果，而这种结果是以物质报酬（奖金等）和精神报酬两种形式出现的。

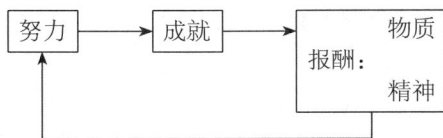

图5-6　对结果认可的反馈作用

从心理学上来分析，取得的结果会反馈回来作用于劳动者。如果取得的结果使劳动者产生积极的情绪反应，这样就能激励员工持续不断地、以更高涨的热情进行生产，其结果是形成一个正反馈的连锁反应；反之，当员工的目标经努力后却得不到领导的认可时，就会产生结果的负反馈，其后果是员工的热情愈来愈低，劳动效果就会降低。

我们还应该指出，期望既有个人的因素，也有社会的因素。例如，一个员工对他的报酬的期望不能脱离当时的生产水平与周围同事的水平。这就说明，人对报酬的期望不完全决定于他的个性，同时更受到社会环境的制约。社会的风尚和理想会影响一个人对报酬的看法。社会主义社会中个人的期望一定要同社会对他的期望相一致，离开社会的制约性，盲目追求个人不切实际的期望，只会带来消极的后果。

（2）目标的抱负水平。

一个人对目标的抱负水平（level of aspiration）是指欲将自己的工作

做到何种数量标准的心理需求。抱负水平又称为志愿水平，是个人从量上来考虑目标的高低，决定了人的行为要达到什么程度。目标分为现实和理想两种。例如打靶，打中靶心是打靶者的理想目标，通常定为10分。一个人去打靶总不会把目标都定为10分，一般会定为8分或9分，这个8分或9分就叫现实目标。这说明，一个人在从事某一实际工作前，会预先估计自己所能达到的成就目标。假如其工作结果达到或超过了预先估计的标准，就会有一种"有所成就"的感觉，即"成功感"；反之，其工作结果达不到预先估计的标准，就会产生一种失败感、挫折感。

一个人的抱负水平的高低取决于个人因素和外部条件两个方面。

①决定抱负水平的个人因素包括：

一是个人的成就动机。成就动机强的人，抱负水平就高些，缺乏成就动机的人，抱负水平会很低。

二是过去的成败经验。一个人在过去从事某事时经常成功，他对此事的抱负水平就会提高；反之，如果他在过去从事某事时老是失败、碰壁，他对此事的抱负水平就会降低。

三是目标的现实感。"挟泰山以超北海"明明是做不到的，不成功自然不能算是失败，而"为长者折枝"，只是举手之劳，做到也不一定有成就感，所以现实目标不可过高或过低。

四是个体差异。有的人一成功就将目标提得很高，有的人一失败就不干了。从这里可看出，个体差异很大，有些人大胆，有些人畏缩，有些人经不起挫折，这些都影响抱负水平。

从我们的观点来看，决定一个人抱负水平的最重要、最根本的因素，是他的觉悟水平、事业心。富有事业心和进取精神的人必然有较高的抱负水平；而那些缺乏事业心、上进心，马马虎虎、得过且过的人，其抱负水平必然很低。

②决定抱负水平的外部条件包括：

一是社会和集体的影响。父母、老师、朋友和上级的期望，社会风气，群体的气氛，这些都是影响抱负水平的外部条件。如果整个社会风气都指向较高的目标，那么个体的抱负水平也会提高。比如在"知识越多越反动"的年代里，人们对学习的抱负水平降低了，而在恢复了高考制度后，随着社会风气的好转，人们对学习的抱负水平普遍提高了。同样，一个士气高昂、充满生气的群体，其成员的抱负水平也往往比较高。同样，同一生产小组中的成员在制定劳动指标时，并不都是凭个人的能力制定而是要受到班组的约束。如果班组对成员的干涉很多，个人指标太高的要压下去，不能达到的会受到指责，大家就都向小组的平均数靠拢。

二是角色的影响。在社会上担任什么角色会影响一个人的抱负水平。例如，作为领导，其抱负水平一般要高于普通成员的抱负水平，大学生的抱负水平一般也高于中学生的。

三是对指标提法的影响。对指标的提法不同，结果也就不同，如问"下次预备怎么干"和"希望下次怎么干"就不同。前者是现实目标，后者是理想目标。有人用"高水平、最低水平、最可能水平"三种水平的提法，结果实际达到的水平接近于最高水平而不是最低水平。根据三种水平的相关系数的计算，最可能水平与最高水平有明显相关，和最低水平就没有什么相关。这是因为最低水平并不是一个人所期望的，而只是因为怕外部条件不利而落到的最低水平，换句话说，也就是他所要避免达到的水平。所以，抱负水平总有些理想成分。一个人总不愿庸碌一生，追求理想或较高目标应该是每一个人干劲的源泉。

5.2.2　目标管理法

1.目标管理法的概念

目标管理也可称为目标管理法（management by objectives，MBO），是一种有名的管理技术。目标管理其实质是一种管理上的激励技术，也是员工参与企业管理的形式之一。国外许多公司、企业已相继应用，并收到了一定的效果。

目标管理的创始人是美国的管理心理学家彼得·德鲁克（Peter F.

Drucker）。德鲁克生于1909年，奥地利人，原在法兰克福一家杂志社当编辑。1937年迁居美国纽约。起初，他给一个英国报业联合组织当记者，后在多家银行和保险公司担任经济顾问，再后来又成为美国一些大企业的经营改革与管理方面的顾问。德鲁克的主要著作为《管理的实践》（1954）《管理效果》（1964）和《有效的管理者》（1966）。这些著作都是以他过去30年里从事各种顾问工作的实际经验为基础而写成的。其中，《管理的实践》一书已成为今日目标管理的先驱。

德鲁克在书中首次提出了"目标管理"的概念，并把重点放在各级管理人员中间。1965年，沃迪因（G.Ordiorne）发展了这一概念，他把参与目标管理的人员扩大到整个企业范围。他认为，实行目标管理的过程是通过上下级一起来确定共同的目标，使员工从中受到激励，而且由大家共同对所确定的目标进行具体化并检验实施情况和评价实施结果。

2.目标管理法中目标的一般概念

目标管理法是指设置目标，在管理过程中对这些目标加以运用，并以这些目标鉴定个人和组织的工作，这一切就是众所周知的目标管理。目标管理法还包括：这些目标是在上级和下级联合参与下制定的，下级的工作是根据其实现这种目标的程度来评价的。目标是任何一个管理部门努力前进的终点或目的地。目标管理法是任何一个组织管理部门的基本方法，其作用是：①目标指明方向；②目标作为激励因素；③目标促进管理过程；④目标是管理的基础。

目标的类型包括外部目标与内部目标。企业服务于顾客、服务于社会为外部目标，满足企业本身利益（员工福利、利润、产品地位等）为内部目标。

德鲁克曾建议，要按下列8个领域分别说明其目标：①市场状况；②创造革新；③生产能力；④实物和财政资源；⑤获得性；⑥经理的成就和发展；⑦员工的成就和发展；⑧社会的责任。

3.目标管理法中目标的属性

管理心理学家波特和斯蒂尔斯归纳了目标的属性有以下6种:

(1)目标的具体性。许多事实都证明,把目标定得明确,要比笼统地要求"你们好好干吧"要好得多。国外有项研究结果表明:若干参加该试验的被考察对象,都先根据他们的成绩、能力和态度被评了分,然后分别被派到一个积极性高和一个积极性低的小组里去。给那个积极性低的小组布置了十分具体的工作目标,而对积极性高的小组则只告诉他们"好好干"。结果表明,积极性低的小组,无论是在工作成绩还是在对任务的积极态度方面,都很快超过了积极性高的小组。

(2)对目标设置的参与。一般来说,员工参与目标的制定,使他看到了自己的价值和责任,有了乐趣;一旦达到目标,又得到一种满足感。此外,员工参与目标设置,能提高对目标的理解,并使员工较易于接受该目标。

(3)目标过程的反馈。显然,对目标过程的反馈,可以把员工干得好坏的情况反馈给他们自己,有助于帮助他们让自己的行为不至于偏离既设轨道,同时,还能激励他们作出更大的努力,这对于那些有高度成就需要或独立性需要的人来说,就更有重要的作用。

(4)员工间为实现目标而相互竞争。这种竞争会使员工比在无竞争的情况下干得更努力。但是,有时竞争也可能带来害处,如在竞争中只注重提高产量,而使产品质量受到损害。

(5)目标的困难性。适当的困难可提高人们为达成目标所做的努力,使目标具有挑战性,但若困难难以克服,就会引起沮丧感,令人感到目标"可望而不可即"。

(6)目标的可接受性。这是指人们同意和接受任务指标的程度。这一点也是很重要的。如果这点办不到,那么达成目标就有困难。

4.目标管理的具体做法

目标管理的具体做法可分为以下3个阶段:

(1)目标的设立。企业设立总目标,员工积极主动地参与目标的设置，或者就选择什么目标提出建议，或者至少能和上级一起讨论并同意这些目标。目标要尽可能具体。每个部门根据总目标会同上级订立部门的目标，员工再根据所属部门目标订立个人目标，从而形成一个目标连锁系统。但是，在这种情况下的目标的数目不能过多。

（2）过程管理。这是指用一整套管理控制的方法去实施目标，但主要是放手让员工发挥各自的积极性，去完成自己所订立的个人目标。具体实施办法可由各人自行确定，不必人人一样、千篇一律。

（3）对照既定目标来考评效果，并讨论未达成目标的原因，同时为下一个目标管理周期创造更好的条件，以利于设置新目标。根据对达到结果的评价，可采用奖励手段，激发员工为完成更高目标而努力。

5.目标管理的优点

管理心理学家认为，目标管理对激发员工的积极性和提高企业的经济效益有以下好处：

（1）目标管理迫使员工事先制订计划。

（2）目标管理过程含有反馈这一环节，这就能保证上下级之间对于要下级去完成的任务取得一致意见。这有利于沟通上下左右的意见，使达成目标的措施有可靠的基础。

（3）目标管理承认员工的个人差异，并允许每个人各自设置自己的目标。

（4）下级参与目标设置，易于增进他们对目标的理解和乐于接受目标的程度。他们在参与制定目标过程中会发现自己的价值和责任，并能从目标的实现中得到满足。

（5）目标管理有一套控制的办法，能使实际的工作成绩与目标的偏差受到定期和系统的考评。

（6）企业利益与员工利益便于统一。目标管理有利于鼓励员工增长才能和提高积极性。

管理心理学家认为，如果将目标管理同期望理论与公平理论有机地结合起来应用，那么就能帮助领导更有效地满足员工需要，更好地调动他们的积极性。比如，设置了具体目标，就能提高员工的期望值；同样设置了具体目标，并使奖酬与他们的工作成绩对应，就能提高他们对奖酬与成果之间关系的认识。此外，员工参与目标的设置，能提高他们对实现目标本身的效价。

在目标管理与公平理论之间，如能按每个人的贡献付酬，尽量做到公平，就能更好地激励员工努力生产。

6. 目标管理的缺点

目标管理也有它的不足之处，这主要表现为以下几点：

（1）在有些情况下很难设置具体目标。例如，属于发明创造性质的劳动不宜将目标设置得太具体，规定得太死。

（2）固定的目标可能给整个体制带来僵化。比如，有时环境已有了明显改变，员工们却还在继续追求既定目标。

（3）管理人员往往嫌目标管理太费时间，而且需要大量的文字工作，文件繁多加重了行政管理的工作量。

（4）由于目标管理重视的只是具体的、定量化的目标，这就容易忽视一些定量性不明显的指标，如只奖励生产率而损害创造性等。

（5）需要各级领导有一致的看法，不然实行起来效果不大。

7. 日本和美国企业中的目标管理

目前，日本的一些企业正在积极推行目标管理。目标管理是管理心理学在经营管理活动中的应用。日本管理心理学家认为，根据 Y 理论，人们在目标明确的条件下，自己能够对自己负责，这一点正是实行目标管理的前提。

目标应该是通过努力可以达到的，因此不能定得太高，但也不能定得太低。目标管理就是要使部下不断地增强和积累信心。

日本的小仓光雄认为，应该将目标管理同任务管理区别开来。因为任务管理是和目标管理相反的一种管理方法。这种差别表现在图 5-7 中。

| 任务管理 | 体力 | → | 不思考 | → | 不需要创造性 | → | 别人规定一切 | → | 行动 | → | 不负责任 | → | 没有主体性 |

| 目标管理 | 体力加能力 | → | 思考 | → | 需要创造性 | → | 自己制定目标 | → | 情报加行动 | → | 负责任 | → | 确立主体性 |

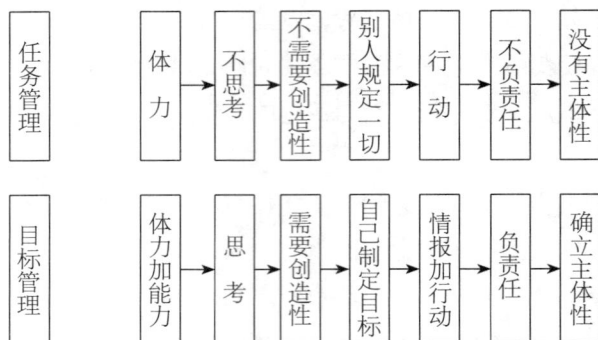

图5-7　任务管理与目标管理的差别

小仓光雄认为，任务管理是从"人只要有体力就可以"这一观点出发，因此不需要思考和创造性，一切都听别人的指使，自己只是单纯地干活，即只是行动，因而本人可以不负责任，更没有主体性。但是，目标管理正好相反。它首先确立了人的主体性，从这点出发，领导者把责任交给下属，使其有责任，行动时也不单纯只是行动，还要收集情报，并且自己制定目标。在行动时，既需要创造性，也需要思考。这样，对于人来说，既要有体力，还要有能力，这就需要培养和教育。

这两种管理方法的区别还表现在：任务管理只把员工看成是齿轮，工厂经营得好坏似乎与广大企业成员没有关系，员工在厂内没有主体性，而目标管理的目的是为了发挥每个人的积极性。为了实现目标管理，就要授予每个人责任和相应的权利。下属为了实现目标，就要制订自己的行动计划，自己收集情报，主动学习和研究，还要发挥创造性。此外，单凭经验和体力不行，还要有能力，包括知识、技能、态度和解决问题的能力等。

小仓光雄进一步对日本和美国的目标管理作了如图5-8所示的比较。

美国的目标管理是由上而下的，而日本的目标管理是由下而上的。

从图5-8中可见，美国的目标管理是一种P.D.S（plan，do，see）型的管理，又可称为V形管理，即由管理者制定目标，员工执行，管理者进行检查。

日　　本			美　　国	

员工　　参与管理　　管理者plan（计划）　　员工　　管理者plan（计划）

do（执行）　　do（执行）

see（检查）　　自我管理　　see（检查）

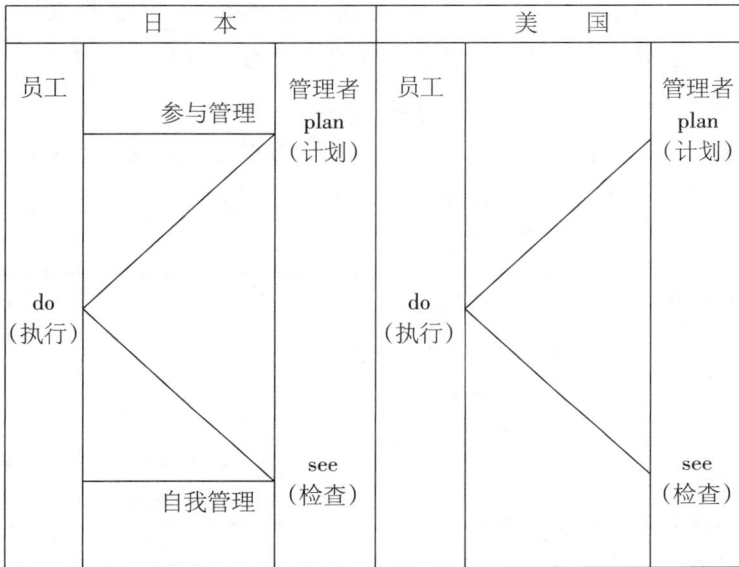

图5-8　美国和日本的目标管理比较

日本的目标管理是员工参与制订计划，对管理者制订的计划提出修改意见。而且，员工检查自己所做的工作，即实行员工的自我管理，这种目标管理称为M形管理。日本的目标管理的特点是全体人员共同参与，这样就形成了TQC管理（即全面质量管理）。

日本的目标管理比美国好，这是世界公认的。

5.2.3　目标管理在我国企业的应用

我国的一些厂矿企业借鉴国外的目标管理法，在生产中加以推广应用，已经取得了显著的效果。下面以案例进行分析。

【实例2】　　　　　　××汽车厂推行目标管理的经验

××汽车厂为适应企业从单纯以生产为中心向以经营为中心转变的需要，积极学习。借鉴国外科学管理的方法和经验，该厂大面积地推行了目标管理，取得了显著的效果。他们的具体做法如下：

1.加强对目标管理的认识

通过学习，他们首先认识到，目标管理就是根据企业生产经营目标进行管理的一种方法。年初，企业的最高经营者让全体员工根据企业总目标，制定各自单位的和个人的生产、工作、管理等目标，并努力完成，在年末进行效果评价，这种管理方法就是目标管理。

其次，他们认识到，目标管理既不同于X理论的管理，也不同于Y理论的管理，而是介乎于两者之间的一种有效管理方法（见表5-3）。

表5-3　　　　　　　　　　**目标管理同X、Y理论的比较**

X理论管理	目标管理	Y理论管理
认为人天性不喜欢工作，因而对大多数人必须运用强迫、控制、监督、惩罚等方式才能使其努力完成组织上的目标，所以必须是管理部门规定做什么和必须怎么做	认为人有许多不同的需要和动机，但主要的需要是实现胜任感，而且有连锁反应，产生新的目标，所以要使工作、组织、个人三者配合适当，管理部门要有宗旨，然后与执行者共同商定做什么、达到什么程度，发挥执行者的聪明才智，努力达到预定的目标	认为人在工作中消耗体力与脑力，同游戏与休息一样自然，人们执行工作会实行自我指导。人自我要求的满足，可以指向组织目标的实现，所以管理者不要作具体规定，而是凭人的自觉行动，发挥才智

由表5-3可见，目标管理既重视人的因素，发挥人的主观能动性和聪明才智，又重视科学管理，讲究科学的分工与合作以及工作效率，是两者的有机结合体。通过企业的目标体系，把企业各个方面的工作合理地组织起来，运用两个动力（思想政治工作与经济利益），把企业上下的力量充分调动起来，形成为实现企业总目标而相互密切合作、有组织的群体活动，从而有效地解决企业各时期存在的主要问题，达到预定目标，实现最佳的全面经济效益，使企业朝着长远目标健康发展。

2.推行目标管理的四个步骤

目标管理推行中的四个步骤为：目标的制定与展开、目标的实施、目标完成情况的检查、目标完成情况的评价和效果四步法。现分述如下：

（1）目标的制定与展开。目标在此是指企业的方针。企业的方针是企业行动的指南、方向，是企业的指导思想和政策，体现企业行动的重要和主攻方向。企业方针除以高度概括、概念性的东西为主外，尚有形象目标的成分，如"产品创品牌，夺金牌，打入国际市场"。目标则是人们通过自己的各种活动所要达到的预期结果。目标是方针的具体化，其表达形式有两种：一是数量目标，即要求在某方面要达到的具体水平和程度，可以用绝对数和相对数来表示；二是形象目标。数量目标所定的数据，在一定计划期内是不变的，所以可称为静态目标；形象目标是用具体的形象对比来说明的，所以在一个计划期内，其具体要求也会因对比的对象的变化而变化，所以称为动态目标。

目标、方针的设立是目标管理的前提和先导，在设立目标的过程中要做到：收集大量的资料以作为设立方针、目标的依据；要在预测的基础上综合考虑，确定适当的目标；对实施目标的各种方案进行经济、技术分析和可行性分析，评选出最优方案。

目标、方针的展开要考虑到下述原则：各级子目标能支持共同的总目标；目标之间要协调和平衡；制定的目标力求简明；按现代组织原理，使组织中的三个相互作用的基础因素（结构、技术和人）得到最佳的平衡和安排；展开的程序是采用自上而下和上下结合的方法进行。

目标的展开要通过一定的形式来实现。在展开的形式上以实用、简明、易行为佳。该厂采用的是竖向展开的宝塔形的目标体系（如图5-9所示）。

（2）目标的实施。目标管理的实施，强调执行者要自主管理，独立自主地去完成目标。强调自主管理不能忽视领导的指导，发现薄弱环节要及时提出意见，予以修正。在遇到较大难题时，或采用典型调查，或采用"诊断"的方法。实施中对于处室、科室等单位，可采用缺陷点统计法，通过统计、定期分析予以改进，有利于实现目标。

在执行中，由于情况的变化，可能会有目标内容及程度上的修正。

（3）目标完成情况的检查。检查是考核评价的前提，是实现目标的手段，也是总结成绩、找出差距、进入新的循环的重要措施。检查分为自我检查和上级检查。检查的间隔需要视每次检查所花时间的多少以及获得的

```
┌──────────┐
│   工　厂   │
└──────────┘
      │
      ▼
┌──────────┐
│ 工 作 方 针 │
└──────────┘
      │
      ▼
┌──────────┐
│ 总 目 标   │
└──────────┘
```

┌────────┐ ┌────────┐   ┌────────┐ ┌────────┐
│ 技术   │ │ 生产   │   │ 经营   │ │ 后勤   │
│ 副厂长 │ │ 副厂长 │   │ 副厂长 │ │ 副厂长 │
└────────┘ └────────┘   └────────┘ └────────┘

┌────────┐ ┌────────┐   ┌────────┐ ┌────────┐
│ 目标内容 │ │ 目标内容 │   │ 目标内容 │ │ 目标内容 │
└────────┘ └────────┘   └────────┘ └────────┘

以下扩展到所属处室，处室　　　　　　　　以下扩展到所属处室，处室扩
扩展到科室，科室扩展到个人　　　　　　　展到科室，科室扩展到个人

　　　　　　　以下扩展到专业厂，
　　　　　专业厂扩展到车间、科室，
　　　　　　再扩展到班组或个人

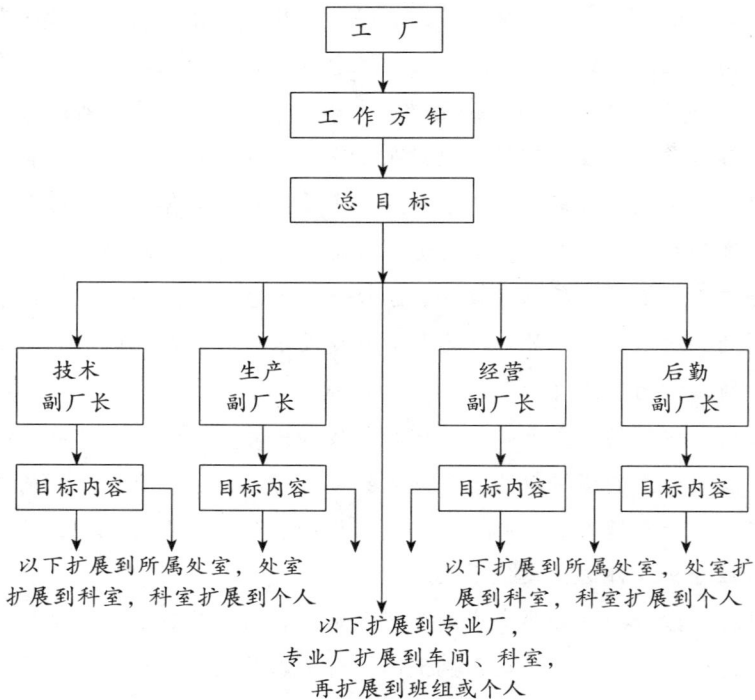

图5-9　目标展开示意图

效果如何，综合权衡确定。检查人与被检查人之间的"距离"不应太远。有时组织专门班子进行，也是防止偏见所必需的。

（4）目标完成情况的评价和效果。

目标管理强调效果，所以必须重视成果评价。考核评价并及时反馈，一方面可以使达到或超过预定目标的执行者得到工作上的满足感和向更高目标前进的信心；另一方面也是下一个循环设立目标的依据。

考核评价的方法为PQC-MP计奖法，即把目标完成程度（P）、工作质量（Q）、管理状况（C），人员多少、目标的复杂与困难程度（MP）以及修正情况等进行综合评价。用一个公式表示即为：

综合评价=P×Q×C×MP±修正部分

这个公式用乘法记分比用加减记分更为合理，可以把四种因素划成分值，并进一步把分值折算成为奖金等。

实践证明，推行目标管理可取得以下效果：

①目标管理是"看得见"的管理的好形式，目标管理的形式图表化，形象、直观，使管理公开化，便于自我控制、群众监督和上级检查。

②强化了民主管理。由于制定目标时重视协商、联合讨论和意见交流，所以使员工真正从实际上参与了管理和决策。

③更好地落实了各级责任制，使责、权、利更好地结合。

④更充分地调动了各方面的积极因素，有利于完成预定目标。

⑤有利于抓住企业生产经营中的主要矛盾，全面提高经济效益。

【实例3】 **"四—四"目标管理体系**

上海××机械厂的"四—四"目标管理体系独具特色，取得了较好的效果。该体系的含义是：目标构成有四个来源，其将目标分解为四个层次，目标下达有四条渠道，目标考核有四种形式。

企业目标制定所根据的四个来源是：①国家长远发展规划与本年度指令性计划；②行业发展规划和地区发展规划；③市场预测、用户意见、经营信息等；④企业长远规划、厂长任期目标及工厂管理委员会决策等。这样制定目标既适应了经济形势发展和市场竞争趋势，又结合了企业具体情况，并使员工的利益有一定提高。

目标制定后，企业按厂部、部门、班组、个人四个层次自上而下层层展开、层层落实，使全体员工明确企业与所属部门的方针目标，在各自本职岗位上为目标的实现而努力。与此同时，制定的目标按照计划、质量、企管、厂长指令四条渠道下达，尽量与专业管理相结合，依靠企业原有的管理基础，做到指标下达及时，检查反馈协调。

实现目标的预定期限到来时，上下共同对实施目标的成果作出评价。他们采用四种考核形式：①对部门、车间的奖评，采用上不封顶、下不保底的超产承包计奖法；②年底按完成的各类综合计划与企业重大目标的联责承包计奖；③对企业重点攻关项目，采用项目经理责任制，对一般项目纳入质量管理小组考核；④推行调动员工个体管理工作积极性的种类奖评。

建立"四一四"目标管理体系后，该厂总产值、税、利得到同步增长，并研制出具有国际水平的纺织机械，填补了国内空白。总之，"四一四"目标管理体系促进了企业经济与技术的进步。

5.3　公平理论与应用

5.3.1　公平理论的一般概念

美国心理学家亚当斯（J.S.Adams）1963 年发表了《对于公平的理解》，1965 年亚当斯又发表了《在社会交换中的不公平》，从而提出了公平理论的观点。

亚当斯的这一理论，主要是用来解决工资报酬分配的合理性、公平性及其对员工生产积极性的影响。

1.公平理论的一般概念

公平理论是指人们总是要将自己所作的贡献和所得的报酬，与一个和自己条件相等的人所作的贡献与所得的报酬进行比较，如果这两者之间的比值相等，双方就都有公平感。

亚当斯提出了公平关系的下述关系式：

$$\frac{O_P}{I_P} = \frac{O_o}{I_o}$$

式中：O_P 代表一个人对他自己所获报酬的感觉；I_P 代表一个人对他自己所作贡献的感觉；O_o 代表一个人对他人所获报酬的感觉；I_o 代表一个人对他人所作贡献的感觉。

这个等式说明，当一个人感到他所获报酬与他所作贡献的比值，与作为比较对象的别人的这项比值相等时，就有了公平感。

如果这两者之间的比值不相等，一方的比值大于另一方，另一方就会产生不公平感，反之亦然。

这种情况可以用图 5-10 示意。

个人a　　　　　　比较过程　　　　　　他人b

$$\frac{O_p}{I_p} \quad\quad \frac{O_a}{I_a} \dashrightarrow \frac{O_b}{I_b} \quad\quad \frac{O_o}{I_o}$$

$$\left(\frac{O_p}{I_p}\right)_a < \left(\frac{O_o}{I_o}\right)_b \quad\quad \left(\frac{O_p}{I_p}\right)_a = \left(\frac{O_o}{I_o}\right)_b \quad\quad \left(\frac{O_p}{I_p}\right)_a > \left(\frac{O_o}{I_o}\right)_b$$

不公平　　　　　　　　　公平　　　　　　　　　不公平

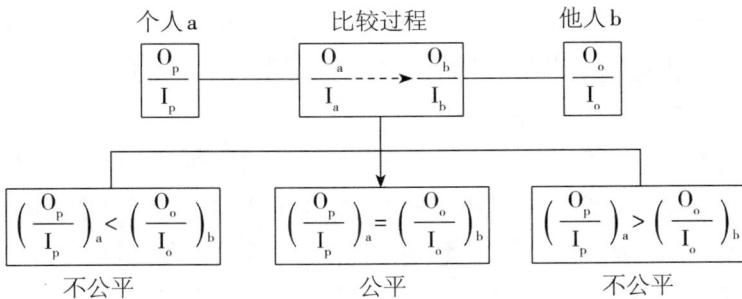

图5-10　公平理论示意图

由此可见，公平理论认为：①员工对报酬的满足程度是一个社会比较过程。②一个人对自己的工作报酬是否满足，不仅受到报酬的绝对值的影响，而且也受到报酬的相对值的影响（个人收入与别人收入的横向比较，以及与个人的历史收入作纵向比较）。③需要保持分配上的公平感，只有产生公平感时才会心情舒畅、努力工作；而在产生不公平感时会满腔怨气，大发牢骚，甚至放弃工作，破坏生产。

2.组织中的投入与产出

表5-4是组织中主要的投入与产出项目。

表5-4　　　　　　　　　**组织中主要的投入与产出项目**

投　　入	产　　出
年龄	挑战性的工作
出勤	奖金
人际沟通技巧	工作津贴（车位与办公室）
工作努力（长期）	工作保障
教育水平	工作单调乏味
工作经历	升职
工作业绩	认可
个人表现	责任
业务经验	工资
社会地位	资历
技能	地位的标志
培训	工作条件

由表5-4可以看出，作为投入的项目包括出勤、工作业绩等，而作为产出的项目也是很多的，其中包括奖金、升职等。

3.不公平的后果及消除方式

不公平会引起个体以及个体之间的紧张焦虑。紧张焦虑是不愉快的情绪体验，因而人们会力图将其减弱至可容忍的水平。为了减弱所感受到的不公平及其相应的紧张焦虑，个体会从下列六种方法中选择若干项采取行动，具体的焦虑—弱化过程如图5-11所示。

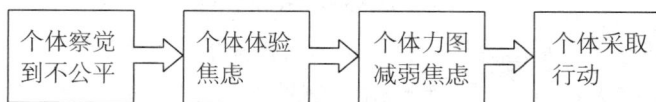

图5-11　焦虑—弱化过程

（1）个体可以采用增加或减少投入以达到其所认为的公平水平。例如个体如果认为报酬过低，则可以通过降低产品产量、减少工作时间以及经常缺勤等方式以恢复公平感。图5-12形象地揭示了这一关系。

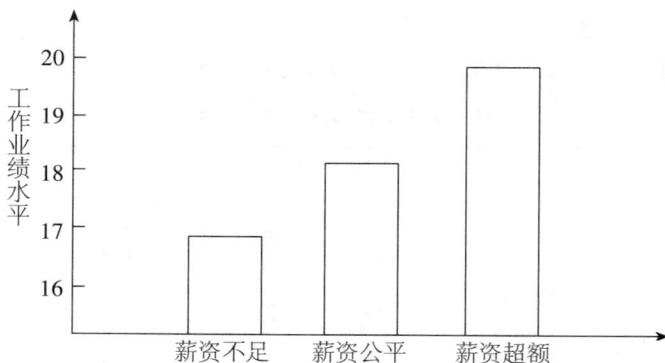

图5-12　薪资水平与工作业绩水平的关系

从图5-12中可见，与薪资公平的员工相比，薪资超额的员工生产效率高，薪资不足的员工生产效率低。

（2）个体可以通过改变其产出以恢复公平感。许多管理者尝试通过保证改善工作条件、减少工作时间、在员工努力程度不变的情况下提高工作报酬等方式以增强企业凝聚力。

（3）个体可以对其投入与产出进行心理曲解。与实际改变投入和产出不同，个体可以通过在意识上对其进行曲解从而达到心理平衡。例如，感到不公平的个体可以曲解其工作难度（这项工作对我而言是小菜一碟）或者强调其工作的重要性（这工作实在重要）。

（4）个体可以离职或者要求调到其他部门工作。个体这样做是希望恢复心理平衡。

（5）个体可以通过更换新的参照对象以减少不公平感。例如明星高中的运动员由于没能获得名牌大学的奖学金，便自我安慰地认为进入普通学校求学对于自己的发展更有利。

（6）个体可以对他人的投入与产出进行心理曲解。个体可以认为作为参照对象的他人确实工作比自己努力，因而理应获得更多的报酬。

总之，当一个人发觉自己的分配受到了不公平的待遇时，为了消除由此而产生的心理上的不平衡，他可能会以以下几种方式来消除不公平感：①谋求增加自己的报酬；②谋求降低他人的报酬；③设法降低自己的贡献；④设法增加他人的贡献；⑤另换一个报酬与贡献比值较低者作为比较对象等。前四种谋求公平的行为方式，实际上是在向有关方面施加压力，而后一种方式是属于心理上的自我安慰性质。

5.3.2　公平理论在我国的应用

在我国，如何将公平理论正确地应用到总结评比、奖惩制度、工资调整、晋级等实际问题上去，尚待深入探索。一般来说，用得好，就可以起到真正的激励作用；用得不好，会引起人际关系的紧张及各种冲突，使人产生挫折感。在社会主义初级阶段，公平激励是一个带有普遍意义的理论与实际问题。

公平理论在我国的总结评比工作中应用得较为广泛。我国各部门总结评比较频繁，逐渐开始重视公平理论，将其原理运用到具体的措施当中，取得了较好的效果。

1.总结评比的激励作用

总结评比主要是通过总结，明确工作成绩和经验教训，在此基础上评选出先进的单位与个人。

　　被评选为先进的个人，他的工作成就得到了组织与群众的认可，其自尊的需要得到了满足。这种高级精神需要的满足往往会比生理上的低级需要的满足（吃、穿等）更能使人受到激励，积极性得到进一步的调动，对今后的工作能起到很大的促进作用。一些没有被评上先进的个人，在正确思想的指导下，能积极向先进学习，找差距，给自己提出更高的要求。至于个别成绩比较突出而没有被评上先进的个人，也会在评比中克服"不公平"心理，从而提出争当先进的新目标。

　　2.我国总结评比中存在的问题

　　总结评比是我国传统的、行之有效的工作方法之一。总结评比的目的是激励个人与群体的积极性，但是，如果搞得不好，总结评比就会产生负面作用。评上先进的人怕别人议论，没评上的人又有不公平感，积极性受到挫伤。有时，评比之后人际关系更加紧张，同志间的隔阂反而加深。目前，我国总结评比中出现的问题可归纳为以下几个方面：

　　（1）评比标准含糊，缺乏准确性。先进条件抽象空泛，定性的多、定量的少，弹性大，对不同工作岗位和条件的人员缺乏具体规定。

　　（2）工作草率，缺乏规范性。评比工作制度和程序不健全，或者有制度程序而落不到实处。日常工作考核无记录、无总结，每当上级催促或急需填报有关评比数据时，才不得已仓促研究人选，体现不出"评"和"比"这一工作特色。

　　（3）少数人说了算，缺乏民主性。个别领导在评比时定调子、划框子、圈圈子，甚至领导直接提名，群众附和通过，或是一个争先提名，众人随声附和。这些做法不能真正体现广大群众的意愿。

　　（4）先进比例失调，缺乏典型性。这主要表现在：一是领导干部多；二是蝉联式老先进多；三是评功摆好和善走捷径者多。

　　（5）表彰措施不力，缺乏激励功能。先进评出后，只局限于开一次表彰会，发两个纪念品，注重物质奖励，忽视精神激励。这样，先进无光荣感，后进无羞耻感。

此外，有的单位总结评比过于频繁，有的月、季或半年一次，也有的是完成一项任务进行一次总结评比。如果真有需要，那么也未尝不可，但是搞得太多也就失去了意义。例如，科学研究这种长期、艰苦的脑力劳动，无法限定在年度评比以前结束，以便及时参加评比。这时就会有两种情况发生：一是，虽然取得了科研成果，但错过了评比期，要等待一个时期才能参加评比；二是，领导人为拟定了反映本单位的科研成绩，对一些尚未完成的项目也虚报为已完成项目。总之，评比是要搞的，但太频繁了，就失去了评比的严肃性与价值。

3.总结评比要掌握人的心理反应

一般情况下，总结评比中不同的人会有不同的心理反应。群众感到同志间各有长短，不好提名，怕得罪人。所以，评比会开始时往往会有长时间的沉默。工作比较好的同志怕在评比中被反复比较，揭自己的短，有伤自尊，还不如不评；工作一般或较差的同志对评比不关心，有从众心理。

根据调查，评比过程中的心理反应有如下几种：

（1）从众性评比。例如，某单位按上级下达的比例，要求评选出两名先进。一名在各方面特别突出的人物入选，大家也没有什么意见，但是第二名候选人的产生就比较困难。因为大部分同志情况差不多，所以此时谁也不愿提谁，只怕提了别人显得自己差了。这时，有一位同志推荐一位思想较好、群众关系较好，但身体较差、经常半休者作为候选人。对这样一位并不太理想的候选人，大家不满意，但是因为再也没有更合适的人选被挑选出来，只得心照不宣地通过了。由于群众一致通过，上级也不好做工作，怕再做工作又会引起新的矛盾，这样的评比就使激励作用打了折扣。

（2）由限额所引起的挫折心理。评比往往有限额，有了限额就要照顾到面的平衡。比如，要考虑在青年同志中选一人，中年人中选一人，妇女中选一人。但是有的群体中先进众多，有的群体中表现突出的不多，而为了评比不得不进行一番平衡，在这种情况下，没有被评上的同志心理上会产生挫折感,自尊的需要没有得到满足,而被评上者心里也不踏实。

（3）心理上的退让反应。例如,某次评比某单位只有一个名额。单位里最出色的一位同志主动将名额让给另一名比较好的同志,因为他上届已经被评过先进,认为不要老是自己连选连任,该轮换了。这种做法并未引起领导与群众的反对,反而觉得这种"轮流坐庄"的办法还不错,可以免去评选时的麻烦。但是,退让反应显然有碍于达到评比先进的目的。

由此可见,总结评比搞得好是有激励功能的,能调动积极性,产生满意感,增加效益,但是如果搞得不好,则会产生去激励效应。

4.要防止总结评比的去激励效应

总结评比的去激励效应表现在以下几方面:

（1）挫伤群众的积极性。不公正的评比有时比大锅饭更严重地挫伤了员工的积极性。因为,大锅饭是干好干坏一个样,而不公正的评比,则是干得好的人没有受到表扬、奖赏,干得不好的反而得到表扬和奖励。另外,评比后奖励的尺度也会影响人们的积极性。

【实例4】　　　　　　　　公平才有激励作用

上海××厂一车间113号高炉是由以青年为主体的炉组负责管理。这个炉组改进了工艺,延长了炉龄,提高了经济效益,上级主管部门发给他们2 000元奖金。奖金是这样分配的,助理工程师拿260元,正炉长拿180元,副炉长拿80元,工人每人拿20元。工人们觉得分得不公平,有的说:"正副炉长付出的劳动是比我们多一点,但相差不太大。他们多拿一点奖金,我们没意见,但现在差距太大了,他们的奖金是我们的9倍和4倍,这不公平,不合理,我们有意见。"有2/3的工人拒领奖金,有的甚至消极怠工、酝酿闹事。

针对这一事件,车间党支部不是批、压,而是"冷处理"。先是召开座谈会听取意见,稳定情绪,再讲清维护集体荣誉的重要性,同时对原分配方案作了调整:助理工程师拿140元,正炉长拿70元,副炉长拿50元,工人每人拿40元。大家心情舒畅，觉得这样公平合理，体现了按劳分配的原则。这样，风波平息下来了。

（2）产生了严重的人际矛盾。在评比过程中，领导的不公正态度会使员工之间产生严重的人际矛盾。由于领导态度有偏向性，团体成员分成了两派：一派是亲近领导的；另一派是疏远领导的。这种情况往往搞得团体矛盾百出，内部凝聚力下降。

（3）使领导威信下降。在评比活动中，领导的作风很重要，必须做到一碗水端平。群体对领导是否公平很敏感，员工们常说："一个领导如果在知识能力上有缺陷，我们还不会太多怪罪，因为你就这么点水平，但办事不公道是无法容忍的，因为这说明领导的品质有问题。"比如，某一位员工工作很认真，样样生产指标得第一，不过喜欢提意见，领导对他很不满意；另一位员工是领导的同乡，工作一般化，但与领导关系很好，每次评选先进，评上的总是后者。于是，前者情绪很大，工作积极性受到严重挫伤。他常对别人讲："我们的车间主任真差劲，只知老乡好。"显然，不公正的评比会使领导威信下降，干群关系紧张。

（4）频繁评比的消极虚假效果。次数频繁的评比淡化了评比的激励作用。例如，有的活动每月一次，有的项目每季度或每半年要评比一次，到了年底评比的项目更多。有的人被评上先进还不知为什么，是什么项目，有的评比限时要有结果。因此，往往是上级有"先进指标"，下级有应付办法，或做表面文章，或欺上瞒下，达不到指标就弄虚作假。这些评比不仅起不到激励作用，还会在群众中形成极坏的影响，败坏了社会风气。

评比的这些去激励效应影响了改革的顺利进行，因此需要改进评比活动使之能真正起到调动人的积极性的作用，进而推动"比、学、赶、帮、超"活动的顺利开展，促进精神文明的建设。

5.在消除不公平感的过程中还要注意我国的特色

评比过程中可能产生表5-5中的四种不同情况的公平与不公平感。

（1）评比结果使人感到客观上公平、主观上也公平。例如，某工厂一个小组一致推选一名工作认真、超额完成各项生产指标、经常关心组里的同志、搞了几项小改小革、取得了很大的经济效益的员工为先进员工。上级领导很满意，全组员工更高兴，感到这样评选先进很公平。被评上先进的员工积极性更高了，因为他的工作得到了领导和全组员工的认可，尊重需要得到了满足。这就是客观上的公平感，即领导、群众都认为公平。没被评上的员工也心服口服，决心向先进学习，争取赶超这个先进典型，下次争当先进，这就是主观上感到公平。这种客观上公平、主观上也感到公平的评比是大家所期望的，它能调动人的积极性，起到很强的激励作用。

表5-5　　　　　　　　　　　　　四种不同情况的公平与不公平感

		主　　观	
		公平	不公平
客	公平	客观、主观都公平 （强激励） （评比方向）	客观公平，主观不公平 （对主观上感到不公平者做思想政治工作）
观	不公平	客观不公平，主观公平 （教育党员、团员、干部不与群众争名、争利）	客观不公平，主观也不公平 （去激励） （不是评比方向）

（2）评比结果使领导、广大群众感到公平，而没被评上的人感到不公平。这就是客观上公平，主观上不公平。例如某厂在"比学赶帮超"的活动中，开展评比优胜班组的活动，其中有一个小组争夺优胜班组的呼声很高，在活动中这个小组各项指标完成得很好，与另一个小组不相上下，全组员工感到夺标很有希望。但评比结果是另一个小组被评上了，这个小组得了第二名，全组员工感到不公平，很不服气。小组长带着满肚子的委屈来找车间主任，车间主任看到小组长气呼呼的样子，就知道了他的来由，递给他一支烟，又给他倒了一杯茶。看到他情绪有点平稳了，车间主任就开导他说，你们小组这次干得很不错，但是另一个小组确实干得比你们更

出色，并一一作了举例说明。这个小组长听了以后，气消了，慢慢地感到有点不好意思。车间主任这时就鼓励他下次更努力，回去发动全小组议论议论这次为什么没有夺标的原因，争取下次夺标。碰到这种客观公平、主观不公平的情况，采取引导、疏通的办法，做好思想工作，会使这种主观上的不公平感转化为主观上的公平感，变消极因素为积极因素。

（3）评比结果是某个同志应该被评上先进而没评上，广大群众感到不公平，而没被评上先进的人本身觉得很公平。这就是客观上不公平、主观上感到公平。例如，某厂员工在员工代表大会上一致选举某共产党员为晋级人员之一，但这位党员同志考虑到自己勤奋工作是应该的，应该工作争先、得利在后，所以他主动放弃了晋级机会。晋级名单向全厂员工公布后，全厂员工都感到不公平，认为这位同志工作这么好，不给他晋级，那么谁也不应该晋级。厂长向员工们说明了情况，员工们听了很感动。有几位在评级中因为自己没有被评上而有意见的员工，对比这位党员同志的言行，感到很惭愧，表示要向这位党员学习，努力工作。

（4）评比结果大家都不满意，这就是客观上不公平、主观上也感到不公平。例如某一个科室在评比先进工作者时，领导主观决定一位和他关系很好但工作业绩不好的人当选先进工作者。这个举动引起了全科室人员的愤怒，感到这样评先进太不公平了，干得好的没被评上先进，干得不好的反而被评上了先进。一位工作最好的同志没被评上，觉得很委屈，以后干工作也没有劲头了。大家纷纷向上级领导反映情况，上级领导很重视，派人专门作调查，后来重新评选，大家一致推选工作最好的一位同志为先进工作者，这样才平息了一场风波。

如果上级领导不管不问这种情况，那么会产生什么结果呢？结果一定是，员工的积极性没有了，生产完不成，工作搞不好，给经济建设带来严重损失。

上面的情况说明，公平理论对企业管理有重要的指导作用。领导者应根据员工的心理活动规律，运用公平理论，在评比过程中克服消极因素，使总结评比真正起到调动人的积极性的作用。

6.改进总结评比工作的建议

在实际工作中，我们一方面要注意应用公平理论，同时又不要拘泥于此理论，要深信人的意识与正确的态度是能调整不公平感觉的。政治思想工作的力量也就在于发挥意识对行为的调节作用。

在具体评比的方法方面，我们建议少评全面模范，多评单项先进。目前评比出的先进往往是多项指标的冠军，要求个人或集体在政治思想、工作成绩、工作作风、人际关系等多项指标上都名列前茅。实际上，完人是少见的，勉强评比，完成比例所限定的先进人数，其后果是在群众中必然会产生评比不合理的不公正感。为此，我们建议，可以多选单项先进，如出色完成工作任务、有发明创造、助人为乐等单方面突出的员工都可以被评为单项先进。这样一来，先进面适当宽一些，也有助于调动各方面的积极性。

此外，评先进应注重"评"字。一名员工到底是不是先进工作者，关键是要通过"评"才能作出正确判断，而且评选先进的过程，实际上也是我们学习先进人物事迹的过程。如果在"评"的过程中不认真总结工作，不讲成绩和贡献，我们又怎能了解和学习先进人物的事迹呢？何况，评选先进人物是一件慎重的事情，如果走过场，把那些其实并不先进的人评为先进人物，那么不但有损于先进人物的称号，起不到积极的作用，相反还会造成不好的影响，从而使群众对评选工作失去信心。

在具体评比的过程中要将工作的重点放在总结工作上。人们普遍有自尊心理的需要，因而评比的重点是，通过群众性的总结，使大家明确我们的工作成绩，明确每位员工在工作中所作的贡献。通过细致地总结每位员工在完成任务中的表现，如思想、能力、才干、人际关系等方面的长处，就可以满足员工心理上的高级需要，就会激励出新的干劲与力量。只要评比是客观、公平的，那么在总结评比过程中，员工也必然会相互影响，相互影响的结果必然是增进相互学习、相互激励，增进人际关系的和谐。

5.3.3　公平理论与我国的社会公正感

人们对社会中的不公正行为是深为不满的，如以权谋私、多吃多占、假公济私等不正之风。消除不正之风就是恢复社会公正感。当然，我们不是绝对平均主义者，在某些情况下，因工作需要而作适当照顾，群众也不会有很大的不公正感。但是，差别过分悬殊，必然会使群众产生强烈的不满。

当前，在深化改革的浪潮中，人们有一种特殊的心理状态，即攀比心理。攀比心理有两重性的作用：一种是积极作用，另一种是消极作用。在攀比过程中，人们脱离贡献而单纯攀比收入高低，这就是一种消极的攀比心理，或称之为"大锅饭后遗症"，再加上民族文化中的消极面、东方式的嫉妒、红眼病等，这些消极的单纯攀比收入的行为，只会削弱员工的工作积极性。

针对这种消极的攀比心理，我们应该在机会均等的前提下，将人们之间的收入攀比转化为"能力"与"努力"的竞争。在社会主义条件下，只要实行机会均等，就能为实行公平的按劳分配奠定社会心理基础，使我们的分配真正做到在促进能力的发挥、效率的提高的同时，体现允许收入差距的社会公平。

5.4 归因理论与应用

5.4.1 归因的一般概念

"归因"的英文为attribution，从字义上就可以分析出，归因就是寻找已经产生某种行为的原因，通过分析的过程来寻找可能归属的某一些原因。

归因理论是由行为的结果来推断行为的原因的过程。通过已成定局的成功或失败的结果，找出最佳的激励途径。这种通过反推方式寻找有效激励措施与方法的理论属于过程型激励理论之一。

事实上，每一个人对于自己已经作出的行为经常要提出这样的问题："我为什么要这么做？"同样，每一个人对于别人已经作出的行为也要经常提出这样的问题："他为什么要这么做？"

比如说，社会上发生了一件"下水救人"的事，马上就会有人赞许："这体现了一种高尚的个人品格。"也有人会怀疑："是不是为了图表扬?"更有甚者会说："想捞点政治资本罢了。"

凡此种种说明，人们对于自己与周围的人所发生的一切行为都在进行自觉或不自觉的归因分析。

归因过程是指人们理解自己和他人行为原因的方式。在对人的知觉过程中归因起了重要作用。对某人行为的归因可能影响对个体根本特征或特质的判断（他/她实际上像什么）。

员工和管理者对行为原因的归因对理解组织行为是很重要的。例如，把低绩效直接归因于下级的管理者比把它归因于超越下级所能控制的环境更易产生惩罚行为。如果管理者确信雇员没完成好任务是因为他缺少适当的培训，就会给雇员更好的指导或更多的培训。相反，如果管理者确信下级是因为不想努力而造成了极简单的错误，他就会非常愤怒。

对同样后果的行为反应存在如此戏剧性的差异，这可能是由于对情境的知觉和归因造成的。例如，表5-6列出了当老板存在正面知觉和负面知觉时管理行为的一些差异。在进一步考察归因过程后归因与行为的可能关系更清楚。

表5-6　　　　　　　　老板对绩效的知觉差异引起的可能结果

老板对知觉为高绩效者的行为	老板对知觉为低绩效者的行为
• 讨论项目的目标，给下属选择解决问题或达到目标的方法的自由	• 当讨论任务和目标时给予直接的指导
• 把错误或不正确的判断视为应给予学习机会	• 对错误和不正确的判断密切关注，迅速指出下属做错了什么
• 开放地接受下属的建议，征求下属意见	• 不大注意下属的建议，很少征询下属的意见
• 给下属有趣的和有挑战性的任务	• 给下属委派常规工作
• 当有不同意见时往往听从下属的意见	• 有不同意见时通常强化自己的观点

归因过程可以用图5-13所示的基本模型来说明。由图5-13可见，知觉行为原因有几个前提：①知觉者对人和情境的信息量与对信息的组织方

式；②知觉者的信念（内隐人格理论，在相似情境中他人也会这样做等）；③知觉者的动机（如知觉者作出准确判断的重要程度）。此外，由图5-13还可以看出，知觉者的归因不外乎内部的或外部的。

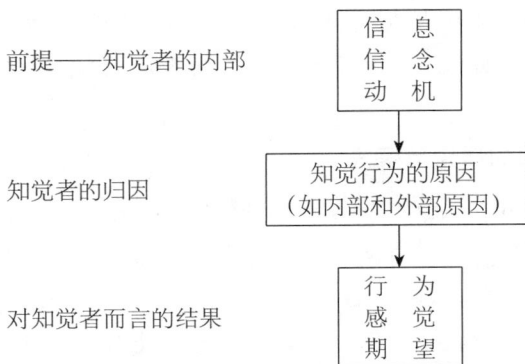

前提——知觉者的内部

```
┌─────────────┐
│  信     息  │
│  信     念  │
│  动     机  │
└─────────────┘
        │
        ▼
```

知觉者的归因

```
┌─────────────────────┐
│   知觉行为的原因      │
│ （如内部和外部原因）  │
└─────────────────────┘
        │
        ▼
```

对知觉者而言的结果

```
┌─────────────┐
│  行     为  │
│  感     觉  │
│  期     望  │
└─────────────┘
```

图5-13　归因过程的基本模型

5.4.2　归因的类别

一般来说，任何行为的发生，究其原因可以分为外部原因与内部原因两种。外部原因又可称为情境归因。在这种情况下，判断一个人的行为，其原因是来自于外界环境，如社会条件、社会舆论等。内部原因又可称为个人倾向归因。在这种情况下，判断一个人的行为，其原因决定于主观条件，如个人本身的特点，像兴趣、信仰、态度和性格等。

现举一个例子来说明。在学校里，老师对学生的学习成绩进行归因，对于一位成绩落后的学生，往往要问："这个学生的学习成绩为何很差？是客观原因还是主观原因？"经过分析，老师如果发现该生成绩差主要是由于其不用功，这说明其原因可归属于个人倾向归因，针对这种情况，老师就要做学生的政治思想工作。如果经过分析，发现是由于教师的教学不得法，这说明其原因可归属于情境归因，这就需要老师自己改进教学方法。

在实践中，往往要求领导者要善于做思想工作，要学会一把钥匙开一把锁，这种工作方法实际上就是在应用归因理论。

尽管客观上人们随时随地都在进行归因分析，但对有些问题不宜过分寻根追源。比如说，人们见面之后要有礼貌地说"您好"，对于这样一个问候，就不必问为什么，只要同样礼貌地回答"您好"即可，而根本不必详细回答自己的健康状况等。如果这样做了，反而会促使对方对回答问题的人作归因分析，如他为什么这样回答？是不是别有意图？暗示我向领导反映情况吗？

5.4.3　归因的理论与模式

海特（F. Heider）第一个进行了归因的系统研究，并提出了从人的内部因素（个人倾向）和外部因素（情境因素）两方面对人的行为进行归因的见解。之后，琼斯（E. E. Jones）、戴维斯（K.E. Davis）、凯利（H. H. Kelly）和韦纳（B. Weiner）等人发展并形成了下列更具体的归因模型。

1.一致性推理归因模型

一致性推理（correspondent inference）归因模型是由琼斯和戴维斯创立的。这一理论模型认为，从人的行动结果可以推断出人的行动原因，具体步骤为：由行动结果推出行动的意图，再推出行动的特性，进而考察"结果""意图""特性"三者之间的一致性。

一致性推理受到下列因素的影响：非共同性效应因素、社会意愿因素和选择自由因素。非共同性效应因素又称为独特因素。例如，一个学生站起来关上窗户并穿上毛衣，关窗户的原因可能是怕冷，也可能是避免噪音等，所以说关窗户不是由独特因素造成的，而是由共同因素造成的。但是，穿毛衣只能是防寒，这是由独特因素造成的，故可以推断为原因。社会意愿（social desirability）因素是指符合社会规范的并伴随很多利益的事情，因为谁都愿意干，所以难以推断行为者的独特原因。相反，违背社会意愿并伴随损失的事情，某人干了，就可以推断此人的独特个性。选择自由（freedom of choice）因素即为自由选择结果的行为有利于形成一致性推断，否则相反。琼斯对此进行了实证，他将被试者分为两组：一组可选择自己的行为，另一组不能选择自己的行为。处于选择条件下的被试者可以选择阅读演讲词中他们自己同意为之辩解的观点，而非选择条件下的被试者被指定阅读以备辩护的观点。随后，要求被试者判断写演讲词的人的真实信念，结果处于自由选择条件下的被试者更能判断出演讲词所反映的真实信念。

2.凯利的归因理论——协变归因原理

归因过程的核心问题是知觉者怎样决定另一个人的行为是出于内因（人格特质、情感、动机或能力）还是外因（其他人、情境或运气）。凯利提出了一个解释人们怎样决定他人行为的原因的模型（协变归因原理，the covariation principle）并已被广泛接受。凯利认为进行归因时人们关注三个主要因素：

（1）一致性——当在不同的场合中面对同样情境时个体以相同的方式知觉行为的程度。

（2）特出性——在不同的情境中个体以相同的方式知觉行为的程度。

（3）同一性——面对同样的情境，个体和他人知觉行为的方式的相似性程度。

图5-14表明，在高一致性、高特出性、高同一性条件下，知觉者倾向于把知觉到的行为归于外因。当特出性和同一性低时，知觉者倾向于把知觉到的行为归于内因。当然，高和低的一致性、特出性和同一性的其他组合也是可能的，而某些组合不会给知觉者提供在内因和外因之间的明确选择。

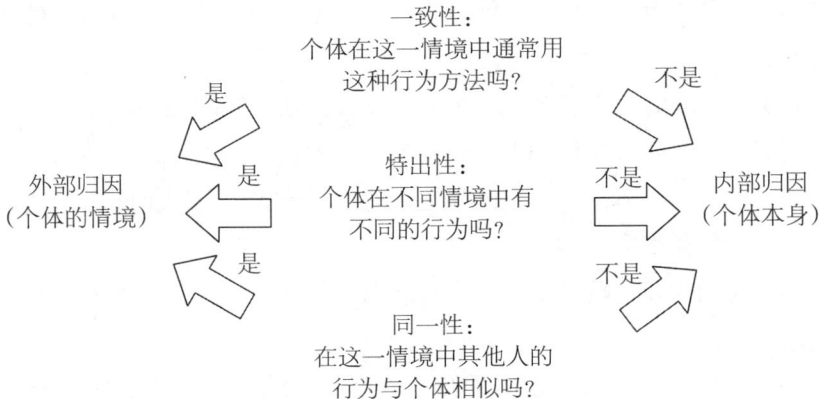

一致性：
个体在这一情境中通常用
这种行为方法吗？

是　　　　　　　　　　　　不是

外部归因　　　　是　　　特出性：　　　不是　　　内部归因
（个体的情境）　　　　个体在不同情境中有　　　　　（个体本身）
　　　　　　　　　不同的行为吗？

是　　　　　　　　　　　　不是

同一性：
在这一情境中其他人的
行为与个体相似吗？

图5-14　凯利的归因理论

在两种归因结果下一致性是高的。而当一致性低时，知觉者可能进行内部归因，也可能进行外部归因，或者两者都有。例如，设想一位美国参议院候选人在其家乡所在的州进行支持枪支控制的演讲并随后又在另一个州出席国家步枪委员会的会议时作了反对枪支控制的演讲，那么此例的观察者可能产生内归因（如该政治家具有告诉听众他认为他们想听的内容的特征），也可能进行外归因（如听众使政治家改变其演讲内容），或两者都有。

3.成功与失败的归因

成功与失败的归因（attributions of success and failure）是由韦纳等人创立的归因理论。这一理论的主要观点有三方面内容：

（1）强调归因是对一个既成事件多阶段的反应过程。首先确认既成事件的成败；然后找出成功与失败的原因（归因）；最后，由归因引起个人情绪上的反应，并形成对今后的期待。情绪反应和期待结合起来便决定今后的成就方向和行为。

（2）寻找成功或失败的原因维度：成功与失败有已知的原因，也存在潜在的原因。潜在原因有三个维度：第一个维度是"内部—外部"维度，即有些原因是内部的，有些原因是外部的；第二个维度是"稳定—不稳定"维度，如人的能力是稳定的，运气则是不稳定的；第三个维度是"可控—不可控"维度，如努力、注意力等原因是可控的，而健康原因是难以控制的。

雇员和管理者对在任务执行中的成功或失败的归因极为重要。管理者依据他们对下属在某些任务上的成功或失败的知觉归因作出奖励和惩罚决定。一般来说，个体常常把自己和他人的成功或失败归因于四个因素：能力、努力、任务难度和运气。

①我成功（或失败）是因为我有能力做此项工作（或是因为我没有能力做这项工作）。这就是能力归因。

②我成功（或失败）是因为我工作努力（或是因为我工作不努力）。这就是努力归因。

③我成功（或失败）是因为这项工作容易（或是因为它太难）。这就是任务难度归因。

④我成功（或失败）是因为我运气好（或运气不好）。这就是运气归因。

能力和努力归因是内部的，任务难度和运气归因是外部的。对成功或失败的这些归因反映了自尊和控制点的差异。例如，自尊心强和高内控点的个体更可能积极地评价自己的行为并把其好的行为归于内因。

在医院进行的一项关于管理者给予护士反馈的研究表明了对成功与失败的归因对组织的重要性。当管理者把低绩效归因于缺乏努力时，给护士的反馈信息倾向于惩罚的或消极的。他们的归因也影响了反馈的内容。当管理者归因于能力的缺乏时，他们给护士的信息是指导护士把工作做得更好。当他们认为护士缺乏努力时，他们的反馈信息倾向于强化命令。因而，管理者对失败的归因影响了他们的沟通行为。

许多人倾向于把成功归为内因（能力或努力），把失败归为外因（任务难度或运气），这并不奇怪。这种倾向称之为利己倾向性。雇员的这种接受良好行为反应而拒绝接受不良行为反应的倾向是管理者进行行为评价所面临的一项严峻的挑战。利己倾向性也可能引发其他问题。例如，它阻碍个体准确地评价自己的行为和能力，且给个体确定行为失败的原因带来很大困难。当个体失败后推诿责任的倾向常常和不良行为及在工作与其他社会环境中无力建立满意的人际关系相联系。一般而言，利己倾向发生于工作环境中要求个体把自己和他人对比时，即管理者和雇员常把自己视为比其他人更有道德、更有效率和有更好的表现等。

（3）韦纳还研究了归因中的情绪反应，认为失败的情绪有三个来源：一是结果的成功与失败决定了情绪的积极或消极；二是存在由不同原因决定的特定情绪反应，如惊奇因运气而生、信心来自能力归因等；三是原因的内部向度对与自尊有关的情感起调节作用。当作出内部归因时，个人就会产生胜任、自豪或羞愧的反应（见表5-7）。

表5-7   情绪反应

			成　功	失　败
原因源	内部—外部	内在因素：能力、努力、品质、人格等	使人感到满意和自尊	使人感到内疚和无助
		外在因素：任务难度、运气、环境等	使人产生惊奇和感激的心情	使人气愤和产生敌意
	稳定—不稳定	稳定因素：能力、任务、要求、法律规定等	有助于提高今后工作的积极性	会降低今后的工作积极性
		不稳定因素：努力、运气、多变条件的影响等	以后工作的积极性可能提高或降低	可能会提高以后的工作积极性
	可控—不可控	可控因素：努力、注意力等	有助于产生积极的情感	归咎于客观任务和内疚、羞愧
		不可控因素：运气、健康等	引起惊奇的心情	感到遗憾

4. 期望原理

韦纳等认为，原因的稳定性将决定期望的转换，高稳定性与高期望值是联系的，并由此作了两方面推理：第一，如果一个事件被归于一个稳定的原因，那么可以相信或期望未来也会产生与事件类似的结果。第二，坚信归因的结果会再次出现。这种对成就的期待往往影响人的行动意向，因为成就期待实际上是一个自我实现的预言。

一般来说，那些期待继续取得高成就的人会继续保持高期待，那些期待水平低的人往往不管他们的实际成绩怎样，都继续维持原有水平的期待（见表5-8）。

表5-8   成就期待的自我实现预言

最初期待	成就水平	原　因	最后期待
高	高	能力或其他稳定性内部原因	更高
高	低	运气不好,缺乏努力或其他不稳定因素	高
低	高	好运气,特别努力或其他不稳定因素	低
低	低	缺少能力或其他稳定性内部因素	更低

归因理论比较全面地分析了归因的维度，启发人们多维度地分析激励因素。事后分析成败原因、总结经验教训与期待、自我实现的预言之间的关系，使归因的激励机制得到比较充分的展示。总之，归因理论说明，可以通过使用和修正各种归因模型激励人们的工作与学习。

主要概念

期望理论　目标设置理论　公平理论　归因理论

思考题

1.通过案例具体说明期望理论的价值及其应用。

2.概述目标设置理论与目标管理法的不同内涵及其应用方法。

3.试述公平理论在总结评比中的应用。

学习目的

- 了解奖励的激励功能表现在哪几方面
- 学会有效奖励与惩罚的实施方式
- 认识现代社会有效奖励内容的多样性
- 在惩罚员工时要做到正确认识员工的"错误"并学会正确对待员工"错误"的艺术

6.1 强化理论的基本内涵

6.1.1 操作性条件反射的基本原理

美国新行为主义者斯金纳（B.F.Skinner）1938年在《有机体的行为》一书中，提出了操作性条件反射的学说。这一学说认为，人类的许多行为是具有操作性、工具性的。人由于某种需要而引起探索或"自发的"活动，在探索的过程中，若一种偶发反应成为达到目的的一种工具，人就学习利用这种反应去操纵环境、达到目的和满足需要。由于这种反应是达到目的的工具，因此称之为工具性条件反射，也称之为操作性条件反射。

操作性条件反射是一种反应型条件反射，个体只有在强化的条件下才会形成这种反射。在操作性条件反射中强化取决于反应，不取决于对刺激的感知，学得的反应会因强化的增加而增加，也会因强化的减弱而消退。

6.1.2 行为修正激励论与正、负强化

将操作性条件反射与强化理论应用于管理，就产生了行为修正激励论。行为修正激励论表明，当行为的结果有利于个人时，行为就会重复出现，这就起到了强化、激励的作用。如果行为的结果对个人不利，这一行为就会削弱或消失。

对人的某种行为给予肯定和奖赏，使这个行为巩固、保持和加强，这叫作正强化。对于某种行为给予否定和惩罚，使之减弱、消退，这叫作负强化。正、负强化都是强化的方式和手段，应用得当，就可以使人的行为进行定向控制和改造，最后引导到预期的最佳状态。

图6-1为强化概念模式图，其中形象地显示了正、负强化的含义。

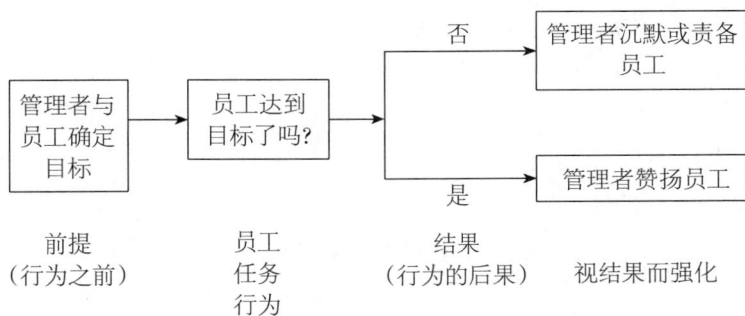

图6-1 强化概念的模式图

6.1.3 有效奖励中的强化程序

强化程序决定了什么时候呈现强化物。强化总是在有意或无意间按照某种程序来实施的。根据操作性条件反射的理论，有关强化的方法与程序应遵循以下规则：

（1）连续强化与间隔强化。连续强化意味着每次行为发生时都给予强化，它是一种最简单的强化程序。间隔强化是指在想要行为发生一些之后（而不是每次）才给予强化物。间隔强化可以分成间隔与比率程序、固定和可变程序。在一个间隔程序中，强化物必须过了一段时间后才能给予。在一个比率程序中，强化物必须在完成一定数量行为时才能给予。这两个程序又可以被细分为固定（不变）或可变（持续变化）程序。这样，就有

了四种主要的间隔程序：固定间隔、可变间隔、固定比率和可变比率。

①固定间隔程序。在固定间隔程序中，强化物必须在经过一段固定时间后才能提供。第一个想要行为要在过了一段时间后才能被强化。例如，在一个固定间隔为1小时的程序中，想要的行为第一次出现后要一个小时才能给予强化。

②可变间隔程序。可变间隔程序表示在两个强化物之间的时间量是变化的。

③固定比率程序。在一个固定比率程序中，一个想要行为必须发生一定次数后才能被强化。

④可变比率程序。在一个可变比率程序中，给予强化物之前必须有一定数量的行为发生，只不过行为的数量围绕着某些平均数上下变化。

（2）间隔强化程序间的比较。表6-1对四种间隔强化程序进行了小结。哪个比较好呢？比率程序——可变或固定，经常比间隔程序效果要好。原因在于：比起基于一段时间的间隔程序而言，比率程序与想要的行为的发生更为接近。

表6-1　　　　　　　　　　　**强化程序间的比较**

程序	奖赏的形式和例子	对绩效的影响	对行为的影响
固定间隔	基于固定时间进行奖赏：每周或每月付薪水	导致平均水平的和不规则的绩效	行为迅速消除
可变间隔	不定时地给予奖赏：没有事先声明的检查或评价以及每月随机给予奖赏	导致较高和稳定的绩效	行为慢慢消除
固定比率	奖赏与特定数量的行为联系起来：计件工资体制	迅速导致非常高而稳定的绩效	行为较快消除
可变比率	行为出现若干数量才给予奖赏：销售奖金与卖出X数量金额联系起来，但X数量金额围绕平均数持续变化	导致非常高的绩效	行为消除得非常慢

6.2　正强化——奖励的激励功能

6.2.1　奖励有助于满足需要，持续调动人的积极性

奖励是社会对人们良好行为或成果的一种积极肯定的信息反馈，它将促使人们增强这种行为或保持这种成果，加速人们自我发展和完善，为社会做出更大的贡献。

人们的需要总是指向某一目标，伴随目标实现的常常是人们某种欲望的满足。一般来说，在目标实现以后，人们都会在物质或精神需要方面受到社会、集体或他人给予的报酬或赞赏。因此，在人们追求目标的过程中，奖励可以引发、指导和强化人们的原驱动力，使其保持良好状态。当然，要搞好奖励，使其产生积极效应，还须注意：①在人们的奋斗目标实现后，一定要给予某些实惠（物质和精神的），使奖励兑现；②引导人们认识和处理好满足需要与承担义务之间的关系，注意奖励的层次性和时间性，以满足不同人不同时间的需要。

由此可见，奖励有助于让员工充满活力，并起到如下的激励效果：

（1）可以再次肯定员工对自身能力的认识。我们中的大部分人会由于他人对自身能力的肯定而感到更有自信。因此，一个外部激励因素实际上会加强我们的内部激励。

（2）表示组织认识到了员工的价值。自我价值也像能力一样，需要得到其他人的响应。获得组织的认可激发了我们对自己所取得的成绩的自豪感，使我们认识到作为一个员工和人所应有的自我价值。

（3）认可和奖励本身是让人渴望得到的。奖励的形式有很多种，从聚餐、休假到给予物质奖励。这些形式本身是有价值的，如果人们知道他们能够获得这些奖励，许多人将会付出更多的努力——至少在短期内——来努力得到这些奖励。

6.2.2　奖励可以调动人积极的情感

影响人们情绪波动的因素有很多，如物质的、社会的和精神的因素。

实行奖励可以满足人们对这些因素的需要，引起快乐的情绪体验。因此，奖励可以调动员工良好的、积极的情感。奖励不仅对一般群众、后进员工起作用，就是对"老先进"也有这样的积极作用。虽然有不少人在奖励、荣誉面前表现出谦让的行为，但他对组织和群众承认、肯定他的劳动成绩（不论是否授奖）是十分高兴的。

　　奖励可以克服员工不良的、消极的情感。人们在劳动活动中的情感是十分复杂的，既有争当先进（由荣誉感所驱使）的欲望，又有保持中游的想法（怕当上先进受别人讥讽）。另外，某些人长期未受到别人的表扬，还容易形成自卑感。实行奖励，可以帮助员工在矛盾的心理状态下，加速思想认识和情感的转化，改变不正确的态度，树立和坚持正确的态度；可以帮助员工正确地认识自己、评价自己，克服自卑感，树立和增强自信心。

　　为了调动人们积极、良好的情感，管理人员要根据人们的情感需要和变化，采取适宜的奖励方式。例如，员工忧虑时及时奖励，可以使其化愁为喜；员工情绪过于高涨时延时奖励，以防其乐极生悲；员工情感平淡时，可选择使其热烈一些的奖励措施；员工情感激动时，可选择使其沉静一些的奖励措施。

【实例1】

　　天津市两所小学30名田径队员进行了一次400米跑试验。30名队员分成两组：一组称"挫折组"，即队员无论如何努力，都注定要挨批评，如"跑的姿势不对"、"动作不协调"和"技术没过关"等，接受减力刺激。另一组称"鼓励组"，即不管队员动作如何，都一律受表扬，如"跑的姿势正确"、"动作协调"和"技术优秀"等，接受增力刺激。

　　结果表明，受挫折引起减力情绪者，运动成绩多数下降了；而受鼓励引起增力情绪者，运动成绩多数有明显提高。[①]

　　由上可见，在训练、竞赛过程中，宜多鼓励、表扬，以唤起学生的增

---

　　① 赵振宇. 奖励的奥妙 [M]. 长沙：湖南人民出版社，1986.

力情绪，调动其积极情感。

6.2.3　奖励有助于增强人们克服困难的意志行动

人们对每一件事都有一定的态度体验，积极愉快的情感能促使人们坚韧不拔、勇往直前，行动效率也高。对人们实行奖励，恰恰能够满足人们这种积极愉快的情感体验的需要，所以管理者通过实施奖励唤起人们积极愉快的情感，可以间接地达到提高行动效率的目的。

实行奖励能够引起人们大脑皮层的兴奋，而大脑皮层的优势兴奋中心的存在是人们克服困难的意志行动的前提。为了使奖励产生积极效应，强化人们的意志，应注意：在进行各种奖励时要加强思想教育，帮助员工认识获奖的积极意义；设置和选择一定的空间和时间、环境和气氛，使人们充分感受到奖励的愉悦心情；对突发因素应仔细分析，因势利导，促使人们的意志健康发展。

人的意志行动是在认识的基础上进行的，一个人对其行动的目的认识越深刻，意志力就越坚强。实行奖励就是对人们良好行为的积极评价。这种评价可以帮助人们对自己的行为和结果从感性认识上升到理性认识，从而强化人的意志力。另外，人的意志行动和情感也有着紧密的关系。在许多情况下，并不是有了认识和理解就能立即行动的。

6.2.4　奖励有助于强化人的角色意识

人们的身份和地位就叫作角色。能够按照角色要求规范自己的思想和行为的思想认识就叫做角色意识。一个员工在家里可能是父亲、丈夫和儿子，在工厂可能是工人、技术员和工程师。按照不同的角色要求去安排自己的行为方式，就不会发生角色错乱和冲突，只有各人都扮演好自己的角色，整个系统（一个班组、车间和工厂等）才能积极正常地运转，产生最佳的整体效益。

个体在社会化过程中，需要通过各种方式和途径提高角色意识，缩短角色差距。

1.奖励先进、树立榜样有助于人们增强角色意识

奖励是对人们良好行为或成果的积极评价。它对先进人员的宣传，实

际上是为大家树立了一个理想角色，提供了一个可供学习和效仿的榜样。表彰先进、宣传先进，使理想角色的思想和行为具体化、形象化等奖励形式，可使人们深切地感知和接受理想角色，并逐步由外部行为转化为内部意识，由感性认识上升到理性认识。

2.公正的奖励可纠正个体的自我评价误差

员工在相互学习、相互比较中，需要对自己进行正确的评价。由于意识、知识和能力等素质的影响，个体会产生自我评价误差。实行奖励可以帮助人们克服这一弊端，使个体在他人的理想角色与自己的实际角色的对比中发现差距，从而修正和调整自己的认识角色和角色行为，并以此去影响、感化别人。表彰先进、树立正气，就可以创造一个相互学习、取长补短、团结协作的群体氛围，这对形成良好的集体和企业风气大有好处。

6.2.5　奖励有助于培养良好的道德品质

企业员工应有良好的职业道德，如热爱工厂、关心工厂；热爱本职工作，尽职尽责；遵章守纪，维护秩序；实事求是，忠诚老实；尊师爱徒，新老互助；团结协作，密切配合；积极竞争，共同提高；安全第一，文明生产；争创优质，勤俭节约等。奖励在促使人们形成良好的职业道德过程中具有以下积极作用：

1.促使正确的道德认识的形成

正确的职业道德行为必须以正确的道德认识为指导。要使员工形成正确的道德认识，当然少不了进行必要的学习、宣传，使员工明确正确的道德认识所包含的一些概念、规范等。但是，仅此还是不够的，还必须在人们的社会实践中对那些正确的、良好的行为予以积极评价——奖励，用奖励促使人们的感性体验上升为理性认识，加深对职业道德重要性、正确性的认识。

2.丰富道德情感

人们的道德行为总是与道德情感相联系的。道德情感越丰富，道德行为便越积极、越有力。另外，丰富的道德情感还能促使人们加深对道德概念、规范的认识。对人们的良好行为予以奖励，能促使人们感受到社会、集体和他人对自己的肯定，从而产生自豪、自尊和愉悦的情绪体验，能够丰富人们的道德情感。

3.形成坚强的道德意志

坚强的道德意志能促使人们将道德行为坚持到底，不为一切困惑或干扰所阻止。人们的道德意志不是天生就有的，它需要后天的学习、教育、训练。奖励能对培养坚强的道德意志起催化和强化作用。人们在良好行为受到赞扬时，或在失败之后受到积极鼓励时，道德意志行为就能得到强化。因为这种奖励或鼓励后面是强大无比的集体力量，在这个力量的帮助下，人们的个人意志成了集体意志的一部分，变得更为坚强。

4.促使道德行为习惯化

职业道德要求企业员工按照一定的行为规范作长期的、习惯化的活动。良好的职业道德在一定的道德认识、道德情感、道德意志的参与和支配下，通过一定的道德行为才能表现出来。采取经常的、制度化的奖励方式，就能促使人们形成正确的道德认识，丰富道德情感，形成坚强的道德意志，并进一步将积极的动力定型，养成良好的道德行为习惯。

6.2.6　奖励有助于培养和开发创造力

调动积极性的精髓，就是开发人们的创造力。创造力大，则积极性所产生的效益大；创造力小，虽有积极性，但成果也不一定很理想。所以，实行奖励不仅要调动人们的积极性，还要培养和开发创造力。

人的创造力是在社会生活实践中逐步形成和发展起来的，而奖励是促使创造力发展的一种有效方法，其具体表现是：

（1）奖励能够营造创造性思维的环境。

（2）奖励有助于消除自卑感，增强自信心。

（3）奖励有助于培养主人翁精神，提高参与能力。

【实例2】

上海市××教育学院曾在本地区进行过一次培训并奖励学生创造性思维的试验。试验中，教师对学生在解决问题时提出的不同设想，不断地给予鼓励和肯定。这种教学方法激发了学生的学习热情。课堂上学生们情绪饱满、积极发言、思维活跃、气氛热烈。经过一年的创造性思维试验培训后，学生的学习成绩普遍有了提高。当年，在上海参加全国数学竞赛预赛的50名学生中，该区占了25名。在全国决赛中，上海有12名选手获奖，该区占了6名，其中一等奖2名（全国共3名），二等奖2名，三等奖2名。这些成绩改写了这个中学以往在全国性的知识竞赛榜上无名的历史。

6.3　奖励的内容与形式

6.3.1　西方国家组织中常用的奖赏类别

西方国家组织中常用的奖赏类别详见表6-2。从表6-2中可见，常用的奖赏类别有实物奖赏、附加福利、地位象征、社会和人际奖赏、来自任务的奖赏和自我实施的奖赏。

表6-2　　　　　　　国外常见的组织中所采用的奖赏类别

实物奖赏	附加福利	地位象征	社会和人际奖赏	来自任务的奖赏	自我实施的奖赏
工资 加薪 股票选择权 利润分享 延期补偿 红利计划 激励计划 报销花费	公司汽车 健康保险计划 年金捐赠 假期和病休 娱乐设施 儿童抚养补助 俱乐部特权 因双亲的原因而准假	靠墙角的办公室 有窗户的办公室 地毯 帘子 油画 手表 戒指 私人休息室	赞扬 发展性反馈 微笑，拍拍背，以及其他一些非言语的信号 寻求建议 邀请一起喝咖啡或共进午餐 墙上的匾额	成就感 工作的丰富性 工作自主/自我管理 执行重要的任务	自我祝贺 自我认知 自我赞扬 通过扩展知识技能来拓展自我价值

6.3.2　常用的常规性奖励内容

1.物品奖

用商品来奖励员工有很好的效果，如果能让员工自主地选择他想要的商品，那员工就会更加高兴。

商品奖励经得起时间的考验，它的价值远胜过现金，甚至旅游奖励也比不上它。每当你在家里看到一个早年得到的奖品，你马上会想到那段务力的经过，相信每一份奖励的背后，都有一段难忘的故事。

2.成果奖

每一位企业经营者都渴望他的员工能为公司尽心尽力，譬如提供好的办法为公司节省成本支出，或者卖力服务顾客来为公司创造利润，能够拥有这样的员工是企业之福，管理者当然也应费尽心力找出一种别出心裁的办法来感谢这些员工，以奖励他们超乎寻常的努力。给予员工特殊的报偿，可以刺激员工的生产积极性，以达到生产的目标。当一个人的工作成果能得到诚恳的赞许与有意义的报偿时，他们会感到满足，而因为这样的鼓励，他们也会更加努力地工作。

3.品质奖

让员工组成"品质行动小组"，为改善品质提出建议，公司同时用实质或非实质的奖励来奖赏他们，也尽快地把他们提出的好建议付诸行动。员工们绞尽脑汁来改善经营，为的就是获得奖赏时的那份快乐。

4.顾客服务奖

据估算，企业要得到一名新顾客，所付出的花费是留住一名老顾客的5倍。绝大多数的企业都一再强调要做到让顾客满意，也都持续地在表扬那些努力服务顾客的员工，以各式各样的奖励办法鼓励员工努力服务于顾客。

5.全勤奖

全勤奖是最常见也是最基本的奖励。全勤奖鼓励员工不缺席、不迟到、不早退。

美尔诺曼化妆品公司送给全勤者的奖品规则是这样的：

1年全勤：刻有你的姓名缩写的镀金手表。

2年全勤：名牌电视游乐器、名牌不锈钢锅或刀叉一套。

3年全勤：名牌小型电唱机或名牌小型电视。

4年全勤：名牌肉品和蔬菜搅碎器。

5年全勤：名牌照相机。

6年全勤：名牌收（录）音机附带双向扩音箱。

7年全勤：19寸彩色电视机。

8年全勤：微波炉。

9年全勤：特别设计的戒指一枚。

10年全勤：双人、两星期的夏威夷旅游，公司负担一切费用。

15年全勤：双人、两星期的旅游，地点由员工自选，世界上的任何地方都可以，公司负担一切费用。

美尔诺曼化妆品公司这种做法的成效显著，实行了这项奖励政策后，按时计酬的员工10%以上全勤，也就是未曾缺席或迟到或早退1分钟；8名员工已经保持了10年的全勤记录。

6.安全维护奖

安全维护奖也是最常见、最基本的奖励形式，对于工厂及运输公司尤其重要。安全维护奖主要是鼓励员工遵守安全规则，以把职业灾害减到最低。

南纽英格兰电话公司以1年为期，员工若必须驾驶公司的车辆超出12 000千米，或者他的工作时间的25%以上是在驾驶公司的车辆的话，那么1年之内不曾发生任何可避免的灾害的员工，可以获得礼券作为奖励。这种礼券可以用来向特定厂商购买商品。

生产机油的瑰克史德公司有好几种维护安全的奖励办法，都有很好的效果。每3个月一期的团体安全奖，是以货车司机、调车员、机械技师、工厂领班，以及全国20个仓库的管理人员为对象，任何一个团队只要3个月内不曾发生任何损失工时的意外灾害，该团队的每一名成员都可以领到价值10~15美元的奖品，譬如一把登山小刀或者一套咖啡杯等，奖品上面通常都刻有公司的标志。这个办法不但激起了大家对安全的注意，也使大家发挥了同事友爱。每年一期的安全驾驶奖，是纯粹针对该公司的货车司机而设，1年之内驾驶记录完美的司机们，可以各得价值40美元的夹克一件，夹克上除了有公司的标志之外，还有"安全驾驶"的字样。这种夹克是由员工设计的，公司举办夹克设计比赛，让员工自由参加，从中选出一名冠军，然后才发包定制。夹克是在一个表扬性质的早餐会上颁发的，除了得奖人之外，还有公司的同事和主管来观礼，此后得奖人的姓名会被记录在许多奖牌上，放在公司的每个转运站展览。因为激励机制得力，该公司97%的司机都达到了公司设定的安全目标。

6.3.3 特别的奖励内容：休假与旅游

1.休假是为了更好地继续"战斗"

休假，是很多公司用来奖励员工的方法之一，只要是休假，不管是一天还是半年，几乎全世界的每一个员工都热烈欢迎。

据《企业家》杂志报道，希尔顿饭店集团曾做了一项调查，1 010 名员工里，有48%的员工宁愿每星期放弃一天的工资，而多得到一天的休假。假如一星期多给他们两天的休假，而只扣他们一天的工资的话，有65%的员工愿意接受。如果以性别来区分，54%的女性愿意以减薪的方式来多获得休假，但男性则只有43%的员工同意这种方式。

用休假来奖励员工有下列3种方式：

（1）如果工作性质许可，你只要把任务、限期和要求的标准告诉员工，一旦员工在限期之前完成任务并达到标准，那么剩下来的时间就作为奖励送给他们。

（2）如果因为工作性质，员工必须一直待在现场，那么告诉他在指定的时间之内，你要他完成多少工作量。如果他在指定的时间内完成这个工作量，而且工作的品质也令你满意的话，可以视情形给他半天、一天或一个星期的休假。你也可以定一个计分的制度，如果员工在指定时间内完成指定的工作量，并且持续这种成绩，你可以给他放一小时的假。这一小时的假可以累积，累积到四小时的时候，放他半天假，累积到八小时的时候，放他一天假。

（3）如果员工在工作的品质、安全性、团队合作或其他重点上有所改进，也可以用休假来奖励他们。

迪斯尼公司鼓励员工与顾客寒暄，员工在与顾客寒暄的过程中，顺便询问顾客由什么地方来，然后员工进行问答比赛，对"一天里来迪斯尼乐园玩的顾客，最远由什么地方来"的问题答对的那名员工，可以得到5分钟的休息时间，或者领一大块巧克力零食去吃。

职业生涯规划管理公司的行销经理纪里斯说，他们公司的员工如果推荐一个人来工作，这个人被任用了，而且3个月试用期满后获得正式聘用的话，这名推荐员工便可以得到半天的休假。

西格纳工程顾问集团有个休假奖励的办法，当他们完成一项重要工程的时候，完成那天，主管会主动让参与那项工程的人放假，并且买票带他们去看球赛，请他们喝啤酒。

麦当劳的员工在工作满10年之后，可以得到3个月的假期。

幕格自动机械公司的员工如果任职满10年，就可以在原来的3周假期之外，再多得7周假期；超过10年以后，每工作满5年，可以多得7周的假期。如果员工不要假期而要以钱来代替，公司也同意。ROIM的员工每工作满6年，可以有3个月的假期。

天登电脑公司也有类似的奖励办法，员工每工作满4年，可以得到额外的6周假期。

时代华纳公司的员工，在工作满15年的时候，可以得到3~6个月的半薪假期。

2.让有突出表现的员工去旅游与考察

不管公司的规模是大是小，企业界早就知道，以旅游作为奖励，对于员工的生产力和工作表现是多么具有激发力。

公司以安排员工旅游作为奖励，其最重要的目的之一，是要提高员工对公司的好感，增加员工对公司的忠诚度。

就费用、筹划的过程和时间的耗费来说，让员工外出旅游，是一种相当高层次的奖励，调查显示，77%的美国员工认为，让得奖人带配偶或同伴去他们想去的地方旅游，是一种有意义的奖励。

旅游奖励的好处很多。例如，它对很多员工是极有吸引力的奖励；要促使员工积极努力，它是很有力的诱因；它提供一个独一无二的场合，增强团队的凝聚力；它也可能提供一个让团队学习的机会；它使得奖人在旅游归来之后，有许多"经验"可以向同仁"吹嘘"；在努力要去获奖的这段期间，它使很多人对这份奖励充满憧憬。不过，旅游奖励也有一些坏处：它比较昂贵；得奖人在接受这个奖励时，必须离开工作岗位好几天；它需要耗费某些人相当的精力，也需要相当的经验，才能得到高品质的旅游；能够得到这种奖励的人数不会太多。

达拉斯的会议企划国际公司出版部主管傅利斯基利用星期五的下午，带领并招待她的8名下属，去参观德州的州立商展。傅利斯基认为，这种活动不仅有趣，而且使员工有机会更加认识彼此，对于今后的相处很有帮助。

古柏-李布伦顾问公司选择10名高层专业人员和行政人员，让他们去纽约市游玩5天，并另外给他们财务上的奖励。

位于旧金山的美国眼科学会建议，让优秀员工到国外去考察、做研究，或者送他们私人旅游机票，以作为对他们的奖励。

天登电脑公司的做法是，让员工为同一部门的优秀同事提名，再从其总人数中选出约5%，成为得奖人。假如被提名人过多的话，得奖的人数就以50人为限，而在选拔的时候，他们也会注意到各部门人数的平衡。

他们以旅游来奖励得奖人，旅游地点的选择，有一次是夏威夷，有一次是新奥尔良的嘉年狂欢会，还有一次是加拿大考格瑞的牛仔技术竞赛会。

专为医院寄账单、收账款的"领导史耐基"公司每年到了某一季，便面临业绩特别差的情况。为了改变现状，他们设立了一个绩效方案，并与大家约定，只要大家达到了某一特定的业绩目标，公司就送全体有关人员去拉斯维加斯度假四天三夜。结果，这个业绩目标果然达到了，全体有关人员快快乐乐地去拉斯维加斯度假，回来几星期以后还对这次旅游津津乐道。

迪吉多电子企业为它的业务代表和服务部人员共4 000人在棕榈泉的帝国马球场举办盛大的"大亨"聚会，会上不但香槟四溢，而且有别出心裁的马术表演，以及比利时名马和迷你矮种马的游行。马球名家为大家解说马球赛的规则，然后有兴趣的人组队当场比赛。穿着历史上某一朝代的服装的人，开着古董轿车在赛场四周穿梭。最后，他们还在玫瑰花园举行盛大的晚宴和舞会。

以替人做休闲安排为业务的加州休闲顾问公司可以替人安排很多种独特的休闲活动。举几个例子来说，大制片家桑奴克的豪邸，被改装成好莱坞黄金时期的景观，成为一个休闲娱乐场所，当宾客到达的时候，可以看到好莱坞式的天幕，纹刻着举办活动的公司的名字，向宾客表示欢迎之意；游泳池里漂浮着鲜花和点燃的蜡烛；游泳池畔的贵宾室被改装成赌场，场外用中国宫灯装饰。这座豪奢的宅邸容得下 500 人，可以玩棒球，可以举行晚宴，可以进行没有赌金的聚赌，也可以在三人爵士乐团的伴奏下跳舞。

在棕榈泉附近有一处沙漠中的绿洲，叫做印第安峡谷，加州休闲顾问公司替人安排，在这里举办印第安西部烤肉宴会。宾客在烤肉的时候，印第安人就在那里跳印第安舞或唱印第安歌，同时附近设了一个印第安市集，有印第安人在那里纺织、制造银器或其他手工艺品，宾客可以当场购买。其他的节目还包括特技演员表演枪战，宾客则戴牛仔帽、系牛仔巾，在西部乡村乐队伴奏下，跳着简单的两步舞。如果公司哪个员工曾经梦想当足球选手的话，该公司可以安排"梦中的足球场"，帮助员工实现他的球员梦想。这个节目是在晚上举行，地点在洛杉矶足球场，他们请来一些退休的足球选手，穿着当年他们风光时代的球衣，来与这些员工进行一场足球比赛。很多公司每年选出两名累积分数最高的员工，这两名员工可各携一名同伴，到休闲度假区去度假一星期。

惠普公司在好几处风景优美的地方都拥有自己公司的休闲度假区，如加州圣塔克鲁斯有一处，科罗拉多州有三处，宾州有一处，马来西亚某海滩有一处，苏格兰某著名湖泊有一处，德国某高山也有一处。惠普在世界各地的员工们，都有权利到这些休闲度假区，在特定的时间之内，只付低廉的价格就可以去住上几天。当然，要住的人都必须事先预订。

庄臣公司在全美各地有 9 处休闲度假区提供给员工做家庭度假之用，比较著名的是威斯康星的灯塔度假区，以及鳕鱼角、太浩湖度假区等

3处。

6.4 正强化——有效奖励的实施方法

6.4.1 表扬与鼓励：廉价而又有效的激励

"表扬"与"奖励"的区别在于：公开的肯定就叫作"表扬"，给予报酬就叫作"奖励"。至于什么时候应该表扬，什么时候应该奖励，员工绩效管理专家丹尼尔说："我们要表扬他的做法，奖励他的成果。"

这是极为中肯的看法。奖励性质的东西本来和一般的商品没什么不同，但是由于表扬性质的东西上面，往往刻了受奖者的名字、公司的名称以及受奖的理由，使受奖者一看见这个东西，立刻会想起自己的成就或当时的情景，因此比一般商品更具有鼓励的意义。

当管理者希望激励手下员工提高工作效率时，他需要做的事很简单，且只有一件：赞扬他。因为，赞扬是达到这一目的最行之有效的办法。人人都有得到别人承认、信任、重视和赏识的渴望，不管他是谁，无一例外。对此，威廉·詹姆士曾精辟地总结道："人性的第一原则就是渴望得到赞赏。"马克·吐温则给予更直白的表述："我已被多次恭维，令我惭愧，但我还常常感到他们恭维得不够。"显然，追求显贵和受人重视、被人赞扬的愿望，已成为人们内心最强有力的动力。

任何管理者，面对特别卖力地工作的下属时，千万不要吝啬你的赞扬，而且管理者似乎也难以找出合适的借口不去做这件惠而不费的事。

1.不仅仅是为了薪水而工作

赞扬的成本不见得高，可其影响常常是出乎意料的深远。英特尔的创造人之一——诺斯博士说的好："绩优的干部渴望得到上级的评估、赞美和表扬。如果管理阶层不这么做，这些干部就无法看到自己对企业的贡献，从而造成士气的低落。"足见，今天更多的人不仅仅是为了获得薪水而工作，他们更希望得到企业的重视。而对他们最有价值、最有力的赞美就是经常对他们说："我为你感到骄傲。"

任何人都不喜欢处于被动地位，赞扬为何有如此奇效？因为，赞扬一个人意味着尊敬。重视称赞，可最大限度地鼓舞人的士气和精神，提高他的被重视感和工作热情，释放一个人身上潜在的能量。有实验结果表明，当管理者公开赞扬下属时，他们的工作效率能提高90%；私下赞扬虽不及公开赞扬效果好，但工作效率仍有75%的提高。

尽管如此，现今仍有很多管理者不甚了解如此显而易见的事。他们认为使用赞扬会使人们自高自大，认为过多的称赞会使下属变得随便和普通，就像把宝石用成了沙子。所以，他们吝啬他们的赞扬，宁愿使用命令和督促的口气催人办事、鞭策别人，认为这不但很有效果，且可以产生一种威严感。其实，这可就大错特错了。任何人都不喜欢处于被动地位，更不会喜欢和欣赏那个经常下命令的人。

反之，管理者若使用赞扬，特别是正面赞扬某人在某些方面比别人更出色或更能发挥作用时，他一定会乐不可支，充满信心，更加主动地做好事情。例如，当你夸赞了你秘书的打字技术和才能后，就会发现文件中打错的地方会更少，信件发得也会更快。

2.值得赞扬的"闪光点"

有些管理者深感赞扬一个人很困难。他们皆抱怨没有在下属身上发现值得赞扬的"闪光点"，无从"下口"。这很难让人赞同。其实，每位员工都是一块闪亮的金子，只要管理者愿意睁大双眼，愿意除去不愿俯视的"遮眼布"，就能很容易地在每个人身上找到值得赞扬的地方。对此，密苏里·路易斯大街的时髦发廊经理卡拉埃文斯以自身举例说："例如，你可以说，你为那难侍候的顾客作了解释，真是好极了；珍·爱丽丝，你昨天留下来整理这些信件，谢谢你……"

瞧，赞扬是多么容易的事情。一切取决于你是否愿意去发现，如果你想赞扬一个人，就总能观察到他值得称赞的地方。

有人说，赞扬本身是一门艺术。赞扬时并非一定要予以壮志凌云般的鼓励，也可以对一些小事进行真诚的赞扬。实践证明，最有效的赞扬方式是面对面私下进行的，而且最好在受称赞者未曾预料的情况下进行。另一种同样有效的方式，则是在一次众人皆关注的领奖仪式上进行。但是，赞扬有一大忌，那就是切勿掉进"奉承"这一既假又无价值的陷阱里。简言之，奉承就是撒谎。管理者为一件很小的事诚恳地赞扬一个人，比挑一件很大的事对其撒谎要有效得多。

《人力资源日报》曾对订阅者做了调查，将近66%的订阅者在奖励员工时，会用到奖章和奖状，15%的订阅者给奖金，2%的给储蓄公债，50%以上的给珠宝，41%的送手表。

以企业团体为单位来划分的话，送商品但不限商品种类的，占受访单位总数的41%，其中，送戒指外加一次旅游，是奖励业绩最流行的做法。除此之外，11%的受访者用旅游奖励业绩突出者，17%的受访者说他们不确定用什么方法奖励，12%的受访者想要用奖杯来奖励，2%的受访者愿意在受奖者胸前别上缎带以资鼓励。

阳光海岸管理学会是佛罗里达州的一家管理顾问公司，该公司的执行长官西姆斯建议，当员工长期地为一个专案而尽力之后，上司应该写一封信给员工的家属，赞扬员工的努力、感谢家属的支持，并说明这个专案对公司的重要性。

当有些员工的行为很值得推崇，上级希望他能继续这样做时，"全方位训练科技"顾问公司的董事艾考，会写正式的表扬信来表扬这些行为，并且将信的副本归入员工的人事档案，还另送一份副本给公司的总裁。如果员工获得某一年度的"最佳业务代表"或"新人奖"之类的奖励，艾考就会让得奖人把这些荣耀印在名片上。此外，她还会选当时最新款的手机，让优秀员工享用一个月。每个月，手机都由一名优秀员工传给另一名优秀员工使用。

6.4.2 用物质奖励激励员工的方式：一些准则

1.按照组织的价值观和目标，决定什么行为该得到奖励

如果组织的价值观和目标比仅仅写在书面上更加有价值，这是因为你想要激励员工按照符合组织价值观和目标的方法去做，并且贡献于组织的价值观和目标。

2.明确细化奖励标准

如果你想用一种奖励来激励员工按照某种方式工作，那么你就应该已经十分清楚什么样的绩效会获得奖励。如果员工理解了这个标准，那么按照这种方式来工作，得到相应的奖励就在他们的意料之中。这样是有激励作用的。但如果标准是空洞的或者仅用诸如"提高的""专门的"或者"超出预期的"等词汇来定义，那些希望得到奖励而没有得到的员工就会感到困惑，甚至很有可能会感到厌恶，就没有人会继续努力工作了。

3.让你的员工参与设计奖励体系

让员工参与制定奖励系统，就会相应给予他们机会和责任建立自己的奖励标准，这样他们就会：

●知道如何做来获得一种奖励。

●知道奖励意味着什么。如果有形奖励只是一个圆底杯或者只有一张纸的重量，那么它也仍然是有价值的，因为员工知道它们代表了什么。

●即使别人获得了一种奖励，也会尊重他们，而不是怀疑他们是靠阿谀奉承获得的。

●把标准放宽，这样每个人所做的工作都有机会被组织所了解。

当你邀请员工参与设计你的工作单位的奖励系统时，你的责任就是设定参数，如：奖励系统应该支持的组织的价值和目标，你自己针对奖励系统或预算所制定的目标，还包括一些硬性指标（如果有的话）——必需的或不允许的标准。

4.对任何满足标准的员工都应给予相应奖励

如果你想要激励所有的员工发挥他们最大的潜力，就不要用竞争的方式。把奖励系统建立在个人化标准基础上，要对每个达到这个标准的员工都进行奖励。

从长期来看，对大多数员工而言，标准化奖励比竞争性奖励更有激励性，因为没有什么失败者。一个竞赛中只能产生一个冠军（也可能是两个或三个优胜者），但还会有很多失败者，他们虽然工作很勤奋却什么也没有得到，甚至当奖励标准化时，一些人仍然无法达到这些标准，也无法获得奖励。但他们会知道这是由他们的错误所造成的，而不是因为其他人把奖杯拿走了。他们也会知道下一次他们该如何做才能与这次有所不同，从而才能增加他们获得成功的机会。

5.确信奖励相对于所付出的努力是值得的

假如管理者没有大额的激励预算，那么对员工的奖励（除了加薪和组织许可的津贴之外）大致可以分为三类：

- 小额的现金或其他如礼物、戏票等奖励性的等价物。
- 圆底杯或装裱画等象征性的小礼物。
- 对员工的成就进行公开表彰的仪式。

第一类奖励是很好的，但用来激发重大的、长期的绩效的提高很可能不够。第二类也是这样。事实上，如果你大量使用这种奖励方式，很可能会招致员工中愤世嫉俗者的嘲笑。第三类是比较重大的，也有持续性，但你不能天天做这件事，否则它将会因变得平常而失去影响力。

除了带来快乐，所付出的努力相对于所得到的奖励是值得的，是因为奖励标志着组织、上级和同事对于获奖者的工作的欣赏和尊敬。为了让奖励能够起到激励作用，奖励和所付出的努力之间的联系应该明显，并通过不断肯定个人对于组织的价值来得到加强。

为了达到这样的效果，把有形的、象征意义的奖励和一个认可仪式（很可能会有高层领导参加）联系起来是一个好主意。把获得奖励的员工的工作丰富化，如令其更加有趣和富有挑战性，这会让奖励更有价值。

6.不仅奖励成果，也要奖励员工的行为

如果你是一个经理人，可能有一些好机会，如用一种奖励、一次庆祝会或其他口头的表扬等奖励某个员工。这种奖励的目的是什么？是为了得到一个期望的结果：处理 X 数量的案例，建造 Y 数量的小部件，回复 Z 数量的电话等。大多数奖励的目的在于结果，这一点毋庸置疑，毕竟组织因为员工贡献出的成果而获得发展。

但同样重要的是，认可和奖励员工优秀的行为。一些高业绩的公司的遭遇肯定了这样一个事实：结果并不都是那么重要，行为也很重要，典范式的行为也应当被奖励，不要只是等待有了正面结果才给予员工奖励。实际上，假如你同样奖励了员工的积极行为，你可以发现从来不曾发生的正面的变化。如果你想对员工的出色行为及时进行奖励，你可以这样做：

- 当距项目完成还有很长时间时，要对这样一个期限很长的项目保持热情。

- 如果项目因为外部情况变化而超出员工的控制范围被取消或失败，也要对员工所付出的努力表示认可。

- 对于曾经表现不佳的员工微小的行为变化进行奖励，久而久之，这些小变化最终会带来一个值得庆祝的成果。

7.经常说"谢谢你"

如果有一种奖励总是可以给予每一位应该得到奖励的员工，那就是一句简单而真诚的"谢谢你"。它是无需花费的，也是不用限制的，它对于员工、同事甚至老板都是很适当的奖励。

为了让"谢谢"变得真正有效，说"谢谢"必须具体而有描述性。

如果你在出门的路上说一声"谢谢你，伙计，干得不错"，可能并不会有多大意义。实际上，这样倒有可能让员工感到困惑，你是否真正知道他们做了些什么。最好的感谢应包括以下信息：

- 确切描述员工做了什么你欣赏的工作。

- 告诉他们为什么这是很重要的。

这里有一个例子："谢谢你克服了障碍。你的努力超出了你的职责范围，但是由于你的行为，我们预计能够完成我们的季度目标了，更好的是，你使我们上百个客户感到高兴。"

说一句"谢谢你"还有一个很少提到的辅助作用——它让双方都感觉很好。一声真诚的"谢谢"，会使感谢者和被感谢者都感到情绪高涨，而这种情绪是有传染性的，你说得越多，其他人就越经常这样说，每一个人都会得到激励。

6.4.3 有效奖励实施时应注意的问题

1.创造有效奖励的心理气氛

奖励先进要特别注意环境的心理气氛。在一种平淡气氛中奖励一个人，这种奖励对此人和其他人只能起"保健因素"的作用。如果能创造受奖光荣的强有力的心理氛围，那么在这种氛围下，奖励对被奖励者与其他人都有极为强烈的激励作用。

2.奖励对象要有真正的先进性

奖励先进是为人们树立一个学习的榜样和追赶的目标，就是激发人们的进取意识，使人产生向先进人物学习的积极、良好的心理倾向性。为此，奖励对象要有真正的先进性，切忌弄虚作假。

3.奖励要注意时效性

行为修正理论强调"即时反馈"，就是要让人们及时知道自己行为活动的结果，只有这样才能给人以鼓励和信心，鞭策人们继续努力。相对而言，"延时反馈"，也就是相隔相当长的时间之后，再让人们知道行为的结果，这时的激励力量就会相应减弱，而且缺乏活力。因此，管理者应强调奖励的实效性，赏罚都得及时。

4.奖励的内容应该多样化

奖励内容与形式要真正符合人们的需求，并富有时代性、多样性，这样才能使更多的人受到真正的激励。

20世纪50年代，奖励的物质内容为毛巾、茶杯等。目前这些东西的激励作用已减弱了，人们需要住宅、奖金和旅游等更有价值的奖品。当然，奖励的作用并不是只与奖励物的价值有关，最能满足需要的奖励才能产生最大的激励力量。

图6-2为教师对不同奖励方式的选择，调查结果充分表明：当前高校教师最重视的奖励方式就是提高工资与提高职称，其次才是奖金和荣誉。当工作有了成绩时，高校教师都选择获得提高工资和提高职称这两项。从工资和奖金两者的比较中可以看出，教师更看重的是工资，而非奖金。教师对职称这一象征荣誉和地位的东西也看得较重，而对于实物奖则缺乏

兴趣。

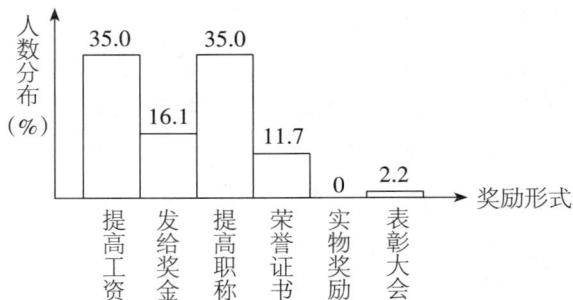

图6-2　教师对不同奖励方式的选择

由此可见，我国高教系统的教师对于物质激励与精神激励都很重视。为此，用职称与工资激励高校教师会产生最大的激励力量。

5.要制订一项长期的奖励计划

有些企业上半年工人干活很松散，快到年底时，领导发现这样下去会完不成任务，就让工人加班加点，然后发奖金。这样，虽然当年的生产任务完成了，但没有彻底解决问题，新年一过，工人干活仍然松松垮垮。这种奖励实际上是没有多少效果的。奖励不应该是一项应急措施，而是促进组织目标实现的长远计划。

给个人或部门的奖励最好是一种长期奖励，如给个人的奖金可以是利润率的线性函数。这种奖励最大的好处是避免了短期行为，使当事人自觉地为集体奋斗。这也符合社会主义的分配原则，即个人利益和集体利益紧密地结合在一起。每一位工人的收入的主要部分依赖于企业的繁荣程度。

领导在制订长期的奖励计划时要注意以下要点：①选择所期望的目标；②确定所需的行为；③确定适当的奖励；④发挥正反馈的作用；⑤实施奖励，享受成功的快乐，确定新的目标。

6.奖励的标准要更新

在新时期，人们对奖励对象也有了新的标准和要求。

传统的奖励对象多为为发展生产努力拼搏的标兵，助人为乐、公而忘私的好员工，攻关解难、建功立业的科技人员，尊老爱幼的好女婿、好媳妇。这些典型人物的成果是看得见、摸得着的，就在大家的身边，而且内容实在，对广大员工的行为起着良好的导向作用。但是，进入21世纪，人们的观念开始转变了，他们认为：

（1）要奖励冒险者而不是奖励躲避风险者

企业如果没有一点风险意识，才会遇到真正的风险。要使企业进一步发展，对企业决策有影响力的人一定要有风险意识。不过，有一点应该明确，要奖励机智的冒险，反对愚蠢的投机。

（2）既要奖励成功者，又要鼓励受挫者

决定成功的因素有许多，有些是主观因素，有些是客观因素，对于那些不是由主观因素而造成经营受挫的人，也要酌情给予适当的奖勉。

（3）要奖励实用的创造者而不是奖励盲从者

没有创造就没有进步，创造是一种复杂的脑力和体力劳动，创造的成功率是比较低的，创造活动是一项意志力很强的活动，同时又是非常需要给予物质和精神支持的活动。因此，对像新产品的研制和新市场的开拓这类工作，预先在物质和精神上进行鼓励是非常重要的。

（4）奖励决定性的行为

任何一个组织的行为都要取得结果，决定要做什么就马上去做。当做事的人少而出主意的人多时，"做"是决定性行为，应该奖励，但不应该奖励主意天天变而又无所事事的人。

（5）奖励出色的工作而不是奖励忙忙碌碌的行为

有些员工思路清晰、办事效率高、有张有弛；有些人虽整天忙忙碌碌，但工作成效差，经常完不成任务。传统方式一般往往批评前者而不责备后者。从现代意识来看，应对高效率的工作给予奖励。

我们认为，传统奖励的标准应该继承与发扬光大，但是在新形势下固守原有标准而不能权变，也不会获得最佳的奖励效果。在新时代，我们应该树立权变的奖励标准观。

6.5　负强化——有效惩罚的实施方法

6.5.1　惩罚的负效应

惩罚作为一种负强化，也有积极的激励作用，只是所用方式与手段与奖励有所不同而已。

惩罚相对奖励而言，方式、方法更难掌握，如果惩罚措施不当就会引起人们心理上的不满和情绪上的消极反应，以及行为上的对抗。

惩罚的负效应表现为惩罚可以让不想要的行为不再发生，但是潜在的负面效应却是很严重的（如图6-3所示）。

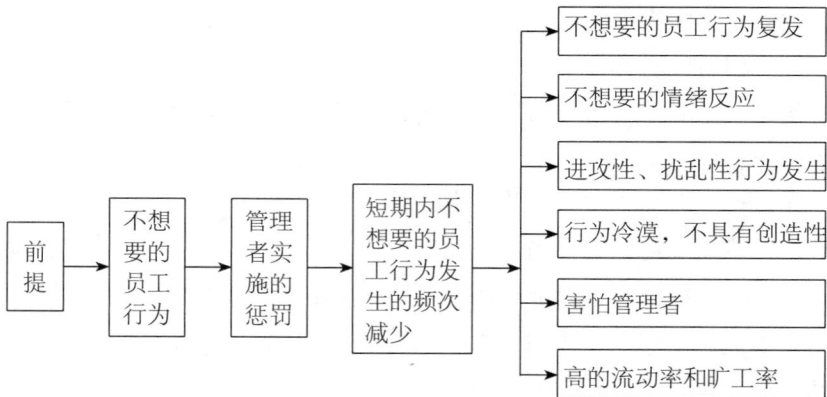

图6-3　惩罚的潜在负效应

由图6-3可见，惩罚可以导致一些不想要的情绪反应。因为多休息一会儿而遭到责备的员工可能对管理者和组织产生愤怒的反应，这些反应可以导致有损组织的行为发生。例如，怠工就是典型的以惩罚为中心的管理体制的结果。

惩罚通常只能在短期内压制不想要的行为，而不能消除它。这样，要想长期压制不想要的行为就要进行持续的、也许只能是逐步加重的惩罚。

另一个问题是，对不想要的行为的控制也要看管理者是否在场，当管理者不在场，员工的不想要的行为可能就会复发。

另外，被惩罚的个体可以设法回避或逃避这种情境。从组织的观点来看，如果员工是在回避一项特别的、必要的任务时，这种反应可能就是不可接受的。高旷工率是一种回避反应，当经常使用惩罚时，它就可能发生。辞职是员工最后的一种逃避形式，依靠惩罚的组织就有可能出现员工的高流动率。一定的流动率是需要的，但是过度的流动率是对组织有害的。招聘、培训代价高昂，有能力、高技能的员工更可能因受到挫折而离开公司。

6.5.2 惩罚的实施方式

当前，许多企业对违纪员工采取了一些经济制裁措施。这对强化劳动者的劳动纪律意识有积极的意义，对提高生产效率也起到了一定作用。但是，在采用惩罚手段时必须特别注意以下几点：

1.惩罚与批评的形式要多样化

人们对于惩罚和批评有着本能的对抗心理，为此，针对不同人的情况，可采用不同的批评方式。

（1）直接批评：对能够听取意见者，直截了当提出批评。

（2）间接批评：通过对某事的批评，旁敲侧击地间接批评某事、某人。

（3）暗示批评：不直接点穿，而实际上暗示为某人所为，这种批评方式可以让人们意会得到。

（4）对比批评：通过表扬好的，实际上就是批评坏的。

（5）强制批评：对于明显有害的事与人，要强制批评，责其立即改正错误。

（6）商讨批评：用对话方式，商量式地指出问题，使对方心悦诚服。

（7）分段批评：若被批评对象不轻易接受别人意见，就要有耐心地逐步提出问题，等对方态度有所转变时，再加重批评的分量。

2.惩罚时同样要做到严中有情理

众所周知，多用、滥用经济制裁的惩罚方式会加重人们的抵触情绪。奖惩都不是目的，而是调动群众积极性的手段，故在采取惩罚手段时，既要坚持原则，又要做到严中有情、有理，使人们口服心服，知过改正。另外，领导者在使用惩罚手段时必须持有善意，学会以理服人；处理时要适当，即轻重适宜；对所有被罚者要一视同仁，不能厚此薄彼；要强调冷静对待，以冷处理方式为宜。

3.正确对待员工的"错误"

"因为人不是神，所以在漫长的一生中，必然会犯错误。"松下幸之助如是说。

工作中同样如此。谁也不敢保证自己不犯错误，包括高高在上的管理者和踏踏实实的员工们都可能说错话、做错事。

既然错误不可避免，管理者该如何对待员工的错误，才能不让其形成精神上的困扰，影响和打击员工的积极性呢？其保证权绝对握在管理者手中。"要知道，这全是你的错。都是你的胡思乱想，而没有支持他上次的行动。难怪他在你的新计划上不予合作。"如果管理者认为员工确实应受到责备，用这种责难的方式告诉他们相信也是毫无意义的，还会使他们产生抵触情绪，他们也许会说"我觉得很好"，这于工作又有何益？

4.掌握对待员工错误的艺术

事实上，正确对待员工的错误是一门艺术。

对管理者来说，员工如果犯了无碍大局的错误，不要一味责怪，不然的话，会搞得人人自危，工作积极性下降，从根本上动摇企业的根基。的确，让员工认错当然不如被赞扬来得愉快，尽管如此，绝大多数时候，管理者还是要把员工的错误指出来，虽然这让员工有点沮丧，但也是有必要的，只是最好要在气氛和谐的情况下，且管理者的方式不是那么强硬而是委婉地说出来。

试想，如果管理者在为一员工指正错误时，取笑他、轻视他、奚落他或者嘲弄他——尤其是当着众人的面——管理者就为自己树了一个敌人，员工是绝不会原谅他的，因为管理者在打击员工积极性、挫伤员工傲气的同时，还彻底地践踏了员工的尊严，此外，还掠夺了他满足基本需求的机会。由于奚落取代了表扬，管理者已毁灭了员工努力得到赏识的可能性，损害了他在同仁面前的形象，妨碍了他得到集体的认可和信任，摧毁了他取得有价值成就的愿望，赶走了他精神上的安全感……可见，管理者在指正错误时的奚落和取笑给了员工多少伤害！如此，员工看不起管理者、抵触管理者，能怪员工吗？

既加油，也泼冷水，尊重员工的自尊，从正反两方面鼓励他们，让他们觉得自己的重要性，并在他们表现良好时给予奖励，这些都是很重要的，而表扬最好是公开的、直接的。

应该注意的是，你虽然不吝于夸奖下级，却绝不能让他们陶醉在荣誉里；也绝不能让他们觉得只要这一次表现得很好，就可以不必在乎以后的工作成绩。有时候你可以指出下级的一些小缺点，泼点冷水，要求他们达到更高的水平，借此鼓励他们更上一层楼。

主要概念

强化理论　有效奖励　有效惩罚

思考题

1.概述奖励的激励功能。

2.作为现代社会的员工，你认为哪些奖励内容比较能激励员工？

3.解释惩罚有哪些潜在的负效应。

中国特色的三种激励
理论与应用　　第7章

学习目的

● 正确认识物质与精神同步激励论是促使中国社会发展的最基本的激励理论

● 理解公平差别阈理论是从理论上阐明了社会不公正分配的原因，并提出了相应的纠正措施

● 正确区分激励与去激励连续带模式中三因素的相互联系与相互影响

笔者长期从事激励理论与应用的研究，在国家自然科学基金、国家社会科学基金、上海市哲学社会科学基金的支持下获得了丰硕的成果。其中最重要的是，构建了中国激励理论的框架，提出了"物质与精神同步激励论""公平差别阈理论""三因素（激励、保健、去激励）理论"以及"组织激励状态诊断"等系列理论与方法。这些理论在西方杂志上发表后被称为"中国员工的工作动机激发理论"。本章对此专门予以介绍。

7.1　物质与精神同步激励论

7.1.1　激励理论的选择

在社会主义现阶段，我国选择什么激励理论进行人力资源管理，这是一个现实而又迫切的问题。

每一种激励理论的产生都受当时的生产力水平、社会政治制度、民族

的文化背景和人民的文化素质等因素的影响。理论模式作为观念形态的一部分，自始至终都是一定历史时期经济基础、政治制度和民族文化的反映与产物。但是，正确的理论模式一旦产生，就会变成推动经济发展、稳固政治制度、繁荣民族文化的强大力量与动力。西方的古典管理理论、人群关系学派理论、当代管理学派理论都是顺应历史潮流的产物，实践证明，这些理论模式已经、正在并仍将对西方社会的发展发挥推动作用。

在引进西方激励理论时，人们必然会问：在现阶段，我们主要应该采用泰勒倡导的科学管理理论与方法来激励员工，还是采用人群关系学派的理论与方法激励员工？还有，我们在管理中主要应采用X理论，还是应采用Y理论？在社会主义初级阶段应用哪一种激励模式更有效？这就是本章我们所要探讨的问题。我们集多年的工作实践、社会调查、量表试验和理论探索的成果积累，提出了同步激励论的理论模式，供大家研究与分析。

7.1.2 物质激励与精神激励

科学管理是由"科学管理之父"弗雷德里克·温斯洛·泰勒（F.W. Taylor）提出的一整套管理工人的最有效的方法。采用这种方法可以使劳动效率获得大幅度的提高。这些方法包括通过操作合理化研究制定工时定额与计件工资制度，同时要求科学地挑选和培养工人，并将经过科学挑选和训练的工人与科学的劳动过程相结合，以实现人与岗位的合理匹配。实现科学管理的结果是极大地提高工作效率。这种管理以物质刺激作为手段，因此称为物质激励。

以人为中心的管理思想认为，在人、财、物诸生产要素中，人是最重要的因素，因而要发挥人的主动精神，挖掘人的潜在能力。为了更好地发挥人的主动性和积极性，企事业单位不仅要建立为完成生产任务所必需的管理制度，同时还要建立以人为中心的、合乎情理的管理制度。这种管理强调人的精神作用，故又称为精神激励。

在现阶段，由于我国的物质生产力水平较低，许多企事业单位尚缺乏必要、健全的规章制度，人员素质较低，而且缺少高质量的培训，实行科学管理是完全必要的。实行科学管理要将个人的物质利益与劳动生产率的提高紧密地联系在一起。但由于历史、社会的原因，科学管理的过程中也会遇到各种矛盾与问题，而许多矛盾和问题单靠物质激励是不能得到解决的。

所以，单纯搞以金钱刺激为主导的物质激励，不一定就能促进生产、提高劳动效率。将科学管理与以人为中心的管理结合起来，才是我国管理思想发展的主要趋势。

7.1.3　同步激励论的理论表述

同步激励论（synchronization motivation theory）可简称为S理论。我们认为，它是我国社会主义初级阶段的主要激励理论与模式。

同步激励理论指出，鉴于我国社会主义初级阶段的特定历史条件、政治方向、经济基础和文化传统的制约，只有将物质激励与精神激励，以及根据人的自然需要与社会需要而采取的激励措施，有机、综合、同步地实施时，才能取得最大的激励效果。用关系式表示即为：

激励力量=$\sum$f（物质激励·精神激励）

这一关系式表示：只有物质激励与精神激励都处于高值时才有最大的激励力量，两个维度中只要有一个维度处于低值时，都不能获得最佳、最大的激励力量。

同步激励论否定了单纯使用一种管理理论或方法（X理论或Y理论，精神或物质的激励措施）的观点，也否定了简单地交替使用X理论或Y理论的做法，认为在我国社会主义初级阶段这两种做法都是片面的、不切实际的。

同步激励论强调，在社会主义初级阶段，物质激励与精神激励，人的自然与社会需要是统一的，互为前提与条件，不能对立和孤立地应用，应该统一、综合和同步运用。

同步激励论是在总结经验规律、实验论证、理论概括基础上得出的宏观激励理论，这是社会主义初级阶段的主要激励模式。同步激励论与各种微观的激励理论与模式是相互补充的，不存在矛盾与冲突。除了宏观的同步激励论外，我们还应当探寻各种具体的激励理论与激励模式，诸如如何提高物质与精神激励中单项激励措施的激励效果，以及种种有效激励的模式与理论。同步激励论也不是一个机械的受时间制约的概念，物质与精神激励在总体上是同步的，但这并不妨害两者的分阶段进行。

7.1.4 建立物质与精神同步激励论的实证依据（一）

作者曾做过X理论和Y理论选择的实证研究，在试验中进行了"管理理论X和Y的选择"的测试（见表7-1）。测试量表由36个问题组成，其中属于X理论的24个，属于Y理论的12个（计算时将所得分乘以2），调查的对象在500人以上，分别为局、厂、车间领导及工人；文化程度分大专以上、高中、初中、小学；工种性质按自动化程度分为高、中、低；地区包括上海市区，金山、高桥等郊区。为使获得的结果尽可能地具有客观性、代表性和可比性，采用了抽样调查的方法。实验结果采用统计检验方法，以确定差异显著性程度。

表7-1　　　　　　　　不同职务者对X理论或Y理论的选择

	局级领导	厂级领导	车间（科室）领导	员工	总计
调查人数	13	18	25	207	263
X理论倾向人数（%）	42.19	43.01	44.14	45.25	44.84
Y理论倾向人数（%）	57.81	56.99	56.86	54.75	55.16

从结果显示来看，不管是职位不同的领导，还是普通员工，对X理论和Y理论的选择或接受程度上的差异并不明显。这说明，尽管Y理论代表着一种发展趋势，为大多数人所拥护，但并不能得出在我国对大多数人来说X理论已不再适用，或者说其适用价值已很小了的结论。

员工对X理论和Y理论的具体内容的不同方面有着同等的需要，因而这两种理论在具体应用时，本身就是互为条件、互相补充的，而绝不存在根本的矛盾。例如，从某种意义上讲，X理论是Y理论得以实施的必不可少的条件，因为Y理论的实施就需要各种科学的制度来保证。很难设想，在员工思想涣散、纪律松散、技术落后和生产与安全制度不落实的情况下，仅靠感情投资、耐心说服，就能使员工自觉努力地工作，从而保证组织目标的实现。

与此同时，Y理论又是X理论的前提与补充。在具体的管理活动中，我们必须在尊重员工、满足员工合理要求的基础上制定各种规章制度，在对员工进行物质奖励的同时，在各种控制、监督和奖励等行政手段的实施过程中，同样要有思想工作的配合。

7.1.5　建立物质与精神同步激励论的实证依据（二）

1.员工物质与精神需求调查

20世纪80年代，作者曾做过一项"员工需要自我评价"的调查，结果表明，不同的人对物质与精神需求的侧重点不同，但总体需求是同步的，单纯搞一种激励（物质或精神）是片面的。试验中进行了"员工需要自我评价"的调查。这一调查是在8家全民企业的804人中进行的，调查对象的职务分类包括厂级领导、中层干部及员工，年龄在18～59岁之间。实验结果见表7-2。

表7-2　　　　　　　　　　**不同单位员工需要的等级排列**

等级 单位	一	二	三	四	五
××金笔厂	金钱需要	安全需要	自我实现需要	爱的需要	尊重需要
××仪器厂	金钱需要	尊重需要	爱的需要	安全需要	自我实现需要
××部803所	自我实现需要	金钱需要	爱的需要	尊重需要	安全需要
第×人民医院	自我实现需要	爱的需要	尊重需要	金钱需要	安全需要

2.员工的物质与精神需求调查

早在2000年，作者的学生马胜祥博士进行了现代商业银行员工5种需求层次特点的实证调查。调查采用问卷方式，让被调查者填写"商业银行员工需要调查表"。

问卷内容参照作者的"外资企业员工需要调查表"，结合商业银行的实际情况调整。问卷共由18个问题组成，每个问题包含5个项目，分别代

表5种需要，要求被调查者根据自身情况进行等级排列。调查中的被调查者均为商业银行员工，男、女人数均等；学历分为两个层次：大专以下（含大专）和本科以上（含本科）；年龄分为4个阶段：30岁（含30岁）以下，31～35岁（含35岁），36～45岁（含45岁），46岁及以上；职务分为两个层次：一般人员和管理人员。本次调查共发放问卷140份，收回有效问卷118份。调查结果如图7-1所示。

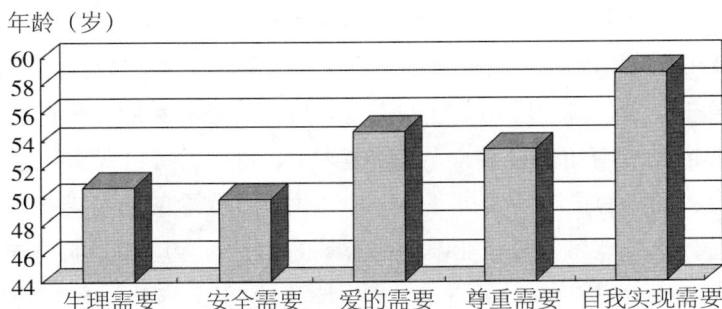

图7-1 商业银行员工需要的等级排列

此外，员工的职务、年龄、学历对需要层次的影响详见表7-3、表7-4和表7-5。

表7-3 　　　　　　　　　　**不同职务级别员工的需要等级排列**

项目 人员结构	一	二	三	四	五
员工	自我实现需要	爱的需要	尊重需要	生理需要	安全需要
管理人员	自我实现需要	尊重需要	爱的需要	安全需要	生理需要

表7-4 　　　　　　　　　　**不同年龄层次员工的需要等级排列**

项目 年龄	一	二	三	四	五
30岁以下	自我实现需要	爱的需要	安全需要	生理需要	尊重需要
31—35岁	自我实现需要	爱的需要	尊重需要	安全需要	生理需要
36—45岁	自我实现需要	尊重需要	爱的需要	生理需要	安全需要
46岁以上	尊重需要	爱的需要	生理需要	安全需要	自我实现需要

表7-5　　　　　　　　　　不同学历层次职工的需要等级排列

项目 学历	一	二	三	四	五
本科以上	自我实现需要	爱的需要	尊重需要	安全需要	生理需要
大专以下	尊重需要	爱的需要	安全需要	自我实现需要	生理需要

　　由表7-3可见，管理人员与员工的需要等级排列仍有一定的区别。而由表7-4可以看出，商业银行员工中46岁以下的员工对自我实现的需要是排在第一位的，对生理和安全的需要则排在第三和第四位，排在第二位的是爱的需要和尊重的需要。只有46岁以上的员工将自我实现的需要排在第五位，而将尊重的需要排在第一位，生理和安全的需要排在自我实现需要之前，这一点与一般企业中随着年龄的增长对生理和爱的需要逐渐上升相类似。而由表7-5则可看出，学历越高的员工自我实现的需要越强烈，表现在本科以上学历的员工的第一需要为自我实现，爱的需要排在第二位；低学历层次的员工则将尊重的需要排在第一位，而将自我实现的需要排在第四位。一般的工业企业员工在文化教育、学历层次方面的需要与商业银行员工的需求没有明显差异。

　　综上可见，商业银行员工的生活水平和家庭收入基本上已经达到了小康水平，正在向富裕水平过渡。与此相对应，追求自我、超越自我，成为新一代商业银行员工的首位需求。

　　从上述的两项实证研究中可以看到，在我国人们要提高生活水平、要富起来，这就产生了金钱需要。通过正当的劳动获得金钱，提高生活水平，这是正当的激励动机。为此，即使有最高自我实现动机的人，同样有追求金钱的一面，这应该说是符合我国国情的，如科技与教师人才队伍，一方面追求自我实现，但又不能在贫困的生活条件下实现自我价值；普通员工、低文化层次者讲究实惠，有追求金钱的一面，但同样他们也需要自我实现，需要爱与尊重方面的激励。

　　马斯洛设想的需要与层次，在我国现阶段都是存在的，但内容与标准应该中国化。作为激励措施而言，我们既要满足人们的物质需要，也要满足人们的精神需要，尽管对不同的人可以有不同的侧重点，但总体上来说仍然需要将物质与精神需要、自然与社会需要的激励措施同步实施。如果只搞物质激励而忽视精神激励，或只搞精神激励而忽视物质激励，都有失偏颇。这样的话，不但不能取得真正的激励效果，反而会走上歧途。

7.2 公平差别阈的理论、模式与应用

7.2.1 我国分配领域的现状

提高人民群众的积极性，要采取精神激励与物质激励相结合，两者同步实施的方法，才会取得最佳效果。由于我国生产力水平还较低，人们的生活水平还不高，因而"经济诱因"在相当长的时期内仍然是一种重要的激励力量。人们关心分配，希望自己的贡献（能力、工作量和责任等）能取得相应的报酬，这是维持人的积极性的重要力量。只有合理的分配行为才能起激励作用，反之，不合理的分配行为只会起到去激励作用。

在分配领域的改革中，两种倾向长期困扰着我们：一种就是平均主义的"大锅饭"分配方式，另一种则是差别悬殊的社会不公正分配方式。

1.平均主义分配方式的去激励效应

平均主义、大锅饭的分配方式是"排排坐、分果果、不要吵，大家都有份"。这种表面上的合理、公平、公正和所谓的调动积极性，掩盖了实质上的"分配不公"对积极性的挫伤。

事实上，平均分配是一种最不公正、最不合理、最不能调动人们积极性的分配方式。不论勤与懒、劳与逸、贡献多与少，统统付以相同的报酬，人人收入均等，实际上意味着贡献大的人少得了收入，贡献小的人侵吞了别人应得的收入。在这种意义上，平均主义也是一种剥削。

均等化的分配方式挫伤了贡献大的人的积极性，抑制了创造才能，扼杀了进取精神，助长了懒惰和松懈之风，必然的结果是效率低下。这是被长期的实践所证明了的事实。

2.差别悬殊分配方式的去激励效应

当前，社会分配不公的现象是人们谈论的热点话题，其表现形式有以下几种：

（1）全社会收入差距扩大。

（2）不同所有制企业收入差距过大。

（3）企业内部收入分配不公比较突出。

国家虽然明确了经营者收入为生产者收入的1~3倍，但实际上各地企业早已突破了这个界限。

早在2005年年末，新华社有消息称，2002年企业主要负责人的实际平均薪酬与全部企业员工的平均工资相比，是后者的12倍，到2003年达到了13.6倍。

民建上海市委也在《新民晚报》上披露，国企老总、高管与员工的平均收入差距明显，符合我国《公司法》规定比例（高管与员工平均收入比可达5：1）的只占52.39%，高管和员工平均收入相差8倍以上的竟达24.53%，而且这个比例有进一步加大的态势。

我们没有新近的统计数字，但相信相关数字已经超过了人们的想象和容忍限度。

（4）利用各种手段牟利者的收入与工薪阶层的收入差距悬殊。这类人的数量虽然不多，但危害很大。

不同行业间收入差距的扩大，企业内部分配的不公，普遍引发了民众的社会不公正感。这种分配方式脱离了中国的实际，脱离了中国普通百姓的心理承受力，因而会导致群众不满，积极性下降，工作效益降低，这是这种分配方式导致的去激励的效应之一。

差距悬殊的分配方式还会导致干群关系紧张、人际关系恶化的不良后果。当某厂领导的奖金高于普通员工10倍时，员工会不满，"要给厂长颜色看看（意即因不满而要采取对抗行为）"，果然不久，该厂效益下降。而工人之间的收入差距太大，则会引起班组成员之间的摩擦、冲突，导致群体凝聚力下降，严重时甚至会使群体瓦解。

7.2.2　公平差别阈的理论模式

平均主义与差距悬殊的分配是为人们所不能接受的两种不正确的分配倾向。那么，用什么理论模式来指导、解决收入分配领域中这一迫切而又现实的问题呢？我们沿用美国心理学家亚当斯（J.S.Adams）有关公平理论的合理部分，但又有所补充、发展和修正，重建了这一理论的某些内容，提出了"公平差别阈"这一理论模式。我们深信，这一建立在实验论证、调查研究和理论概括基础上的理论模式会有助于解决现实社会中的分配问题。

1.公平理论模式强调条件相等时的公平感

亚当斯认为，人们总是要将自己所做的贡献和所得的报酬与一个和自己条件相等的人的贡献与报酬进行比较。如果这两者之间的比值相等，双方就都有公平感。

这一理论可用以下等式表示，即

$$\frac{O_P}{I_P} = \frac{O_o}{I_o}$$

式中：O_P 为某甲的报酬，I_P 为某甲的贡献；O_o 为某乙的报酬，O_o 为某乙的贡献。

这里强调的是，甲与乙的条件完全相等，如进厂的年限、工龄和职务等。

这一理论进一步认为，如果发生下述情况中的任何一种：$\frac{O_P}{I_P} < \frac{O_o}{I_o}$ 或 $\frac{O_P}{I_P} > \frac{O_o}{I_o}$，这时，双方就都有可能产生不公平感。

2.公平差别阈的理论模式强调条件不相等时的公平感

现实生活中，既存在两个人的条件相等的情况，也存在着条件不相等的情况，如资历、工龄、职务和劳动投入量等方面的差异。在这种情况下，无差距分配（按亚当斯的等式）不仅不能产生公平感，反而会产生不公平感。我们认为，在这种情况下，公平概念应定义为，在两个人之间的条件不相等时，适宜的差距分配才能使人产生公平感。

同理，我们应该将公平理论的模式与概念做如下新的理解，即当人们要将自己所做的贡献和所得的报酬，与一个和自己条件不相等的人的贡献与报酬进行比较时，如果两者之间的比值保持适宜的差别，双方才会有公平感。

我们仍沿用亚当斯等式中的符号来阐明这一问题，即 $I_P \neq I_0$（贡献不等）而 $O_P = O_0$（奖酬相等）时，人们会产生不公平感；反之，只有在 $O_P \neq O_0$ 时，人们才会产生公平感。

由此可见，在这种情况下，亚当斯的等式应改为：

$$\frac{O_P}{I_P} < \frac{O_0}{I_0} \qquad \frac{O_P}{I_P} = \frac{O_0}{I_0} \qquad \frac{O_P}{I_P} > \frac{O_0}{I_0}$$

公平   不公平   公平

简述之即

$$\frac{O_P}{I_P} \neq \frac{O_0}{I_0}$$

这说明，在两个条件不相等的人之间进行比较时，其贡献与报酬之间的比值不相等而这个比值又具有相对的合理性时，人们才会产生公平感。

事实上，按劳分配是一种不等量的分配，其施行的效果强调了这样一个客观实事：在不等量劳动时，人们需要不等量的差距适宜的分配；不等量劳动获得了等量分配时，人们就会产生不公平感。

3.公平差别阈的概念

我们不能泛泛地说收入差距会导致社会分配的不公平感，确切些说，应该是收入差距的不合理才会造成不公平感。这个不合理是指差距过大或差距过小，而两者都超越了人们心理承受力的范围。我们提倡，应该有在人们心理承受力范围之内的分配差别，这种合理差距才能使人们产生公平感。

当两个人的条件不相等时，无差别分配与悬殊差别分配都会产生不公平感，只有适宜的差别分配才能产生公平感，而这个适宜、合理差距的量值，我们用公平差别阈的概念与值来表示。公平差别阈的定义即是：使两个条件不相等的人刚能产生公平感时的适宜差别的比值。公平差别阈可命名为EDT（equity difference threshold），这是一个可以测量的值。

这一概念与量值适用于分配领域的各个方面，如工资、奖金及各种形式的分配。例如，我们的实验结果表明，承包管理者与职工之间的报酬差别的比值，即EDT在2：1~3：1之间，即承包者与职工的收入差别最多为2~3倍。如果大于此值，职工就难以接受了；而如果小于此值，那么承包管理者也不能接受。

由此可见，当两个人的条件不相等，收入差距大于或小于公平差别阈时，都会引起不公平感，只有收入差距等于公平差别阈时，才会有公平感。

4.影响公平差别阈的主客观因素

（1）客观因素

不同国家的政治、经济和文化传统不同，因而公平差别阈的量值相差也甚大。

①政治因素

我国的政治价值观不容忍"贫富悬殊"，最终要走上"共同富裕"的道路，因为社会主义制度最大的优越性就在于共同富裕。我们既要允许和鼓励一部分人通过诚实劳动、合法经营先富起来，又要提倡先富起来的人帮助还没有富起来的人，逐步实现共同富裕。少数人富起来，大部分人受穷，不是社会主义。社会主义制度就是要防止两极分化，走共同富裕的道路。这就决定了，我国的公平差别阈的比值必须限制在一个合理的范围内。如果公平差别阈的量值过大，就会使一些人富起来后更富，而另一些人更加贫困，这样就会造成两极分化。

②经济因素

限于我国的经济实力，不应该过于强调"重奖"，极大地扩大各类人员之间的工资与奖金差距。即使确定了适宜的公平差别阈的比值，在实际执行时，因为财政上的困难也只能大大低于这一数值。而西方国家"重奖"有贡献者与其经济实力有关。

③文化因素

在我国文化传统中，中庸思想根深蒂固。所谓中庸思想，是指要经常遵守一定的标准，既不过，亦不不及。在过去的几十年中，我国实行的"大锅饭"体制已在人们的头脑中形成了一种概念，即平等的待遇是理想的，因此人们努力保持"一般化"，只有这样，他们才感到舒服，这种心理状态使得平均主义的生活方式得以进一步延续。这一切都决定了我国的公平差别阈的量值的起点很低，过于悬殊的差距是人们所不能接受的。

西方国家重效益、讲竞争，提倡重奖、重罚，因而公平差别阈的量值是很大的。

由此可见，公平差别阈是受客观因素制约的动态量值，是随政治、经济和文化条件的变化而变化的。

（2）主观因素

从主观因素看，个人对公平差别阈的容忍力有很大的个性差异。有的人能容忍大的分配差距，有的人则不能容忍哪怕是很小的分配差距。这与人的知觉判断、政治思想觉悟、社会经验条件和文化素养等有关。

个人对公平差别阈要有一个正确的知觉判断，即人们要正确认识到，适宜地拉开分配上的差距就是在商品经济条件下的按劳分配，按照被社会所承认的劳动成果和贡献大小进行分配，这才是真正的公平分配。与此相悖的分配，如"脑体收入倒挂"、与劳动贡献不挂钩的畸形收入分配、"大锅饭"式的平均主义，这些才是不公平分配。正确区分哪些是公平分配，哪些是不公平分配，才能增加对公平差别阈的容忍力。

个人的政治思想觉悟的提高也能增强对公平差别阈的容忍力，防止产生东方式的妒忌、"红眼病"，从而形成对差距分配的正确态度。有丰富的阅历、社会经验，文化素养高的人，能正确理解和正确对待差距分配，并有较高的容忍力。

总之，公平差别阈不是静止不变的，而是动态变化的，但这种动态发展的平均趋势是可以测量的。

7.2.3 公平差别阈的实证研究

1. 20世纪末我国企业分配领域中公平差别阈的实证研究

1990年，我们自编了"企业分配领域中公平差别阈的问卷"量表。量表第一部分主要让被试者选择他（她）认为最合理的分配形式，其中可供选择的有：平均分配、稍有差别、适当拉开差距、差距较大和差距悬殊。另外，还附有其他一些问题。量表第二部分调查工人之间、工人与中层领导（车间主任、工段长）、工人与厂长之间，在工资和奖金上的差别是多少倍才是可以接受的，其中可供选择的有0.5倍、1倍、1.5倍、2倍、2.5倍、3倍直至10倍。第三部分是让工人自己选择可以为他们接受的分配差距，如提出假定你拿100元（工资或奖金），那么车间主任与厂长该拿多少等问题。量表中还有其他内容作为补充，在此从略。对调查结果进行统计分析，便得出了公平差别阈的比值。

我们在上海、北京、福州等地的13个不同类型的企业，对345人进行了量表调查。从大量的样本数据中，取得了以下的结果：

（1）我国员工对分配形式的选择

我们将调查结果做成图7-2。从图7-2中可见，员工很少选择无差异的分配形式（平均主义）与差距悬殊的分配方式，而是倾向于选择分配稍有差别与适当拉开差距的分配方式（占88.5%）。其中，适当拉开差距又是员工最愿意接受的。这说明，人们希望的是有差距的分配，但这种差别应该是适当的、适宜的。差距较大与差距悬殊，都是人们所不能接受的。

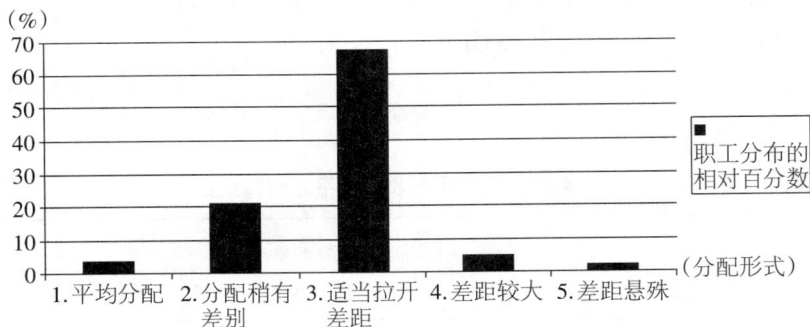

图7-2　员工对不同分配形式选择的分布

（2）员工与企业经营者之间收入的公平差别阈

我们将对9个企业59人的问卷结果列于表7-6，并将其数据转化为直方图（如图7-3所示）。

表7-6　　　　　　　员工与经营者收入的公平差别阈分布情况

公平差别阈 人数	员工与承包者收入的EDT（比值）							
	1：1	1：2	1：3	1：4	1：5	1：6	1：8	1：10
人数（N）	38	279	184	33	27	7	5	6
分布的相对百分数（%）	13.6	100	65.9	11.8	9.67	2.50	1.79	2.15

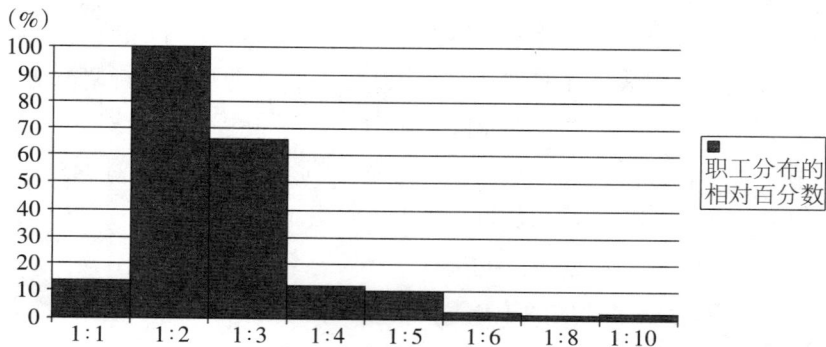

图7-3　员工与经营者收入的公平差别阈

由表7-6与图7-3可见，员工与经营者收入的EDT以1：2和1：3最为适宜，若无差异（EDT为1：1），经营者是不能接受的；但若将差距拉大，实行悬殊分配（EDT为1：4或更大），则员工也不大可能接受。

（3）企业不同岗位员工之间收入的公平差别阈

本次试验结果（见表7-7）表明，工人之间的收入差别（如奖金）以EDT=1：1.3为合适。

表7-7　　　　　　　不同岗位员工之间的收入公平差别阈范围

	工人之间	工人与中层干部之间	工人与厂级领导之间
公平差别阈（比值）	1：1.3	1：1.3~1.5	1：1.8~2.5

工人与中层干部的分配差异可适当扩大为EDT=1：1.3~1.5，进而，

工人与厂领导之间的分配差异可扩大为EDT=1∶1.8~2.5，如果超过这个比值，工人就会不满。

2. 2000年我国企事业单位分配领域中公平差别阈的实证研究

2000年，马胜祥博士在对企业员工进行需求层次调查的同时，也进行了商业银行员工收入公平差别阈的实证研究（见表7-8）。

表7-8 　　　　　　　商业银行员工收入公平差别阈范围

项目	A	B	C	D	E
对应值（EDT）范围	1∶1	1∶2	1∶3	1∶4	1∶8
对应人数	25	30	75	21	23

研究采用的调查问卷参照本书作者"企业分配领域中公平差别阈的问卷"形式，编制"商业银行分配领域公平差别阈问卷"。研究中的被试者是商业银行员工，男、女人数均等；学历分为三个层次：中专及以下，大专及以下和本科及以上；职务分为三个水平：一般人员、中级管理人员和高级管理人员；地域包括发达地区和欠发达地区。共发放问卷200份，收回有效问卷184份，统计分析采用SPSS6.0软件包进行。

研究结果表明，适当拉开差距的分配是员工的首要选择，其次是稍有差别和差距较大，对平均分配和差别悬殊的选择最少。由此可以看出，适当拉开差距是商业银行员工可以接受的（如图7-4所示）。

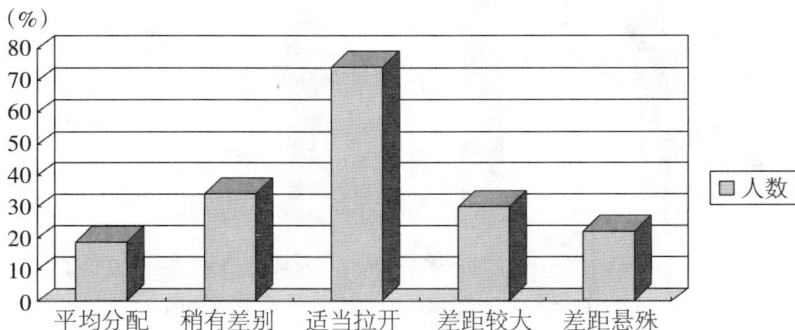

图7-4　商业银行员工对不同分配形式选择的分布

调查中，员工的职务、学历、地区发达程度对公平差别阈值的影响详见表7-9、表7-10、表7-11，以及图7-5、图7-6和图7-7。

表7-9   不同职务之间的收入公平差别阈范围

一般员工之间 （EDT1）	员工与中层管理人员间 （EDT2）	员工与高级管理人员间 （EDT3）
1：1.2	1：1.2~1：1.8	1：1.8~1：3

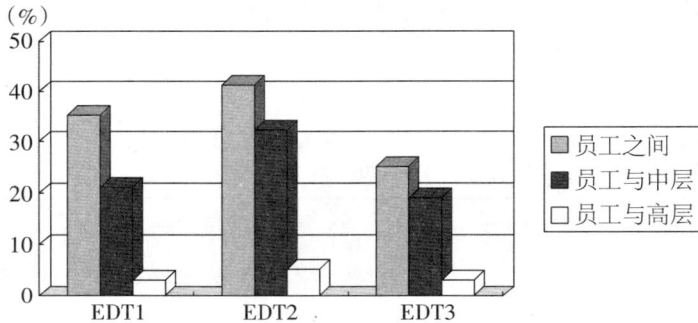

图7-5   表7-9的直方图

表7-10   不同学历之间的收入公平差别阈范围

中专及以下（EDT1）	大专及以下（EDT2）	本科及以上（EDT3）
1：1.15~1：1.45	1：1.45~1：1.6	1：1.6~1：2.5

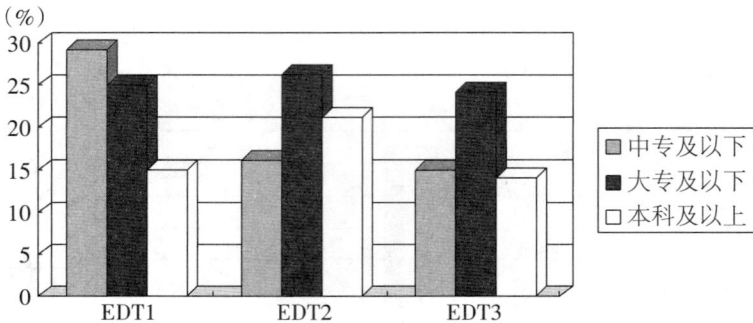

图7-6   表7-10的直方图

表7-11   发达地区和欠发达地区的收入公平差别阈范围

EDT1	EDT2	EDT3	EDT4	EDT5	EDT6
1：1	1：2	1：3	1：4	1：5	1：6

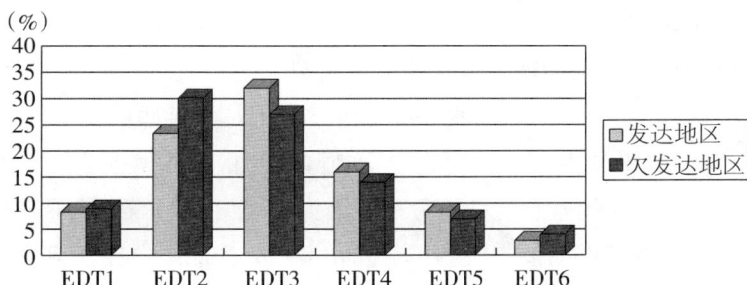

图7-7　表7-11的直方图

对于在不同职务和不同学历之间收入的公平差别阈值EDT而言，员工之间的EDT最好在1~1.2之间，即上下相差20%即可，否则员工是不能够接受的；而员工与中层管理者之间则以1：1.2~1：1.8为宜，否则员工的不满情绪会表现在工作中。这一点在实际工作中有所表现，据笔者了解，2000年年初，建设银行系统曾出台了《48级工资收入改革方案》（讨论稿）。其中，一般员工和中层管理者的最高和最低收入之间的差距暂定为1：10，即高层管理者的最高收入是一般员工最低收入的10倍，同时拥有高级职称的中级管理人员的平均收入是一般员工平均收入的6倍。此方案在讨论过程中不仅遭到一般员工的普遍反对，同时也遭到部分中级管理人员的反对。在讨论期间，大部分员工已经不再安心于本职工作，忙于寻求跳槽的机会。后来，由于大家的反对，此方案搁浅。由此看来，过分悬殊的分配方式不仅不能调动员工的积极性，反而会引起员工的不满，起到去激励的作用。在调查中也发现，学历高的员工对收入差别阈的比值的认同度高，而学历低的员工对此比值的认同度则较低（见表7-10和图7-6），这一点与作者本人的研究类似。在调查中还发现，经济发达地区和欠发达地区的公平差别阈EDT的值有较大差异（见表7-11和图7-7），表现在发达地区公平差别阈的比值集中在EDT=1：3，而欠发达地区这一比值则集中在EDT=1：2。年龄因素和性别因素对公平差别阈的影响不大，T检验（差异显著性检验）的结果也显示无显著性差异。性别因素对公平差别阈的影响在T检验中显示无显著性差异，为此，本文对此没有进行更加深入的分析和探讨。

7.2.4 公平差别阈理论模式的应用实例

我们在应用公平差别阈理论模式时，要反对两种倾向：一是反对搞"大锅饭"式的平均主义，因为这会抑制群众的积极性、创造性和进取开拓精神；二是反对搞差别悬殊的分配，因为这也会引起群众的不满和产生不公平感，要真正贯彻按劳取酬、奖勤罚懒的分配原则。在任何分配制度改革中，凡成功的改革都符合公平差别阈的理论模式，而不成功的改革都一定是背离了这一理论模式。

【实例1】   一种有适宜差距的职务工资制

上海××制药有限公司对工资制度进行结构性变革，采取"工资按职务、奖金视表现"的职务工资分配制度。该公司实行的职务工资制度包括基本生活费、年功工资和职务工资。基本生活费人人都一样，是等值的；年功工资按工龄计算，只在一定程度上照顾了工作经历；而变值较大、实际体现按职务定报酬的核心部分是职务工资。在职务工资序列中，高级职员、职员和操作工人三个层次分别划定6、8、8个不同的等级，每个等级范围都包括相应的职务及岗位，每个人的职务工资按现行职务对号入座。同一层次的等级大致差3~4倍，既体现了人人平等的理念，又拉开了差距，实现了责酬相等。奖金的发放主要是看有否突出表现和贡献，不搞皆大欢喜。一般地尽责，均由工资报酬体现，而不是滥用奖金刺激，工资与奖金的比例为9∶1，从而改变了企业中的奖金接近或超过工资的混乱现象，较好地体现了按劳分配和同工同酬原则，有利于调动员工的积极性。

【实例2】   打破"大锅饭" 拉开分配差距

20世纪90年代，上海一所大学打破奖金分配上的"大锅饭"，实行教师课时补贴制，激励了教师的积极性。课时补贴制是指除教师的工资以外，根据所承担教学任务的多少，按课时给予教师适当补贴。凡承担本院计划内各类课程教学任务的教师，均为发放对象。补贴范围除计划课时外，其他有关教学活动以及专职科研人员和教师的科研成果亦适当计算课时，根据课时数及可发的经费，并按课程类型、教学层次和职称高低，确定每课时的补贴标准。

这一制度的实行打破了奖金分配上的"大锅饭",体现了按劳分配原则。据统计,当时全年课贴收入 360 元以上的教师约占 80%,课贴多的 1 700 余元,少的 100 余元。教师间虽职称相同,但由于按课时计贴,以教学课时多少拉开了收入差距。

由于贯彻了多上课、多出成果、多得补贴的原则,教师教学、科研的积极性被调动起来了,进而促进了教研室人员的合理调整。有的教师原来不愿上课,现在要求学校安排课程。

这一做法也有利于搞好本科生教学。由于改变了承担本科生教学同成人教学酬劳不均的不合理现象,在一定程度上缓解了由于分配不公而引起的矛盾,增进了教师之间的团结,促进了工作的开展。

可以断言,按照公平差别阈的比值进行的分配,才是公平的分配方式。我们所面临的两种不正确的倾向——平均主义与差距悬殊的分配方式,都是人们所不能接受的。在分配制度的改革中,掌握好差距分配的适宜度,寻求公平差别阈的适宜比值,至关重要。我们虽然在这方面有了一些可供参考的数据,但仍需深入研究。相信通过不断的研究,最终将建立一个能为广大群众所接受的、指导分配领域实践的理论体系与数量依据。

7.3 三因素(激励、保健、去激励)理论及其应用

三因素理论又名激励—去激励因素的连续带模式。

为了持续调动广大员工的积极性与创造性,根据现阶段中国的实际情况,在人力资源管理中,首先要区分哪些是能调动员工积极性的激励因素,哪些只是防止员工出现不满意感的保健因素,哪些又是挫伤群众积极性的去激励因素。在企业诊断的基础上,我们要采取措施,消除去激励因素,促进激励因素,使保健因素向激励因素转化,使员工的积极性能得到持续提高。

在理论上，笔者提出激励—去激励因素的连续带模式，以此阐明激励、保健、去激励三因素的相互联系与区别。在实践中，提倡区分激励与去激励因素的类别，按强度水平的等级排列，明确激励、保健和去激励因素相互转化的关系。此项研究对我国企业的现实工作具有指导意义。

7.3.1　激励—去激励因素的连续带模式

1.激励与去激励因素研究概况

激励问题的核心就是要搞清哪些激励因素能够持续激发人的动机。了解激励的影响因素以及这些影响因素对人的行为发生作用的过程，有助于在企业管理中采取最恰当、最有效的激励措施，激发员工在工作中的积极性和创造性，不断提高生产效率。这对于促进企业目标的实现，使企业在激烈的竞争中求得生存和发展有着极为重要的意义。

实际上，影响激励的因素有很多，如领导行为、工资奖金制度和个人发展等，更重要的是，个体所处的政治、经济和文化背景的不同也对各种激励因素的效果产生重要影响。因此，激励因素的研究是非常复杂的。目前，国内外对于激励因素的归结和分类众说纷纭，采用的激励技术也是多种多样，彼此之间存在着很大的差别和矛盾。这种差别和矛盾，有些是由于研究方法的不同造成的，有些是由于依据了不同的理论基础或由于选择的研究对象不同所造成的。激励—去激励因素的连续带模式，是我们根据我国的管理实践经验提出的，因此也可以说是一种有中国特色的激励模式。

2.激励、保健、去激励因素的含义

关于激励的概念，从心理学的观点看，激励是持续激发动机的心理过程。但是，从企业管理学的意义上说，激励因素应引起人们的满意感，能提高人的积极性；从效果上看，激励因素能使工作效率提高。

赫茨伯格认为，保健因素是指不使人们产生不满意感，能保护人的积极性，维护原状的因素。显然，保健因素不会使工作效率提高。去激励因素则会引起人的不满意感，使人的积极性降低，从效果来看，则会使工作效率降低。

以上三个概念的含义差别可见表7-12。

表7-12 激励、保健和去激励因素的含义

激励因素	保健因素	去激励因素
使人产生满意感	不使人产生不满意感	使人产生不满意感
使人提高积极性	保护人的积极性	使人的积极性降低
使工作效率提高	维持原状，不会使工作效率提高	使工作效率降低

去激励因素是一种负激励因素，起消极的破坏作用。我们建议Demotivation一词不译为"非激励因素"，因为非激励因素不一定起消极的负面作用，也可能起中性的无关因素的作用。

企业中确实存在着这三种因素，而且相互联系、相互影响。在我国，激励与去激励因素紧密相联，某项激励因素无实现条件时，或在实际过程中发生了偏差，那么此项激励因素立刻就会转化为去激励因素。例如，职称评定是调动员工积极性的激励因素，但如果不能按时评审或不公平评审，这一激励因素立刻会转化为挫伤群众积极性的去激励因素。

3.激励—去激励因素的连续带模式

激励因素与去激励因素存在于连续带的两个端点，是两种极端的情境。在这两种极端的因素之间，还应该存在着许多种强弱不等的激励形式，它们构成一个连续带，如图7-8所示。

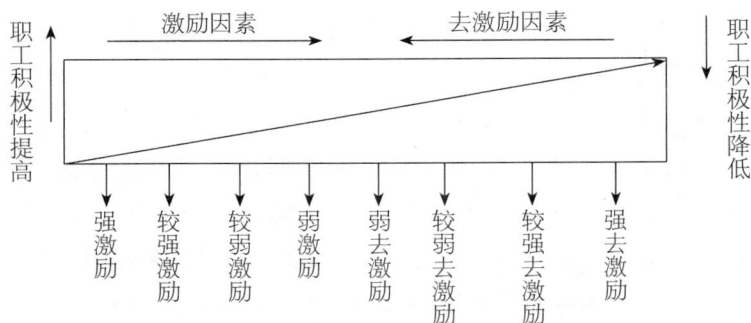

图7-8 激励—去激励因素的连续带模式

由图7-8可见，在激励因素与去激励因素的两个极端点之间，还存在着不同强度的激励水平；从左向右为强激励、较强激励、较弱激励和弱激

励四个强度水平；而自右向左为强去激励、较强去激励、较弱去激励和弱去激励四个强度水平。

事实上，企业中存在着许多既非强去激励因素，又非强激励因素的中间过渡地带因素，即不同强度的激励或去激励因素。例如，工资调整中的"普加一级"，显然无强激励作用，而只能是强度较弱的激励。

4.保健因素在激励—去激励因素连续带中的位置

我们认为，完全可以在激励—去激励因素的连续带模式中，找出激励、保健和去激励因素三者之间的关系。由图7-9可见，保健因素在连续带中的位置，当然不起强激励或较强激励的作用，同样也不属于去激励因素。从这一因素的作用看，它只能起到强度水平较低的弱激励的作用。为此，可将保健因素的位置列于弱激励与弱去激励因素的区域之内。

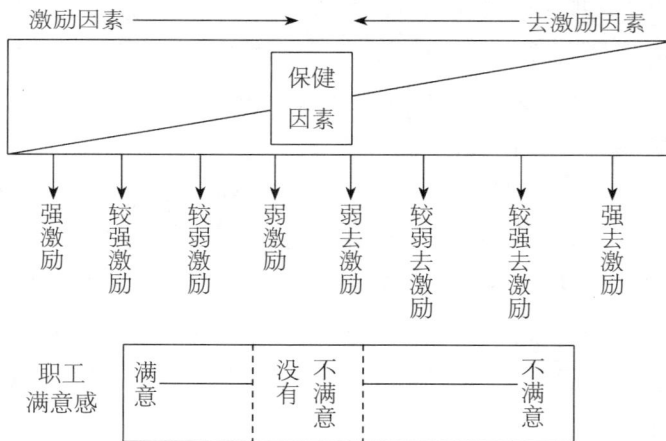

图7-9　保健因素在连续带的位置

人们对于赫茨伯格的双因素理论及其研究方法——关键事例分析技术（critical incidents technique）一直存在着争议。赫茨伯格将激励和满意感等同起来，满意时的各类因素称为激励因素，不满意时的各类因素称为保健因素，因此经常遭到非议。我们暂不对这一问题做全面评价，但认为，在激励—去激励连续带模式中，这三个因素是可以区分的。激励因素强或较强，在员工心理上引起满意感；保健因素引起较弱或弱激励，在员工心理上没有不满意感；去激励因素则引起员工的不满意感。

总之，保健因素不是一个孤立的因素，它位于激励—去激励因素的连续带模式的中间过渡地带。

7.3.2　激励与去激励因素的相互关系及转化

1.正确区别激励—去激励连续带中的各类因素

某个因素是激励的还是去激励的，是一个相对的概念。当某一因素的实现条件满足时，就会呈正态，就会表现出激励作用，成为激励因素。一旦该因素的实现条件不满足，就会呈负态，就会表现出去激励作用，并转化为去激励因素。因此，我们可以将激励与去激励因素的概念做如下的延伸：

激励因素：当某一因素呈正态时，对个体的激励作用效力很强，而对个体的去激励作用减弱，甚至消失，这个因素就称为激励因素。

去激励因素：当某一因素呈负态时，对个体的去激励作用效力很强，而对个体的激励作用减弱，甚至消失，这个因素就称为去激励因素。

但是，我们可以看到，在正态与负态之间存在着过渡状态，即存在着增强个体激励作用效力、减弱去激励作用效力，或者增强个体去激励作用效力、增强激励作用效力等多种情况。保健因素也处在这一过渡状态中。

此外，我们的研究还发现，存在以下两种因素：

（1）关键因素。某一因素，当它呈正态时，对个体的激励作用效力很强，呈负态时，对个体的去激励作用效力也很强，这个因素就称为关键因素。公平因素、认可因素以及工资、奖金和职称评审等，这些都同时具有很强的激励作用和很强的去激励作用。

（2）非关键因素。某一因素，当它呈正态时，对个体的激励作用效力较弱，呈负态时，对个体的去激励作用效力也较弱，这个因素就称为非关键因素。工作条件因素就是非关键因素，它们的正向作用和负向作用都较弱。

我们可以用图7-10来表示四类因素对于激励过程的作用方向和作用效力之间的关系。

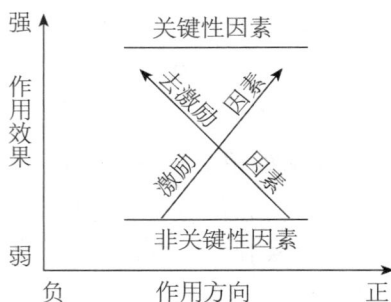

图7-10　四类因素在激励过程中的方向和效果

　　区别激励与去激励、关键性与非关键性因素，并分析它们各自的作用特点，有助于在企事业单位的管理活动中正确地区别对待各类因素，做好调动员工积极性的工作。特别要重视的是，要正确调控关键因素与非关键因素。

　　首先，一定要抓好关键因素，引导它们向正向状态发展，使之发挥强有力的激励作用，努力避免因关键因素的负向发展而导致对员工工作积极性的严重挫伤。企业领导为了使员工产生和保持高的工作积极性，就必须在各项工作中做到公平、合理，要将员工的工作成绩与他所得的报酬和待遇结合起来，使员工有公平感。对员工出色的工作表现和工作成绩，要及时予以表扬和奖励，要重视员工对工作和生活的意见、建议和要求，使员工感觉到自己的工作和才能得到认可。

　　其次，适当运用非关键因素作为各种激励手段和措施的补充，也不可忽视这些因素的负向作用。改善员工的工作条件和待遇，利用各种形式对员工的工作成绩加以奖励，让员工在工作中承担一定的责任等措施，都会对提高员工工作积极性起到一定的作用。而这些因素的负向作用如果累加起来，就会较大地降低员工的工作热情。

　　2.激励与去激励因素的转化

　　（1）激励—去激励圈

　　我们也可以将上述激励—去激励因素的连续带模式用一个激励—去激励圈来表示（见图7-11）。

图 7-11 中的文字（圆圈内外标注）：

强激励

弱去激励

激励因素

去激励因素

较弱去激励

较强激励

较强去激励

较弱激励

弱激励

强去激励

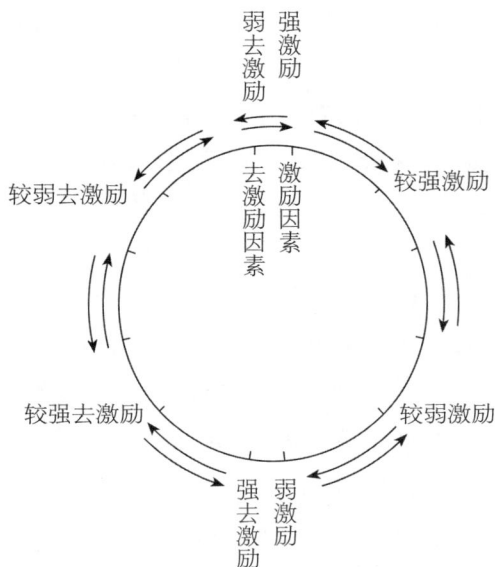

图7-11 激励—去激励圈

激励—去激励圈能比较直观地反映：减弱激励因素的强度，激励因素最终会转化为去激励因素；反之，减弱去激励因素的强度，去激励因素也会向激励因素转化。激励—去激励圈还可以反映出强激励与强去激励之间直接的双向转化。强激励会直接转化为强去激励，强去激励也会转化为强激励。例如，当有条件实现和满足一个人的某种要求（工资调整、晋升职称等）就会起到强激励作用，而无条件实现或满足此类要求则立即会转化为强去激励。

在管理工作中，我们要正确区分哪些是激励因素，哪些是去激励因素，然后创造条件，使去激励因素向激励因素转化。

（2）采用渐进积累与跳跃式激励法实现转化

激励—去激励圈也表明，采取渐进积累的办法由去激励向弱激励、较强激励和强激励的方向转化，并不是很有效。例如，企业中的工资改革、奖金发放每次调整幅度很小，如一级才几十元或一二百元，就无法起到强激励的作用。而那些本来只起弱激励作用的因素，如工资调整，搞不好可能转化为弱去激励因素，反而导致群众的不满。我们建议，应该采取跳跃式的激励因素转化法，即由去激励因素直接向强激励因素转化，这样才能起到较大地调动员工积极性的效果。当然，根据我国的实际情况，也可以将渐进积累式激励法与跳跃式激励法结合起来，让广大员工平时有些弱激励，隔一段时间再来一个强激励。这样，群众才会觉得有希望、有奔头，积极性才会持续提高。

（3）大胆运用激励因素，慎重对待去激励因素

首先，管理者要将大胆运用激励因素作为调动员工工作积极性的主要手段。激励因素的正向作用很强，运用各种手段采取各种措施，为员工提供发展自己能力的机会，会极大地调动起员工的工作积极性和创造热情，从而在企业中充分发挥他们的潜能。

其次，管理者要慎重对待去激励因素，防止它们出现负面作用。企业中的人际关系是一个复杂而敏感的问题，一旦在这个问题上出现失误，就会对员工的工作积极性产生严重的挫伤。因此，企业领导要及时发现人际关系方面出现的问题，及时采取措施加以补救，避免问题扩大化。

（4）掌握激励的最佳时机，实现弱激励向强激励转化

实践证明，管理者不仅要善于选择激励因素，还要选择好使用这些因素的时机，即激励在什么时间实施才能取得最大的激励效果。

心理学的研究表明，在人渴求获得某种事物时予以满足，则该事物在人的心理上会有较高的价值，如员工急需用钱时发给他发奖金，则员工会感到奖金很重要、很珍贵，是雪中送炭。掌握好运用激励措施的时机，会使激励功能明显增强。

【实例3】　　科学地安排奖金发放时机　　取得最大激励效果

北京××厂在生产中长期存在一个问题：每月25日至下月初生产效率下降，废品率上升。该厂虽然增加了质量奖罚的规定，废品率上升问题并未得到解决。

经调研发现，这个厂每月初工资、奖金一同发放。由于发钱较多，员工对几十元的奖金并不看重，且往往大手大脚地花费。而当时工人的整体

收入水平低，所以一般每个月的25日至下月初，不少员工就入不敷出了，由此导致家庭不和，影响了员工的情绪，于是在生产中精力分散、生产效率下降。

了解了这个情况之后，厂方决定，将奖金改为每月25日发放。实行这项措施取得了意想不到的效果，月末废品率上升的问题基本解决了。员工们反映，每月25日前后，月初所领到的工资基本已花完，急需钱用，这时发放的奖金虽然只有几十元，却变成了"救命钱"，奖金的价值在员工心目中提升了，奖金的激励作用也就提高了。在这种情况下，奖金的奖优罚劣作用明显增强，充分发挥了其激励功能，产品质量得到了提高。

这个典型事例说明，当奖金同工资一起发放时，奖金只能起到保健因素，即弱激励的作用。而在人们急需用钱的时候发奖金，就会起到强激励的作用。故可以认为，掌握最佳激励时机能实现由弱激励向强激励的转化。

7.3.3　我国企业中的激励—去激励因素

为了进一步论证激励—去激励因素连续带模式，并搞清其在我国企业中激励与去激励因素的具体内容，我们曾在全国范围内开展过调查研究。

1.研究方法

（1）样本选择

我们在被调查的江苏、浙江、上海、福建、吉林、辽宁、陕西等地的14家国有和民营企业中，选择了这些企业中的生产人员，其中大部分为工人，约1 300人，收回问卷853份，回收率65.6%，其中有效问卷648份，占回收总数的75.9%。表7-13显示了有效问卷中被试者的年龄、性别和文化程度的构成，表7-14反映了所调查企业的所有制性质及其地区分布。这样的样本，基本上可以代表我们要研究的总体，即国有及民营企业中的生产第一线员工。我们选择这样的研究总体，是因为国有及民营企业是我国目前占主导地位的企业形式，而这些企业中直接决定生产过程、生产效率和产品质量的是第一线的生产工人。充分调动这些企业中生产工人的积极性，是提高整个社会经济效益、促进我国国民经济发展的关键。

表7-13　　　　　　　　　　　有效问卷中被试者构成情况

工厂代号	性别			年龄（岁）					文化程度					各厂人数
	男	女	不详	20以下	21~30	31~40	41以上	不详	初中以下	初中	高中	高中以上	不详	
1	20	24	4	1	24	16	4	3	0	16	30	0	2	48
2	23	8	4	2	7	16	6	4	3	11	10	7	4	35
3	12	17	1	1	17	6	4	2	0	8	18	3	1	30
4	23	11	1	1	17	13	3	1	3	17	12	2	1	35
5	34	19	0	2	34	7	10	0	5	24	13	11	0	53
6	26	3	14	0	4	13	14	12	0	6	8	16	13	43
7	32	14	0	2	26	9	8	1	4	14	19	8	1	46
8	25	10	2	2	7	18	10	0	1	27	7	1	1	37
9	4	13	1	2	7	6	2	1	0	4	8	3	3	18
10	13	26	1	1	13	11	14	1	5	11	20	2	2	40
11	13	18	0	0	1	16	14	0	1	9	17	4	0	31
12	29	26	0	0	21	22	12	0	2	37	13	2	1	55
13	69	29	1	0	93	3	0	3	0	0	40	56	3	99
14	32	44	2	6	53	14	4	1	0	15	39	21	3	78
小计	355	262	31	20	324	170	106	28	24	199	254	136	35	648
合计	648			648					648					

表7-14　　　　　　　　　所调查企业的地区分布及所有制性质

项目	所有制性质		地区分布							
	国有	民营	镇江	金华	杭州	上海	福州	沈阳	长春	西安
数量	10	4	2	3	1	3	2	1	1	1
总计	14		14							

（2）量表调查

本研究中采取了"影响员工积极性的激励因素调查表"。

研究分两个阶段进行，第一阶段主要进行有关激励因素的研究，第二个阶段主要进行去激励因素及两者相互比较的研究。

这份调查表实际上由包含23个激励项目的激励分量表和包含23个去激励项目的去激励分量表构成。问卷中两个分量表的46个项目是随机排列的。问卷要求员工回答以下问题："设想如果您处在题目中所说的情况下，工作中会有什么样的表现?"答案分为："工作表现好""工作表现较好""工作表现一般""工作表现消极"和"积极性受挫，工作表现差"五种。为了防止员工在答题时产生顾虑和自我防御意识，我们在最后一个答案中为工作表现设置了一个外在归因条件——"积极性受挫"。量表采用五级计分法，工作表现从好到差依次记为2分、1分、0分、–1分和–2分。

我们对浙江和江苏两省的工厂进行了实地调查，对其他地方的调查则是委托他人进行的。这些人有的是当地高校管理系科的教师，有的是企业中的管理人员，他们大都受过有关问卷调查的训练。

我们用一致性系数公式：

$$a = \frac{n}{n-1} \cdot \frac{St^2 - \sum Vi^2}{St^2}$$

（其中：a为信度系数，n为项目数，St^2为测验总分的变异数，Vi^2为每个测验项目的变异数）对量表的信度进行了检验，信度系数为0.827。因子分析的结果表明，并不是每个项目在其相应的因素上均有较高的荷重，激励因子的公因子方差累积贡献率达到59%，去激励因子的公因子方差累积贡献率达到54.9%。它们反映了问卷的构思效度。

（3）因子分析

因子分析方法是应用得最广泛的多元统计分析方法之一。目前，它已成为适用于心理学、经济学、医学和地质学等广泛的科学研究领域的一种重要的数学工具。因子分析的主要目的是：把描述事物状态、性质的一组变量缩减为能反映这组变量之间的内在联系和能起主导作用的少数几个共同性变量。这就是从为数众多的可观测变量中概括和推论出少数的几个因子，用最少的因子来概括和解释最大量的观测事实，从而建立起最基本、最简洁的概念系统，揭示出事物之间最本质的联系，发现事物的规律。我们在本研究中广泛采用了因子分析方法。

因子分析建立在如下因子模型的基础上：

$$Y = A \cdot X + S$$

其中：Y是由p个变量所组成的一个向量；X是由q个公因子所组成的另一个向量；S是Y中p个变量中的p个特殊因子组成的向量；A是p×q阶系数矩阵，称为因子载荷阵。因子分析的主要目的，就是求出因子载荷阵A。A中的元素a_{ij}表示变量i与公因子j的相关系数。根据因子载荷阵A，可以求出公因子方差贡献和公因子方差贡献率，它们表明了各公因子对解释变量总体方差的效力的大小。另外，还可以求出各变量的公因子方差，它们表明了各变量对这q个公因子的依赖程度。根据公因子的载荷分布情况和因子的贡献及各变量的相关性，我们可以对公因子的含义做出解释并命名。

2.六个激励因素的提取

通过对激励分量表中各项目的得分做因子分析，我们得到变量相关矩阵和主因子解。其中，特征值大于1的主因子有五个。由于这五个主因子的方差累积贡献率比较低，只有.547，为了提高累积贡献，我们将特征值接近于1（λ=.971）的第六个主因子也抽取出来。这样得到了六个公因子，这时公因子方差累积贡献率达到.590。

为了了解各公共因子之间的关系，我们求出了斜交因子相关阵。其结果表明，各因子之间的相关性都很高，尤以公因子F_1与F_2、F_2与F_5、F_1与F_3的关系最为密切，相关系数分别达到.575、.540和.552。

根据各公因子的载荷分布情况、每个变量的公共因子方差以及各公因子所包含的高载荷变量的意义，同时参考公因子间的相关情况，我们对六个公因子的含义做出解释并加以命名。表7-15中列出了六个公因子的名称及所包含的各主要变量的内容。

表7-15　　　　六个激励公因子的名称及所包含的各主要变量

因素	名称	项目*	内容
F_1	公平与发展	（7）	通过努力工作可以得到晋升
		（10）	单位里评职称、调工资时公平合理
		（5）	领导能主动解决群众生活的实际困难
		（12）	有机会接受培训、提高和发展自己的能力
		（2）	工作内容丰富、有吸引力
		（9）	本单位的现状和前景都很好
F_2	认可	（34）	领导做决定时能听取群众的意见和建议
		（30）	所做贡献与所得报酬相称
		（36）	家庭及邻里关系和睦
		（38）	单位能为员工提供好的居住条件
		（41）	企业规章制度严密、合理
		（40）	工作成绩能得到他人的承认和赏识
F_3	工作条件与报酬	（19）	劳动强度和难度适中
		（22）	在企业中才华得到充分发挥
		（23）	收入和福利高于同行业其他企业员工
F_4	人际关系	（8）	在单位中受到他人的普遍尊重
		（4）	与领导及同事关系融洽
F_5	责任	（16）	在工作中承担了较多的责任
F_6	基本需要	（1）	生病及退休时生活有保障

*项目是指"影响员工积极性的激励因素调查表"中的项目。

通过这些统计和分析，我们得到了六个激励因素，它们分别为：①公平与发展；②认可；③工作条件与报酬；④人际关系；⑤责任；⑥基本需要。

（1）不同文化程度的被试者间因素分数的方差分析

我们将被试者按文化程度的不同分为初中以下、初中、高中、大中专四组，首先对各组的因素分数进行方差齐性检验。结果表明，在"工作条件与报酬"和"基本需要"因素上，各组因素分数的方差为非齐性，而在其他四个因素上各组因素分数的方差则为齐性。对这四个因素的各组因素分数进行方差分析的结果表明，它们之间均不存在显著性差异。

（2）不同性别的被试者间因素分数的差异检验

我们首先对男、女被试者的各激励因素分数进行方差齐性检验。结果表明，在"工作条件与报酬"因素上，各组因素分数的方差均为非齐性，而在其他五个因素上，各组因素分数的方差均为齐性。对这五个因素上各组间因素分数进行T检验的结果表明，在"公平与发展"和"人际关系"这两个因素上，男、女被试者间因素分数存在显著性差异。也就是说，男、女被试者在这两个因素上的水平存在显著性差异。

（3）不同年龄的被试者间因素分数的差异检验

将被试者按年龄分为30岁以下和31岁以上两组。我们对他们在各因素上的因素分数所作的方差齐性检验结果表明，在"公平与发展"、"工作条件与报酬"和"基本需要"三个因素上，不同年龄被试者因素分数的方差非齐性，而在另外三个激励因素上因素分数的方差是齐性的。对这三个因素上各组因素分数进行T检验的结果均没显示出显著性差异。

3.激励因素在我国企业中的含义

通过对激励分量表中23个项目做因素分析，我们对调动员工积极性的众多方面的内容进行了概括和提炼，归纳出最能反映问题实质的六个方面，即六个激励因素。这六个因素在更高的层次上反映了激励内容的实质。

（1）公平与发展

公平与发展因素，作为第一公共因素被抽取出来。其特征值和方差贡献率都远远高于其他公共因素，说明它对于解释总体变异的效力远远大于其他因素，因而也是最重要的激励因素。这一因素中，公平的含义包括了员工对自己在工作中的付出和所得到的报酬之间进行比较时感觉到的公平、对自己的现在和过去进行比较时感觉到的公平，以及对自己与他人进行比较时感觉到的公平；发展的含义包括了员工个人能力的发展、地位的提高，以及与个人发展密切相关的企业的前途和发展。公平与发展因素被定为第一激励因素，反映了我国企业员工在工作中对公平的需要以及对个人成长发展的强烈追求。

（2）认可

认可因素对于员工的激励也起着相当重要的作用。领导对员工意见的重视，对员工工作成绩的肯定和赞扬，同事和家人对员工的尊重，员工在企业和社会上地位的提高，在工作中能力的充分发挥，以及员工从所得工作报酬中体会到的一种对自己工作成绩和价值的承认等，都是一种认可。

（3）工作条件与报酬

工作条件与报酬因素中，工作条件包括了工作任务的强度和难度与个人能力相适应的程度，工作环境安全舒适，工作内容富有吸引力，工作中有良好的分工、协作及严格的规范等；报酬则既包括了工资、奖金和福利待遇等物质报酬，也包括了工作中才能的发挥、领导和同事的赏识、员工个人地位的提高等精神报酬。

从上面的分析可以看出，公平与发展、认可、工作条件与报酬这三个激励因素，有着极为密切的关系，它们的含义有很大程度的交叉和相互重叠。这一点，从斜交因子相关阵所反映出的因素间的相互关系中可以得到证实。

（4）人际关系

人际关系作为激励因素，既是指工作中亲密的同事关系、良好的上下级关系，也是指工作之外的良好的家庭及邻里关系。

（5）责任

责任因素指员工在工作中所承担的责任。这种因素为员工调动起自己的能力和精力去更好地完成工作提供了动力。责任因素和认可因素之间有密切的联系。实际上，让员工在工作中承担一定的责任，也是对员工能力和价值的一种认可。

（6）基本需要

基本需要因素在六个激励因素中是作用最弱的一个，它是指人类最基本的需要，即生理和安全需要的满足。

4.六个去激励因素的提取

通过对去激励分量表做因子分析，我们得到变量相关矩阵和主因子解。其中，特征值大于1的主因子有五个，累积贡献率为.506。为了提高公因子的方差累积贡献率，把特征值为.989的第六个主因子也抽取出来作为公因子。这样，六个公因子的方差累积贡献率达到了.549。

我们对初始因子载荷阵用最大前进法做斜交旋转，得到斜交因子载荷阵和斜交因子相关阵。斜交因子相关阵中，公因子F_1与F_4、F_1与F_2的关系非常密切，相关系数分别达到.656和.548。

根据各公因子的载荷分布情况、各变量间的相关、各变量间的公共因子方差及公因子所包含的高载荷变量的意义，同时参考公因子间的相关性，我们对六个公因子的含义做出解释并加以命名。表7-16列出了六个去激励公因子的名称及所包含的主要变量的内容。

表7-16　　　　　　**六个去激励公因子的名称及主要变量的内容**

因素	名称	项目*	内　　容
F_1	公平与认可	（42）	领导专制，不听群众意见
		（28）	调资、晋级、分房时，受到不公正待遇
		（43）	得到的报酬与所做工作不相称
		（33）	奖惩没有与实际表现相结合
		（31）	领导不关心群众生活
		（32）	即使表现出色，也没有提升的机会
F_2	人际关系	（41）	在单位里得不到他人的尊重
		（45）	工作成绩不被人注意
		（44）	家庭及邻里关系不和
F_3	责任	（39）	在工作中没有什么责任要承担
F_4	工作条件	（25）	工作单调重复，没有吸引力
		（17）	单位不能为员工提供好的居住条件
		（26）	规章制度不明确、不合理
		（24）	本单位经营管理混乱，看不到前途
		（15）	领导作风不正
F_5	发展	（29）	缺少参加学习和培训的机会
F_6	工作的报酬	（3）	与同行其他企业相比，收入及福利较差
		（6）	在企业中自己的才能没有发挥出来

*项目是指"影响员工积极性的激励因素调查表"中的项目及其排列序号。

通过这些统计和分析，我们得到了六个去激励因素，它们分别被命名为：①公平与认可；②人际关系；③责任；④工作条件；⑤发展；⑥工作的报酬。

与对激励分量表的结果分析过程相类似，根据斜交后的因子载荷阵，我们可以求出去激励因素的斜交因子得分阵，对各去激励因素的因素分数进行不同文化程度、不同性别和不同年龄被试者间的差异检验。

（1）不同文化程度被试者间因素分数的差异检验

对初中以下、初中、高中、大中专四组被试者，在各个去激励因素上的因素分数进行方差齐性检验。结果表明，在"人际关系"、"工作条件"和"发展"三个因素上，各组因素分数的差异为非齐性，而在其他三个因素上，各组因素分数的差异为齐性。对后三个因素上各组因素分数进行方差分析的结果表明，四组被试者在"责任"因素上的因素分数存在着显著性差异，而在另两个因素上不存在显著性差异。

（2）不同性别被试者间因素分数的差异检验

我们仍是先对男、女被试者在各去激励因素上的因素分数进行方差齐性检验。结果表明，在"人际关系"、"工作条件"和"发展"因素上，两组被试者的因素分数方差非齐性，另外三个因素显示出方差齐性。我们对三个显示方差齐性的因素的男、女被试者间的因素分数进行T检验的结果表明，它们之间均不存在显著性差异。

（3）不同年龄被试者间因素分数的差异检验

我们对30岁以下和31岁以上两组被试者，在各因素上的因素分数做方差齐性检验和T检验，结果发现，在"发展"因素上的方差显示出了非齐性；对其余的五个因素上各组间因素分数进行T检验，发现两个年龄组的被试者在"公平与认可"、"人际关系"和"工作条件"这三个因素的分数上均表现出显著性差异。

5.去激励因素在我国企业中的含义

通过对去激励分量表中23个项目做因素分析，我们对降低和挫伤员工工作积极性的各方面的内容进行了概括和提炼，抽取出了六个去激励因素。这六个因素在更高的层次上反映了去激励内容的实质。

（1）公平与认可

公平与认可因素，作为被抽取出的第一个去激励公共因素，其特征值和方差贡献率都远远高于其他公共因素。这说明它对解释总体变异的效力远远大于其他因素，因而是最为重要的去激励因素。这一因素中，"公平"的含义是指员工对自己在工作中的付出与所得到的报酬进行比较时缺乏公平感，对自己的现在和过去比较时缺乏公平感，以及对自己与他人进行比较时所感到的不公平；"认可"的含义是指员工的工作成绩和出色表现得不到领导和同事的承认与赞扬，领导对员工的意见和要求不予重视，以及员工不能从工作报酬和待遇中体会到对自己工作成绩和价值的承认等。

（2）人际关系

人际关系因素是指工作中同事关系紧张，上、下级关系不够融洽，工作之外家庭及邻里关系失和等。

（3）责任

责任因素是指工作中没有承担一定的责任及工作中责任不清。

（4）工作条件

工作条件因素包含了工作内容缺乏吸引力，工作环境恶劣，工作难度和强度与个人能力不相适应，工作中缺乏合理的分工和明确的规章制度，工作单位经营管理混乱等。

（5）发展

发展因素包含了个人发展机会的缺乏和单位发展前景黯淡等内容。

（6）工作报酬

该因素的含义同时包含了物质报酬的缺乏和精神报酬的缺乏两方面。物质报酬的缺乏指通过工作而得到的工资、资金和福利待遇等，不能满足员工对于物质生活的要求；精神报酬的缺乏指员工在工作中才能得不到发挥，工作成绩得不到领导和同事的赏识，缺乏精神上的满足感。

从对去激励因素含义的讨论中我们可以看出，公平与认可因素和人际关系因素的含义存在着较大的重叠，两因素的关系较为密切。同时，公平与认可因素和工作条件因素的含义也有很多的交叉，两因素的关系也较为密切。

在抽取的六个激励因素和六个去激励因素中，分别出现了由两方面内容组成的复合因素。如激励中的公平与发展因素实际包含了公平与发展两方面的内容，而在对去激励因素的因素分析中，它们被分成了公平与发展两个独立的因素。去激励因素中的公平与认可因素也是这样一个复合因素，它包含了公平与认可两方面的内容，在对激励因素的因素分析中，它们又表现为两个独立的因素。可以这样认为，这些包含两方面内容的复合因素可以分为两个平行的、具有同等重要程度的两个重要因素。

7.3.4　我国教育系统中的激励与去激励因素

1.教育系统中的激励与去激励因素

根据大量实验研究（其方法与在企业中所做的调查相同，故方法细节全部从略），经聚类分析，我们将教育系统中的激励与去激励因素归纳为七大类（见表7-17）。

从表中可见，这七大类因素主要是个人成长进步、领导行为、工作本身性质、报酬、人际关系、学校政策和个人问题。每一类别中还包含不同的项目。我们发现，当前教育系统中激励因素与去激励因素并存的局面极大地困扰着广大师生员工，如教职员工有强烈的个人成长进步的成就需要，但学校缺少使其实现的可能；教职员工有对工作极强烈的责任感，但实际上在工作中有明显的"混日子"现象；教职员工有极强的自尊心，但实际上待遇、收入和社会地位低，以及与领导的矛盾会导致强烈的挫折感。总之，教职员工的理想与现实生活之间发生了剧烈的冲突，这种强去激励效应导致了他们积极性的下降。

2.激励因素和去激励因素的等级排列

进一步的分析表明（见表7-18），在学校中属于强激励的因素有三项：报酬（奖金）、领导行为（公平与否）和人际关系（与领导、同事关系）；属于较强激励的因素有四项：个人成长（提升、晋级）、政策（规章制度合理化）、工作性质（工作责任性）和领导行为（上级信任与赏识）；

表7-17 教育管理中激励与去激励因素的分类

激励因素		去激励因素	
类 别	项 目	类 别	项 目
个人成长进步	(1) 有提升、晋级机会 (2) 有学习、培训机会	个人成长进步	(1) 无提升、晋级机会 (2) 无学习、培训机会
领导行为	(1) 领导作风端正，办事公平 (2) 领导对自己很信任 (3) 领导关心群众困难	领导行为	(1) 领导对群众的批评、处分不公正 (2) 工作得不到领导赏识 (3) 领导不关心群众困难
工作本身性质	(1) 工作中承担重要责任 (2) 工作岗位理想，有意义 (3) 工作有较多自主性	工作本身性质	(1) 工作职责不清 (2) 工作量大，无法完成 (3) 工作单调没意思
报酬	(1) 奖金 (2) 工资	报酬	(1) 扣奖金 (2) 扣工资
人际关系	(1) 与领导、同事人际关系良好 (2) 领导、同事都在努力工作	人际关系	(1) 与领导、同事相处不愉快 (2) 领导、同事工作懒散
学校政策	(1) 学校各项规章制度合理 (2) 提升、晋级公平合理	学校政策	(1) 学校规章制度不合理 (2) 提升、晋级中存在不合理现象
个人问题	(1) 情绪饱满，身体强壮 (2) 个人生活称心满意	个人问题	(1) 情绪低落，身体不适 (2) 家庭不和，邻里纠纷

属于较弱激励的因素有三项：报酬（工资）、领导行为（领导对员工生活的关心）和工作性质（工作有较多的自主性）；属于弱激励的因素也有三项：工作性质（工作环境、工作岗位、工作量等）、个人成长（学习、培训机会）和人际关系（领导与同事是否努力）。

这一结果反映了一些现实情况，如教职员工对领导行为十分重视，若领导行为表现得很差，将直接影响教职员工的积极性。此外，教职员工对工资的要求高，但得不到满足，所以工资也只有较弱激励的作用。由于教职员工比较注重眼前利益，对个人成长、工作环境等并不十分重视，因而这些因素只有弱激励作用。

表7-18   **激励因素按强度水平的等级排列**

激励水平的等级	激 励 因 素	
（强度）	类　别	项　目
强激励	（1）报酬 （2）领导行为 （3）人际关系	奖金 公平与否 与领导、同事关系
较强激励	（1）个人成长 （2）企业政策 （3）工作性质 （4）领导行为	提升、晋级 规章制度合理化 工作责任性 上级信任与赏识
较弱激励	（1）报酬 （2）领导行为 （3）工作性质	工资 领导对员工生活的关心 工作有较多的自主性
弱激励	（1）工作性质 （2）个人成长 （3）人际关系	工作环境、工作量、工作岗位 学习培训机会 领导与同事是否努力

表7-19为去激励因素的等级排列。比较表7-18与表7-19我们发现，强去激励因素与强激励因素基本上是对称的，其中领导行为一项在强去激励因素中更为突出。较强去激励因素与较强激励因素间不完全对称，前者主要为领导行为与人际关系。较弱去激励因素的项目较多，与较弱激励相比是不对称的。弱去激励与弱激励也不是完全对称的。这说明，强激励、较强激励与强去激励、较强去激励之间有相当的对称性，而弱激励、较弱激励与弱去激励、较弱去激励之间则无对称性。

为了使教育管理中的去激励因素转化为激励因素，我们建议教育管理机关及管理人员要认真研究这七大类激励与去激励因素，有计划、有目的、有步骤地采取措施，实现由去激励向激励的转化。

（1）要加强思想政治工作的实效性。

（2）在个人成长进步方面，如在评定职称的工作中，要切忌方式方法简单化、形式化和粗暴化，要做细致的思想工作，尽可能地帮助知识分子"自我实现"。

表7-19　　　　　　　　去激励因素按强度水平的等级排列

去激励水平的等级 （强度）	激 励 因 素	
	类　别	项　目
强去激励	（1）领导行为 （2）报酬 （3）个人成长	受到不公正的批评与处分 奖金被扣发，工资被扣发 提升、晋级中存在不合理现象
较强去激励	（1）领导行为 （2）人际关系	领导不关心员工的个人生活 与领导、同事相处得不愉快
较弱去激励	（1）领导行为 （2）个人问题 （3）个人成长 （4）工作性质 （5）企业政策	工作得不到领导的赏识 情绪低落，身体不适 缺少提升、晋级机会，缺少学习、培训机会 工作职责不清 规章制度不合理
弱去激励	（1）个人问题 （2）工作性质	家庭不和等个人问题 工作单调没意思

（3）在人际关系方面，要防止上下级之间的误解，多加强信任与尊重；同事间要防止猜疑、敌对、嫉妒，要创造一个和谐的人际环境。

（4）在领导行为方面，要防止不公平、排斥、压制、打击报复等现象，树立领导者是"公仆"的观念，真正关心群众的工作、学习和生活。

（5）在工作安排方面，要尽量做到"人尽其才"，使工作与人的才能实现最佳匹配。

总之，只要我们善于诊断哪些是能调动员工积极性的激励因素，哪些只是防止员工产生不满意感的保健因素，哪些是要挫伤群众积极性的去激励因素，在诊断基础上采取切实有效的措施，消除去激励因素，就能使教师的积极性得到持续的提高。

主要概念

同步激励论　公平差别阈理论　激励—去激励连续带模式

思考题

1.通过案例分析，说明物质与精神激励不同步会造成什么样的后果。

2.试用公平差别阈理论阐述当今社会中的不公平分配现象，并提出改正的措施。

3.如何应用激励—去激励连续带模式，促使去激励因素向激励因素转化？

学习目的

- 了解哪些是宏观环境中的激励因素及其对个体激励力量的影响
- 了解哪些是微观环境中的激励因素及其对个体激励力量的影响
- 掌握社会正义的两项基本原则
- 全面理解为了树立社会正义必须建立具有道德人及道德能力的良序社会
- 学会分析组织环境对有效激励的影响

8.1　宏观环境中的激励因素对个体激励力量的影响

我们每个人都生活在一个具体的宏观与微观环境中，宏观环境中的激励因素包括整个社会的政治因素、经济因素、社会心理因素以及文化教育因素。我们可以用图8-1表示。

政治因素对个体激励力量的发挥起着决定性的影响作用。我国的社会制度从根本上来说会对广大群众起着极为巨大的激励作用，当前的经济建设也具有重大的激励功能。实现和谐社会、幸福美好社会的伟大理想与信仰的追求也是一种无比巨大的激励力量。但是，政治生活中的某些不足，如官员腐败、房价与物价上涨等使人们的心理承受力有所降低，甚至出现了理想与信仰危机等，这些都会减弱对个体的激励力量，甚至出现去激励效果。

政治因素： 社会政治制度，政治理想，信仰，深化改革开放的 远景，政策等			
经济因素： 生产力水平，国民经济生产总值（GNP），经济水 平，物价，工资水平等	影响	个体 激励 力量	影响
社会心理因素： 社会公平与正义，良好的社区环境，生活水平提 高，服务质量优，社会保障制度完善等			组织的 社会 经济 效益
文化教育因素： 提高全民的素质教育，加强道德教育，提升高品位 的文化事业等			

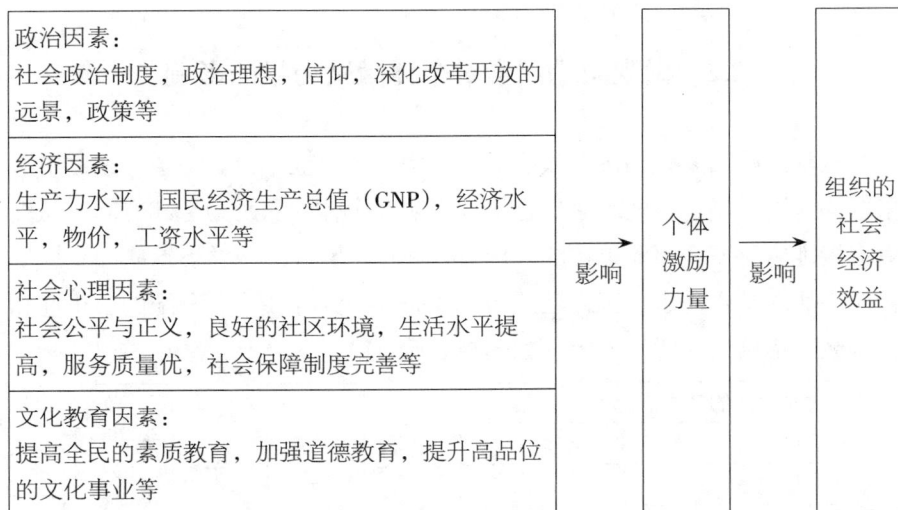

图 8-1　宏观激励因素对个体激励力量的影响

经济因素对个体激励也起着举足轻重的作用。随着生产力水平的提高，工资水平提高，物价稳定，生活水平提高，人民过上富裕的生活，这本身就是一种巨大的激励力量。如果生产力水平低，工资水平低，物价不稳定，人民生活水平提高不快，就会减弱个体的激励力量，甚至会产生去激励效果。

社会心理因素对个体激励也起着重要的影响作用。以权谋私、任人唯亲、收入不公正、商品和服务质量低劣等不正之风，会极大地削弱对个体的激励力量，产生去激励的效应。只要我们坚持廉政，反对不正之风，任人唯贤，收入公正，商品和服务质量得到提高，就会改变社会风气，提高社会心理因素对个体的激励力量。

文化教育因素对个体激励力量也有影响。提高全民的教育质量就能使人的素质得到全面提高。通常素质高的人，内在的个体激励力量也高。此外，坚持共产主义的思想与道德教育，坚持为人民服务，也是从根本上提高个体激励力量的重要途径。

8.2　微观激励因素对个体激励力量的影响

　　微观激励因素包括每个人生活在其中的企事业单位、街道、家庭中所采取的激励措施。这些因素更直接地影响着个体的激励力量和方向，从而更直接地影响着企事业单位的管理效率和社会、经济效益。这些因素包括物质生活的基本需求、工作性质与工作条件、人际关系、分配的公正性和各种激励措施实现的情况等（如图8-2所示）。

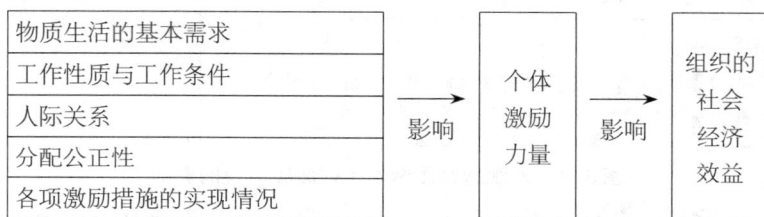

物质生活的基本需求		
工作性质与工作条件		
人际关系	影响 →　个体激励力量　→ 影响	组织的社会经济效益
分配公正性		
各项激励措施的实现情况		

图8-2　微观激励因素对个体激励力量的影响

　　物质生活的基本需要能否得到满足，决定着对个体起激励抑或去激励作用。目前我国民众的某些低层次的需求比如住房问题尚未获得满足。此外，物质利益分配的不当也会造成人们心理上的障碍，产生去激励作用。少劳多得、多劳少得的现象也阻碍了群众积极性的提高。

　　工作性质的丰富化和工作条件是否能满足员工的需求，也决定着这一因素对员工是起激励作用还是起去激励的作用。有的企业至今还存在着照明、噪声、食堂、浴室、厕所条件非常糟糕等问题，严重地影响了员工的积极性。在这样的条件下，个人的聪明才智、特长和水平是难以发挥出来的，因而也会降低个体的激励力量。

　　人际关系融洽会提高人的积极性，而人际关系不融洽则会削弱激励力量，甚至会产生去激励效应。上下级关系不协调、同事之间关系不融洽等，都会妨碍人们的工作热情。因此，我们不能小看人际关系对员工的消极影响。

　　分配上的公正感会带来极大的激励力量，反之，分配上的不公正感会带来严重的去激励效应。有的人看到别人都富起来了，而自己相对贫困，就会产生心理上的不公平感。当人们感到自己的收入与自己的贡献相比太低了的时候，就很难有什么积极性了。目前，社会分配的不公正感削弱了激励力量，形成了严重的去激励因素。

8.3 协调宏观与微观激励因素以增强对个体的激励力量

目前，我国客观上存在着国家、社会所营造的宏观激励因素，以及各企事业单位具体实施着的各项微观激励举措。为了调动员工的积极性，系统建立适应形势的宏观激励理论及各种激励方法，与此同时，建立适用于微观情况的各种微观激励理论及各项具体的激励措施，是十分紧迫的工作。而建立我国激励理论模式无疑是一项巨大的系统工程。

宏观与微观激励因素之间是相互制约、相互影响的。我们正在进行的改革开放事业制约着每一个具体单位内的微观激励效力。如经济体制改革、所有制方面的改革与结构调整、国家是否提供必要的外部条件、企业的自主权是否得到落实等，都制约着单位内微观激励的效果。消除社会不公正感更要依靠党和国家的具体政策的落实。总之，只有在宏观激励措施落实的情况下，微观激励措施才能实施并见效。当然，某些微观激励措施也不一定要等到宏观条件完全具备后才能实施，在微观上起作用的激励措施对宏观激励也是一个促进和推动。

总之，我们要将宏观与微观激励措施协调起来，有机地统一起来，同步应用，这样才会产生激励个体的最大力量。

8.4 社会正义与激励

8.4.1 社会正义

社会环境以什么来激励公民？显然，社会环境要显示出社会正义，给人们正义感；要显示出社会公平，给人们公平感；还要给人们足够的尊重，使人们有尊严感。此外，还要给人们以人际温暖，让人们体会温暖感。

只有当人们生活在一个充满社会正义、社会公平，给人尊严和人际温暖的环境中，才会有积极性，才会产生持续的激励。而当人们觉得周围环境充满着不正义、不公平，缺乏尊严感与人际温暖感时，人们的积极性就调动不起来，也就丧失了激励的动力。

在此，我们重点阐明什么是社会正义，社会正义的原则是什么，如何建立具有道德人的良序社会以确保社会正义。

罗尔斯的社会正义论的主要观点，将有助于我们对此问题有一个全面的了解。

8.4.2　社会正义论

约翰·罗尔斯（John Bordley Rawls，1921—2002），美国政治哲学家、伦理学家，普林斯顿大学哲学博士，哈佛大学教授，被公认为是 20 世纪英语世界最著名的政治哲学家之一。

1971 年，罗尔斯出版了《正义论》（哈佛大学出版社出版）一书，书中系统阐述了社会正义的理论与观点。

罗尔斯指出，"正义"是社会制度的第一美德，人们需要政治的与社会的正义。只有在这种环境下，人们才能得到真正的激励。

1.正义的原则

按照罗尔斯的观点，有两个正义的原则是可以达成共识的：

第一个正义的原则是要求所有的公民都能享有平等的政治权利，这表明所有公民事实上都拥有一种通过基本的社会制度获得平等对待的权利。这一正义原则表明，在一个平等的基本权利和自由完全相应的系统中，平等的政治自由的公平价值将得到保障。

第二个正义原则涉及在一个社会中业已存在的社会和经济的不平等，但这种不平等必须满足以下两个条件才能存在：第一，所有的工作和职位在公平的机会均等的条件下向所有人开放；第二，它们必须做到最有利于那些处于最不利地位的社会成员，即让弱势群体受惠。

罗尔斯的以上两项正义的公正原则表明：第一正义原则要求建立一个所有公民都能享有平等政治权利的宽容、自由的系统；第二个正义原则涉及在一个社会中业已存在的社会和经济的不平等，但其条件为要求所有社会职位对全体公民机会均等地开放，并给弱势群体以优惠条件。

由此，社会正义是指要求全体公民享有平等的基本自由及公平的均等机会，这就是现代社会中公认的政治与社会正义的基本要求与含义。

罗尔斯的社会正义论表明，社会正义的内涵是指全体公民都享有平等的基本自由和公平的均等机会，同时在社会财富的分配上首先照顾处在最不利地位的社会成员——弱势群体。这是因为弱势群体（疾病、残障、失业）自己没有能力获得所必需的物质资料，但他们拥有获得社会性援助的权利要求。

显然，正义原则应该广泛地体现在现代民主社会的政治、法律、教育和文化体系中。

2.政治正义与社会正义

正义可区分为政治正义与社会正义两类。政治正义涉及自由、平等、公民的政治参与与权利。只有当社会制度满足政治正义的基本权利要求，并能保障所有公民的法定的社会生产财富时，才算达到了政治正义的要求。

社会正义涉及一个社会整体制度的基本结构以及由它来确定的社会制度。这些体现的是一种集体的关系，涉及集体可支配的财物和资源如何公正地分配。总之，我们需要通过制度规范来体现社会正义。

3.社会正义与构建良序社会

要实现社会正义就必须建立一个自由、平等，并具有道德人的良序社会。良序社会是一个公平的社会合作系统，这一系统通过认同的正义的基本原则来调节。

怎样才算是一个自由、平等并具有道德人的良序社会呢？

首先，社会的物质财富与资源能满足以下两个条件：

（1）最低限度的物质财富与资源将得到保障，以此使基本生活得到保证。

（2）生存所需物质财富，按差异原则分配，照顾到弱势群体（最少受惠者），即弱势群体的分配要达到最大值。

同时，良序社会中还要有对人的尊重与对自己的尊重，即尊重与自重。

4.良序社会中的道德人及其道德能力

社会正义体现在一个良序社会中，其中具有真正的道德人。在良序社会中的道德人是通过两个基本的道德能力体现的：正义感和向善能力。

正义感是第一种基本道德能力和意愿，以此去理解正义的基本原则及普遍的社会规范。

向善能力是第二种基本道德能力，即趋向善观念的能力。善观念包涵文化、宗教、道德价值观念等内涵。善观念表示人自身作为善良和正确的力量而存在并坚持着。

在一个公正的社会中，正义感和善观念是人所共知的，这两种基本道德能力也是社会正义所必须具备的。

公民的基本自由（思想良心和宗教）是实现向善能力的前提。

我们的目标是建立一个政治基本自由和公民基本自由的平等、稳定的体系，这是提供发展两种基本道德能力的条件。作为公民，对平等、基本自由、两种道德能力的需要都有最高等级的诉求。

一个公正的社会，它的稳定性取决于所有成员都拥有良好发展的正义感，自愿顺从公正的社会规则。

5.良序社会中的自我尊重

自我尊重与自我信任对所有社会成员来说，都是不可放弃的财富。罗尔斯认为，一个通过平等政治和公民的基本自由体系而形成的良序社会，为所有人的自我尊重和自我信任提供了最好的社会基础。实现了政治和公民的基本自由，就可以保障所有社会成员的地位，具有自由与平等权利的公民都被赋予自我尊重的意义，这方面的激励效果远大于物质利益的改善。

在良序社会中，自我尊重的社会基础是只有在以下两个条件都得到满足时才能实现：

（1）一个人深信他自身的价值，也深信追求的目标和生活都是有价值的。

（2）深信自己的生活计划是可以设计并实现的。

自我尊重的人，其个人能力与成绩都为他人所认同与支持，并为他人提供帮助与支持。自我尊重的人同时也将获得物质与人际支持。

总之，良序社会中的公民应具有规范性的"自我理解"，相互认同对方为自由和道德人，同时充满自我尊重感。

8.5 组织环境对有效激励的影响

环境会唤起人们的动机或压制人们的动机，从而影响激励效果。

表 8-1 显示了组织环境对权力激励、成就激励和归属激励的影响程度。

表 8-1 　　　　　　　　　　　组织环境对激励的影响

环　　境	对权力激励的影响	对成就激励的影响	对归属激励的影响
组织结构（有条例、规定和程序的严格结构）	增强	减弱	减弱
职责（有主人翁感）	增强	增强	增强
奖励（强调积极的奖励而不是惩罚）	无影响	增强	增强
风险（强调敢于承担风险和接受挑战）	减弱	增强	减弱
温暖（友好无拘束的群体气氛）	无影响	增强	增强
支持（相互支持，主管人员及助手会给予帮助）	无影响	增强	增强
标准（认识到隐含与明确的目标以及工作标准的重要性，强调把工作做好，目标具有挑战性）	增强	增强	减弱
矛盾（强调听取不同意见，把存在的问题公开）	增强	增强	减弱
身份（觉得自己属于公司，并感到自己是有用的成员）	无影响	增强	增强

　　由表8-1可见，三种动机（激励）的强弱程度都不同程度地受组织环境的影响。

　　显然，官僚体制的组织结构与权力激励呈正相关，而与成就、归属激励呈负相关。责任制严格、标准明确的组织结构与成就激励呈正相关，与权力激励关系一般，与归属激励无关，甚至呈负相关。

主要概念

宏观环境中的激励因素　微观环境中的激励因素　社会正义　第一正义原则　良序社会

思考题

　　1. 宏观环境中的激励因素有哪些？其对个体与组织的影响力如何？

　　2. 概述罗尔斯的社会正义论中的正义原则。

　　3. 如何培育良序社会中道德人的道德能力？

　　4. 举例说明不同组织环境对不同动机激励的影响。

民主与参与管理的
激励功能　第9章

学习目的

- 分析世界民主与参与管理的方向及其启示
- 认识我国民主与参与管理的现状，以及强化民主与参与管理的迫切性
- 理解强化我国民主与参与管理的各种实际措施
- 分析对领导者本身的激励有助于推动民主与参与管理的实施

9.1　民主与参与管理是历史发展的趋势

9.1.1　民主与参与管理的实质

在企事业单位实行民主管理是全世界各国管理思想发展的共同趋势。在企业实行民主管理是一种重要的变革。第二次世界大战以后，西方国家很重视推行民主管理，将民主管理的内容分为两个层次：一为高层次的工业民主，二为低层次的参与管理。工业民主就其性质而言是一种结构性变革，而参与管理就其性质而言是一种行为性变革。

工业民主是管理方式的一种正规的结构性变革，其目的是使管理者与工人共同做出决策，就其形式而言是组织起来的民主。工业民主通过特别委员会、常设委员会、顾问委员会、董事会等管理决策层，实施管理者与工人代表的共同决策，以提高权力平均化水平。决策结果的某些方面可以由法定许可的工人代表来执行。

参与管理是一种非正式的行为性方法，其目的是使管理者与工人在工

作场所面对面地做出非正式的决策。故此种方法又称为"底层民主"。这是管理人员通过灌输、培训、社会压力或其他方法，使其下属自愿参与企业所有有关重要事件的决策。

工业民主与参与管理曾被西方国家称为管理思想的两张王牌。

9.1.2　国外工业民主管理的概况

在欧洲，工业民主的推广历时已久。瑞典在50年前就有了"谈话参与"这种初级民主管理形式，1946年已有劳资联合委员会定期解决问题与交换信息。现在，工厂主与工人共同做出决定，"自我管理小组""尽责民主"等工业民主管理形式已十分普遍。例如，瑞典的沃尔沃汽车工厂成立了"自治工作小组"，其目的是实行自治与决策自由。丹麦、挪威等北欧国家都相继效法瑞典，ICI等一些大企业都在实行工业民主管理。

在英国，工人代表原本在董事会中没有法定地位，但1984年建立"联合代表委员会"后，工人在董事会中就有了代表权。20世纪30年代中期，美国人提出"斯坎隆计划"（Scanlon Plan）以实现工业民主，在钢铁企业成立了"联合劳工经理委员会"。

第二次世界大战后，日本企业也广泛开展"自主管理"，以实现工业民主。日本新日铁大分制铁所焦炉工场实行自主管理，把雇员当做发展企业的原动力，设法通过自主管理让工人在企业管理上占有一席之地。其成果是显著的，如一个有70人的车间每月要举行两次成果发表会，每次都有七八件成果发表，从而促进了生产与管理，取得了良好的经济效益。

德国在工业民主与参与管理方面也颇有成效，现举以下实例说明。

【实例1】　　　　　　柏士特公司的员工参与管理制度

德国柏士特公司的员工参与管理制度的基本点，是将部分决策权交给工人，并使工人拥有公司二分之一的股权。其具体内容为：①设立管理董事会和监督董事会。前者专门负责管理公司的行政业务，后者监督前者，主要决策必须由两个董事会共同做出，并用信件的形式通知全体员工。监督董事会由9人组成，其中5名为工人。②成立工人专业委员会，负责执行工薪制度、退休员工社会救济等工作。③员工评审经理人员。如若多数员工认为某个经理不称职，应解聘或调任其他工作。④让员工了解参与管理制度的实施情况。公司给每个员工一份影印件，使员工了解员工代表参与管理的情况，如若不满意可提出指控，由从高等法院聘请来的一位法官担任主席的裁决部门裁决。⑤设立特别的员工福利制度。例如，对55岁以上的员工，如本人愿意可以延迟退休，因年老不胜任现职则可申请调任轻松的工作。据了解，该公司实行员工参与管理制度以来，公司利润直线上升，工薪水平比其他同类公司高出20%~30%。

参与管理制度已成为西方国家企业管理的潮流。欧盟还规定成员国要实行员工参与管理制度，可见员工参与管理对企业发展的作用。

9.2　参与管理的理论基础

9.2.1　参与管理的理论根据

参与管理与"目标融合"和"自我控制"等Y理论的原则完全相符。参与管理是在创造一种机会，使有关人士在适当的条件下对可能影响他们本身的各项决策产生影响力。

参与理论包括两种模式，一种为参与的人际关系模式，另一种为参与的人力资源模式。第一种模式，将参与作为达到合作、改善士气的一种手段与缓和下属抵制政策和决定的一种方法。第二种模式，认为组织成员是未开发的潜力，参与是达到直接改善个人和组织绩效的一种手段。通常，管理者希望按人际关系模式行事，下属希望按人力资源模式行事。

参与的概念出自Y理论的各项基本假定，其出发点是要对下属提供一种满足他们的自我需要的机会，由此来影响他们朝向组织目标努力的行为动机。

员工在参与管理中会发现：处理各项问题和探寻解决各项问题的答案原来也是一种需要的满足。他们可以"自己动手做"，这样会觉得自己对自己的命运有了若干控制权，可以从参与中得到更大的"独立感"。

参与管理，可以与"目标融合"和"自我控制"并存，配合运用。

9.2.2　参与管理的实现条件

实现参与管理的条件，首先是管理者持有以下观点：①应有开发下属潜力的愿望与对下属的信任。②要认清对下属的依存性。③应该力求避免过分强调个人权威可能产生的不良后果。运用参与管理的主要目的之一，就是鼓励部属的成长，鼓励部属加强其承担责任的能力。管理者这种宽大的胸怀是能否推行好参与管理的先决条件。

下属参与意识的强弱是能否实现参与管理的另一条件。依附性强的下属，参与意识弱，参与的愿望不强，希望一切听命于领导。对这一部分人要通过教育、训练增强其参与意识。依附性弱、独立性强的下属，参与的愿望强烈，不喜欢一切服从于上级，因而乐于积极地参与管理。当然，参与意识的强弱取决于个人的文化程度、个性特征、性别差异、职业特征和社会经验等因素。

9.2.3　参与管理的数量与质量

参与管理的数量，是指参与的次数、有无协商以及有多少次协商。参与管理的质量，是指管理者是否持信任下属能力的态度。因此，参与管理包括协商次数（数量）与信任程度（质量）两个维度。

参与程度的高低与参与的质量和数量相关：管理者对某一问题做出决策之前，先与下属共同讨论，再做出最后的决定，这种质量高、数量多的参与是最高程度的参与。管理者做出了决策，再与下属讨论最佳的执行方法，不在意采用什么方法来执行，只求决策能够实现，下属能表示自己的意见，这种参与的程度也较高。管理者做出了决策，让下属讨论"已经决定了的决定"，将决策转告下属，讨论会中有自由反映的气氛，这实际上也是一种参与管理的形式，只不过参与的程度较低。

R.E.麦尔斯和J.B.里奇研究了参与数量与质量与下属满意度的相关性。研究样本为美国西海岸6个分公司中5个级别的管理班组，共381名管理者，其中包括总经理和一般监督者。参与的数量指标是协商次数。参与的质量指标是上级对下属的信任程度，包括上级对下属的创造力、责任感等的评价与态度。研究采用下属对直接上级的满意度评价法。评价的等级为五级：非常满意，满意，有些满意、有些不满意，不满意和非常不满意。

该研究得出以下三方面结果：

1）参与数量与满意度的关系

图9-1表示了上级的协商数量与下属的满意度的相关性。

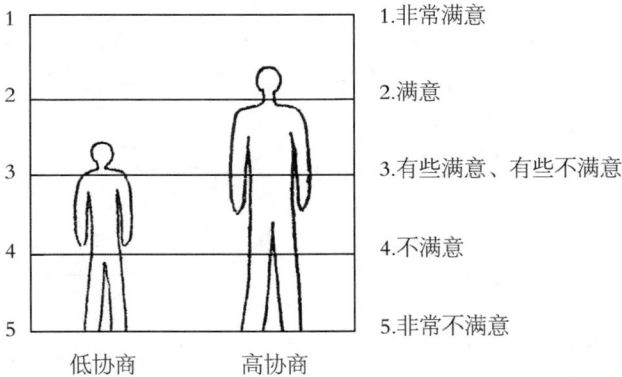

图9-1　上级的协商数量与下属的满意度的相关性

由图9-1可见，上级与下属之间协商次数少，则下属的满意程度低（分数高，满意度低）。反之，上级与下属之间的协商次数多，则下属的满意程度高（分数低，满意度高）。所以，我们可以得出"低协商低满意，高协商高满意"的结论。

2）参与质量与满意度的关系

图9-2表示了上级的信任程度与下属的满意度的相关性。

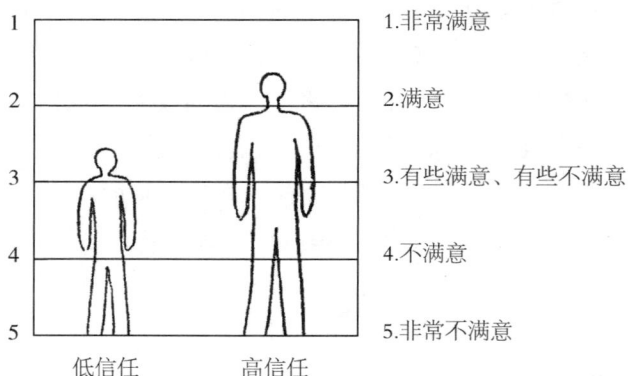

图9-2　上级的信任程度与下属的满意度的相关性

由图9-2可见，上级对下属低信任，则下属的满意程度低（分数高，满意度低），上级对下属高信任，则下属的满意程度高（分数低，满意度高）。所以，我们可以得出"低信任低满意，高信任高满意"的结论。

3）参与数量、质量与满意度的相关性

图9-3表示了协商数量和上级对下属的信任程度与下属满意度的相关性。

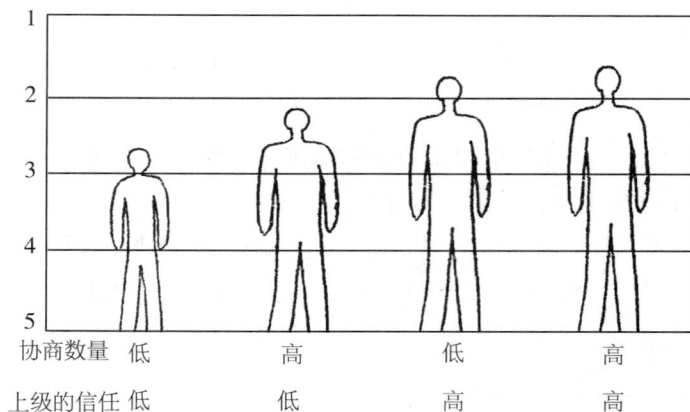

图9-3　协商数量和信任程度对下属满意度的影响

由图9-3可见，协商数量、质量对下属满意度的影响可分为四种情况：

　　（1）协商数量低、上级的信任度低时，下属的满意度最低。

　　（2）协商数量高、上级的信任度低时，下属的满意度较低。

　　（3）协商数量低、上级的信任度高时，下属的满意度较高。

　　（4）协商数量高、上级的信任度高时，下属的满意度最高。

　　因此，在参与数量与参与质量两个维度上，参与质量因素显得更为重要些。协商与信任都较差的领导者，实际上没有实行参与管理，而是倾向于按照X理论来管理。协商与信任都较好的领导者，实际就是在实行参与管理，即倾向于Y理论的管理方式。

9.3　我国企事业单位的民主管理

9.3.1　我国企事业单位实行民主管理的必要性

1.民主管理是国家民主建设的基础

《中共中央关于精神文明建设指导方针的决议》指出，高度民主是社会主义的伟大目标之一，没有民主就没有社会主义现代化，要切实推进党和国家政治生活的民主化、经济管理的民主化、整个社会生活的民主化，民主要制度化、法律化。可见，企业民主管理建设是整个社会主义精神文明建设的一个组成部分，是属于经济管理领域内的基层民主制度的建设。我国实行以工人阶级为领导的人民民主专政，在企业中工人的主人翁地位是不可动摇的，而工人的主人翁地位与权利是通过高度的社会主义民主制度来体现的。因此，企业民主管理建设是国家民主建设的基础，基层民主管理建设好了，国家的民主制度就能得以巩固。

2.我国的社会主义制度决定了必须实行最彻底的民主管理

如果说西方资本主义国家民主管理的实质只是一种获取更大利润的手段、一种较先进的管理方法，那么在我国民主管理不仅是一种手段、一种管理方法，而且是社会主义制度应该达到的目的。

西方资本主义国家实行的是生产资料私有制，因而在"资方"与"雇佣者"之间永远不存在真正的"民主",而我国实行的是生产资料全民所有制,员工是国家的主人、社会的主人、企业的主人,只有在我国才能实行真正的、彻底的民主管理。

当前,企事业单位要发展,固然需要多种条件,但活力的源泉在于广大员工的积极性、智慧和创造力,因为员工(群众)是社会主义企事业单位的主体,没有员工(群众)的这种能动力,要办好企事业单位是很困难的。

实践证明,在我国全心全意依靠广大群众的最基本、最直接、最普遍的体现是保障员工的主人翁地位。要实行真正的民主管理,应该把唤起员工的主人翁精神和调动员工的积极因素作为一件根本大事来抓。管理者要通过积极有效的思想政治工作启发员工的主人翁责任感,同时以多种组织形式、活动方式实现参与管理,把员工组织到企业的决策、经营管理、收支分配、干部任免以至生活福利等各方面的工作中去。与此同时,要在组织上、制度上切实保证员工(群众)行使民主管理的权利。

3.民主管理是对领导进行监督的好形式

我国企业领导体制是厂长负责制。厂长的中心地位、党组织的核心地位与职代会中的员工主人翁地位三者有机地结合在一起,构成企业领导集团,保证了企业的社会主义方向,保证了企业在重大问题决策上的科学化与民主化。因此,民主管理又是对企业领导进行监督的好形式。《列宁全集》中提到过列宁在十月革命以后,一方面主张在企业中实行"一长制",要求千百人的意志服从一个符合大生产规律的统一意志;另一方面,"为了防止这些人变成官僚,就要立即采取马克思和恩格斯详细分析过的办法:①不但实行选举制,而且实行撤换制。②薪金不得高于工人的工资。③使所有的人都具有对其进行监督和监察的职能。"

在我国企业的领导体制中厂长有两种身份,即管理者与公仆。员工也有两种身份,即被管理者与主人翁。正确处理好两个双重身份的关系,是发挥我国企业领导体制优越性、调动员工积极性的关键。上钢五厂、烟台合成革总厂实行的"双向检查""双向汇报"制度是其处理双重身份的一个好办法。所谓"双向检查"，即厂长下车间去检查工作，而工人代表也定期检查厂长与职能部门的工作，并且彼此向对方汇报，接受批评，共同办好企业。当然，矛盾的主要方面在于厂领导要增强公仆意识。实行这一制度后，工人高兴地说："这可真看出我们主人翁的地位来了。"不仅员工在生产中的主动性与积极性大大提高，而且厂长与各级干部为基层、为员工服务的方向也更加明确，大大提高了办事效率。正确认识民主管理在企业领导体制中的地位与作用，处理好厂长与员工之间的双重身份，是办好社会主义企业的根本途径。

9.3.2 我国民主管理的现状及强化民主管理的迫切性

1.我国民主管理的发展概况

从历史上看，我国民主管理制度诞生在第二次国内革命战争时期。当时，在中央苏区的公营企业中的民主管理是通过"三人团"（即厂长、支部书记和工会委员长）组织工人参加管理委员会来实施的。私营企业也建立了类似的劳资协商会。解放战争时期，各解放区的公营企业根据党中央与毛泽东同志的指示，普遍采用了工厂管理委员会和员工代表会议的形式实行民主管理。解放初期，根据毛泽东同志关于城市工作必须全心全意依靠工人阶级的指示，工人在企业中的地位受到尊重。

我国企业中有实行民主管理的优良传统，如20世纪50年代已经在推广的"鞍钢宪法"就是一种民主管理制度。但是，在以后学习苏联管理制度时，由于片面强调"一长制"，致使我国的民主管理经历了一个曲折发展的道路，以致到今天企业民主管理的水平也还没有达到令人满意的高度。

我们纵观我国民主管理的发展，有以下几点认识：

第一，民主管理的思想与制度是在我党建立工业企业之初已经确定了的，也就是说，它是社会主义企业管理中的特征之一，是必不可少的。

第二，一般来说，民主管理搞得比较好的时期或者单位，员工的积极性就发挥得比较好，企业能获得比其他类型企业更高的增长速度与效益。

第三，民主管理不是企业管理中的唯一制度，随着现代工业的发展，民主管理必须与其他现代化的专业管理相结合。我们特别要正确认识与处理好严格管理与民主管理、厂长负责制与职代会之间的关系。

总之，在建立具有中国特色的管理科学中，民主管理是一个重要方面，在提高我国企业管理水平的同时，民主管理的水平也要同步提高。

2.改革开放的新形势要求进一步加强民主与参与管理的激励功能

在改革开放的新形势下，员工与企事业单位的利益休戚相关，民主与参与管理的需要也日益强烈，这是员工主人翁意识的充分表现。员工的物质和精神需求只有在企业取得发展的情况下才能得到满足。如果企业因生产不景气而破产了，个人的物质与精神需求就不能满足。因此，员工萌发了强烈的主人翁意识，都主动关心企业的各项决策。

从领导与组织的角度看，由于实行了厂长负责制（有的企事业单位实行了行政首长负责制），所以领导者在决策中具有举足轻重的作用。但是，通过实践，领导者认识到要保证决策的准确性和科学性，必须实行民主管理，发挥广大员工的聪明才智，调动广大员工的积极性，只有全厂齐心协力，贯彻领导意图，才能实现组织目标。

随着科学技术的日益发展和员工队伍文化素质的不断提高，员工参与管理成了克服官僚主义、主观主义、指挥不当等问题的有效途径，同时也是推动企事业单位科技进步，实现科学管理的强大推动力。

在新的历史条件下，员工在做好本职工作的前提下，希望通过民主及参与管理来充实和发展自己。领导者不应忽视这一新的趋势，要通过实行民主与参与管理，满足员工的合理需求，为他们的自我实现与自我发展提供更加广阔的场所。

3.民主管理的状况

上海市总工会曾对全市4.3万名员工进行改革开放以来企业人际关系情况的调查。结果有1/3的员工认为，干群关系不如以前；有1/2的员工认为，工人与知识分子的关系不如以前；有1/3的员工认为，工人之间的关系不如以前。总之，人际关系不如以前，也就是说，员工的团结状况不如以前。1990年上海市政协在视察31家企业民主管理状况时，对287名员工代表进行了书面调查。员工们认为，影响员工当家做主、发挥积极性的主要因素中，领导干部民主作风差的占22%，比分配不合理、住房困难、生产条件差、交通问题等因素的影响要大得多。

造成这种情况的原因有两方面，一是员工本身的原因，另一方面是领导者的原因。比如，封建思想的影响使员工缺乏当家做主的主人翁意识，实行合同制也带来了雇佣意识，如一些人把厂长、经理称为"老板"，称自己是"伙计"。对领导者来说，也有些人由于封建等级观念的影响，没有真正将员工当主人看待。有的工人说："依靠依靠（依靠工人阶级），空口一套；标语挂得高又高，就是实的见不到。"也有的领导本身民主观念差，搞一言堂、家长作风等，这都使员工的积极性、创造性受到了严重的挫伤。

总的来说，我国在民主管理上存在着以下三个问题：

（1）认识上比较模糊。有的领导过多地偏重于专业管理的强化，而忽视对员工民主权利的维护，认为"企业里不应强调员工的主人翁地位，只应要求发扬主人翁精神"。有的领导把工作中的民主作风、走群众路线当做是民主管理的全部内容。

（2）在民主管理的内容上打折扣。员工们普遍认为，员工代表大会五项职权中评议监督权落实较差，推荐选举权没有落实，在生活福利问题上职代会应有决定权，但许多员工认为，是厂长决定了再向职代会报告。职代会形式主义严重，有的员工代表感到自己只是名誉代表，愧对群众，表示不想再当代表了。

（3）组织上制度化不够。有一家大型企业，2/3以上的分厂未建立职代会制度。企业管理委员会有名无实状况严重，活动没有制度保证，有的几年只活动一两次。

4.我国民主管理的迫切性

我国民主管理的迫切性可以从以下几个方面来认识：

（1）满足员工主人翁感的需要，发挥员工当家做主的责任性与积极性。西方国家和日本强调民主与参与管理，其目的是使工人有主人翁的感觉，以此加强员工与资本家的依存关系，促进员工积极性的提高。我国作为公有制国家，更应该采取一切有效手段，强化员工的民主与参与意识。要真正由员工当家做主而不是像资本主义社会中的那样，仅仅让员工有民主与参与的"感觉"。

我国员工的主人翁地位是国家制度所规定的，而且经过党的长期教育已经深入人心，成为人们的一种内在需要。如果企业领导不把员工当主人看待，员工就会不满，从而产生消极情绪与行为，当企业碰到困难时就难以与领导共同奋斗去克服困难。如果企业领导能够尊重员工的主人翁地位与权利，就能激发起员工主人翁的责任感与当家做主的积极性。有的工人说："领导把我们当人看，我们就把自己当牛干。"

在激发员工主人翁精神上有两点要特别注意：一是，领导干部必须以身作则，廉洁奉公。在社会主义企业中，员工与企业领导在地位上是平等的，只有当领导摆正自己的位置，作为企业的一个成员，而不是特权者，其号召力与以身作则行为就会形成一股强大的动力，带动员工共同去克服困难，完成任务。二是，把企业的利益与员工个人利益结合起来，使员工在实践中感到主人翁的作用。实践证明，有些企业进行的"企业利益共同体""双向承包制"（厂长与员工互相承包），都是激励员工主人翁精神的有效办法，但以上形式必须通过民主管理来实现。

（2）理顺干群关系，使厂长大胆地管理好工厂。当前企业存在的问题是：一方面是民主管理不足，另一方面是严格管理不够。员工不满意，厂长也叹气。有些厂长觉得难以处理好管理者与公仆的双重身份，对那些不合格的"主人"，不敢大胆管理；有的厂长对员工发扬民主有种种顾虑；有的厂长担心员工代表缺乏原则性；有的厂长认为员工代表提不出好的建议，开职代会是浪费时间等。应该承认，我国企业领导在管理上遇到的问题要比西方复杂得多。如果厂长单纯用西方式的严格管理，虽然也能取得一定的效果，但往往容易造成干群关系紧张。但如果厂长一味对员工迁就姑息，就会造成生产懈怠散漫，效率低下。其实这些不良现象的症结之所在，都与如何处理好干群关系有关，而处理好干群关系的主要途径是搞好民主管理。对厂长来说，应该通过民主管理来贯彻全心全意依靠工人阶级的思想，通过民主管理集思广益，调动员工的积极性与主动性，通过民主管理来推行现代化管理。不少企业的实践证明：绝大多数员工是维护企业利益的，而且重大问题经过群众共同决策后，往往会更加完善，执行起来也更顺利。因此，搞好民主管理，是进一步落实厂长负责制，让厂长能大胆管理工厂的一个重要环节。

9.3.3 我国工业民主的制度保证——职工代表大会

我国工业民主的实施是有立法、制度保证的。《中华人民共和国全民所有制工业企业法草案》中的第五章论述的就是企业的民主管理。例如，第四十六条明确指出，职工代表大会是企业实行民主管理的基本形式，是员工行使民主管理权利的机构。职工代表大会的工作机构是企业的工会委员会。第四十七条明确指出，职工代表大会行使下列职权：（1）听取和讨论厂长关于企业的经营方针，长远规划，年度计划，扩建改建方案，重大技术改造方案，员工培训计划，自有资金分配和使用方案，承包、租赁经营责任制方案的报告，提出意见和建议。（2）审议通过企业的经济责任制方案、工资调整方案、奖金分配方案、劳动保护措施、奖惩办法以及其他重要的规章制度。（3）审议决定员工福利基金使用方案、员工住宅分配方案和其他有关员工生活福利的重大事项。（4）评议、监督企业各级行政领导干部，并提出奖惩和任免的建议。（5）根据政府授权部门的部署，可以选举厂长，报政府授权部门批准。

我国的工业民主是一种最彻底的结构性变革，职工代表大会的职权是任何西方资本主义国家的"工业民主"机构中所没有的。我国的全体员工都是主人，都可经员工代表大会行使决策参与权，而在西方国家，即使在工业民主做得最好的国家德国，监督董事会中也只有1/3的工人代表。

【实例2】　　　　　　天津××机械厂的职工代表大会制度

天津××机械厂切实贯彻职工代表大会制度，真正体现了员工当家做主的地位。

该厂领导认为，员工是企事业单位的主人，职工代表大会是保证民主管理得以实施的制度保证，并通过立法的制度形式来体现员工当家做主的地位。

1.职工代表大会的形式

在企业内设立职工代表大会，下设民主管理小组。员工代表由各部门民主选举产生，受各部门员工的委托，代表各部门员工的意志，并受所在部门员工的监督，具有广泛的代表性和群众性。

员工代表有生产工人、技术人员、管理人员、后勤服务人员和领导干部等。他们具有不同的知识和经验，便于相互交流，集思广益，博采众长，便于从各类不同的观察、理解和认识问题的角度提供参考性意见。

员工代表实行常任制，建立各种专门机构，在工会的主持下进行日常民主管理活动，使企业民主管理经常化。

2.员工代表的职权

（1）听取和审议厂长关于企业的经营方针，长远规划，年度计划，基本建设方案，重大技术改造方案，员工培训计划，留用资金分配和使用方案，承包、租赁经营责任制方案的报告，并提出意见和建议。

（2）审查并同意或者否决企业的工资调整方案、奖金分配方案、劳动保护措施、奖惩办法以及其他重要的规章制度。

（3）审议决定员工福利基金使用方案、员工住宅分配方案和其他有关员工生活福利的重大事项。

（4）评议、监督企业各级行政领导干部，提出奖惩和任免的建议。

（5）根据主管部门的决定选举厂长，报主管部门批准。

3.实际执行职工代表大会制度时应注意的问题

（1）提高管理的透明度，鼓励参与，支持参与。三年来该厂始终坚持工厂的大事都向全体员工公开公布，在决策之前还交给群众讨论，让广大员工更好地当家做主。凡是工厂的一切大事，他们都交给职代会讨论，让员工代表充分行使审议权。有些大事不仅让职代会审议，还会交给全体员工讨论。厂里召开了全厂员工大会，由厂长向全厂员工做全年工厂方针和厂长目标及改革方案报告。厂长把员工当成主人，员工也尽到主人之责。当大家讨论完厂长报告时，要求再看一遍厂长的报告，结果发给厂领导和机关科室的厂长报告全部被员工"借走"。厂长报告成了"抢手货"，这在这个厂还是头一次见到。紧接着就是大家提出建议和意见，有的还提出了某一个单项的实施办法，大家对实现厂长目标的自觉性很高。

（2）要虚心听取群众意见，充分尊重员工的民主权力。企业的重大问题在提交职代会审议或决定时，领导能不能听取员工群众的意见，尊重职代会的民主权力，这是参与激励的关键。例如，这个厂的领导在住房分配方案进入职代会讨论前，提出了一个初步方案，但在第一次讨论时，被职代会否定了。修改后的第二个方案也没有被职代会接受。当时，厂领导的心情也十分复杂，认为两次意见都被职代会否定了，领导的权威受到了挑战，但同时又感到坚持按自己的意见办，那就无法保障职代会的民主权利，员工对工厂管理的积极性就会低落。后来他们冷静地分析了职代会的意见，认为从照顾各个层次员工住房利益的角度看，职代会考虑问题更全面一些。因此，他们服从了职代会的决议。后来，按职代会提出的建议，住房分配比较顺利，群众反映也很好。员工们认为厂领导真心实意地尊重他们的民主权利，具体体现了他们主人翁的地位，参与管理的积极性更高了。

9.4　我国强化民主与参与管理的措施

9.4.1　增强员工的参与感

员工们一般都希望企业能成为自己的归宿点，不必为了生活到处奔波。但企业要成为员工心目中的归宿点，企业的信誉必须在员工心中占有一定的地位。企业经营管理者要把员工作为企业的主人，而主人当然要关心并参与自己的"家庭事务"。这种参与主要是决策参与、困难共担和荣誉分享。

1.决策参与

员工一旦把企业作为自己的归宿点，必然有强烈的决策参与意识。企业应坚持员工民主管理制度，按照《企业法》规定，应交职工代表大会审议、决定的事情，都提交职代会审议，让员工代表在招工、招生、分房、调资等与切身利益相关的方面派出自己的监督者。同时，强化民主决策的程序，充分听取各方面的意见和建议。

【实例3】　　　　　　青岛××棉纺织厂的激励举措

青岛××棉纺织厂将人的责任感和积极性作为企业兴旺和发展的内在力量，全心全意依靠员工，激励和发挥员工当家做主、管理企业的责任感和积极性。他们的做法是：（1）让员工实实在在地当主人，参与企业管理。有关企业的重大决策包括经营方针、生产计划、技术改造、设备引进、调整工资、经济责任制、厂长任期目标和员工教育规划等，坚持经职代会审议和做出相应决定。而且，从调查分析到提出决策议案，都吸收员工代表参与，实行全过程监督，使决策一开始就能充分采纳员工意见，体现员工意志。（2）坚持物质利益分配"三公开"，在经济上体现员工的主人翁地位。首先是分配方案公开。工资、奖金、宿舍等分配方案都要让员工代表大会审议和反复征求员工意见。其次是分配过程公开。厂和车间，两级分配，都有员工代表和工会干部参与，实行民主监督。再次是分配结果公开。奖金由小组每月评分计奖，工资晋级、分房名单"三榜定案"，留出充足时间，让员工了解情况，反映问题。（3）抓后勤保障，关心员工生活。让员工进厂如进家，增强主人翁感。这些年来，该厂不仅女员工，而且全部男员工的子女都能100%入托。后勤工作连续10年被评为青岛市"全优单位"，连续两年被评为省先进单位。（4）发挥员工的智慧和积极性，深入开展"双增双节"运动，挖掘内涵，提高企业对不利因素的消化吸收能力。

2.困难共担

向员工讲清企业的困难，不仅不会导致员工失望，反而会激起他们共渡难关的团结之情。这也是另一角度的参与。让群众了解"自家"的情况，不仅满足了参与需要，还能激发潜在积极性，这也是一种归宿效应。

【实例4】　　　　　　**依靠民主管理"排忧解难"**

曹操诗云："何以解忧，唯有杜康。"河南××酒厂厂长肩负重任，却并不以酒解忧，而是依法办厂，向民主管理求教，让主人唱主角。这个厂每年年终都请员工代表对厂级和中层干部实行民主评议打分。凡70分以下者，经党委考核，确实不行的就免职。如20世纪90年代就曾一次免去过8名低分中层干部的职务。企业建了三幢宿舍楼，行政科请示厂长如何分配，厂长说这事属于职代会的职权，应向工会主席汇报，由职代会审议决定。职代会经过民主程序制定了分房方案，公开并公平合理地完成了分房任务，涉及70多户的住房大调整仅用了20天就顺利地完成了。员工群众在企业中的主人翁地位，经过民主管理的实践活动得到了真正的确认，大家的心被烘热了，生产积极性像被掘开的涌泉，源源而来。厂里的30吨锅炉出故障，如果停炉修理需要三整天，估计损失9万元。锅炉间的工人心疼这些损失，二话没说，冒着刚熄火的炉膛高温，裹着湿毯子，轮番进入炉底抢修，不到一天就排除了故障，重新点火。

3. 荣誉分享

员工既然是企业的一员，他就有权分享所得成就和荣誉的喜悦。员工在完成任务中体验到了自身的成就感和自豪感，就能进一步将个人动机转化为劳动热情。要使员工感受到企业成功的喜悦，企业的管理者在舆论上要突出企业的成绩是全体员工努力的结果，在行动上要体现成果的分享。

9.4.2　民主对话是开展民主管理的好方法

开展民主管理的方法之一是民主对话。这是一种行之有效的适合我国国情的方法。

【实例5】

杭州××厂在确定企业的方针目标之前，必须广泛采取民主对话的形式，让干部、群众面对面地进行协商交流。

对话的原则是"民主和谐，敞开思想，围绕主题，明确方向"。参加对话的有厂级领导、中层干部、科技人员、班组骨干和一部分退居二线的老同志。

厂领导真诚地请员工们找"毛病"，揭"疮疤"，参加对话的同志发言踊跃，会议气氛热烈。大家针对企业中存在的问题，坦诚地发表了自己的看法，有的意见相当尖锐。如不少同志问道：为什么我厂一些地方至今还存在着劳动纪律松散、出面不出力的现象？为什么在原材料紧缺的情况下，企业浪费现象仍然十分严重？为什么推诿扯皮成风，办件事情那么难？为什么奖金分配老是搞一刀切？厂部把会上反映的意见一一记录下来，归纳出10个方面的问题。

大家深入分析问题，沟通思想，统一认识，找到加快和深化企业改革的具体办法。厂领导深有感触地说：通过对话，我们的思想开窍了。

9.4.3　设立专题接待日制度有利于贯彻民主管理

为了能真正贯彻民主管理，就必须有一定的制度保证，其中建立专题接待日就是实行民主管理的有力措施。

【实例6】

20世纪90年代，上海××水厂推行了"员工代表专题接待日"制度，对企业和员工群众所关心的奖金发放、干部住房监督、安全生产、生活设施等热点问题，每月一次，每次由4名员工代表进行专题接待。这一制度实行后，调动了员工代表参加民主管理的积极性，发挥了员工代表当家做主的主人翁作用，收到较好的效果。具体反映在：(1) 解决了多起生产和生活设施上的矛盾，消除了员工的不满情绪，调动了广大员工的积极性。(2) 员工代表专题接待日给员工提供了一个诉说苦恼和委屈、反映正当要求和建议的新渠道。通过接待，促使行政人员完善奖金发放制度，做到奖罚分明。(3) 促进了干部廉政建设。在住房监督接待中，员工反映厂部某领导有违纪谋私的情况，员工代表感到这是有关党风的大事，及时向厂党委汇报，经调查核实后，作了严肃处理。员工代表专题接待日制度实行以来，共受理41起员工来访，其中解决32起，占总数的78%；未解决的问题中7起因政策上有限制不能解决，向员工作了解释，还有2起正在创造条件予以解决。由于解决了员工的一些实际问题和热点议题，反映、申诉的员工由少到多，提出的问题也由浅到深，议题广泛，气氛热烈，促进了厂企业的管理，受到员工们的拥护和好评。

9.4.4 民主管理要贯彻于激励的全过程

1.激励过程的民主性

我国特有的文化与体制，使得每一个员工同国有企事业单位中的领导都是社会的主人，这里没有雇佣和被雇佣的关系，人人都是平等的，人们的民主权利应该受到保护和尊重。因此，在我国激励的过程愈民主愈能调动广大群众的积极性，反之，激励过程不民主，非但不能调动群众的积极性，反而会产生去激励效应。

人们在为社会劳动或做出贡献后得到的报酬和奖励是人们的正当权利，是宪法所承认和保护的。因此，我国在奖金发放等方面，没有必要采用西方国家所采取的"秘密"地发"红包"的方式。事实证明，在我国应用"秘密"发"红包"的奖励办法，将会产生以下的去激励效应：

（1）疏远领导与被领导之间的关系，使干群之间产生误解或隔阂。

（2）影响群众之间的团结，使群众凝聚力下降，并阻碍了群体应发挥的最佳整体效能。

（3）为谋私者开了方便之门，助长了领导者的官僚主义作风。

（4）促成群众对领导者的依附关系。员工接到"红包"后，会把它视为领导者对自己的施舍，把自己的劳动看作为领导而做的，从而淡化了劳动者对国家、对人民负责的主人翁责任感。

【实例7】

20世纪90年代，天津某厂在完成季度生产任务后，决定给全厂员工发"红包"。厂长将6 000多元的奖金发给500余名员工。在连续几天的发奖过程中员工的注意力都集中到了厂长办公室。于是，谁去厂长办公室，谁就被怀疑领到了"红包"。有些需要找厂长办事的同志，因怕被怀疑领到了"红包"，也只好将要办的事搁下。

由于奖金是在"秘密"状态下发放的，因而拿到"红包"的员工大都遭到猜疑。有时，拿奖金少的人也被怀疑拿得多，拿得多的人更是心里不踏实，怕别人议论。所以，厂内谣言满天飞。有人传说厂长拿了1 000元，车间主任得了500元，引起了大家强烈的不满。有的工人就说："活儿让我们干，奖金他们拿，太不合理了！"在这种气氛下，员工们的情绪一度很消极，人际关系紧张。后来，还闹了几起事端，使生产和工作受到了一定的影响。

2.民主的奖励过程才能取得最佳激励效果

实行民主、公开的奖励原则，不仅表彰了先进，而且能全面介绍先进者的劳动方法和经验，使人们更加关心自己的本职工作和劳动贡献，增强主人翁责任感。这样做也有利于树立先进典型，使人们学有榜样，赶有目标，可以调动大家的积极性，培养高效能的工作集体。

3.工资、奖金发放可采用纵向透明与横向模糊相结合的方法

目前，不少企事业单位存在着这样的现象：有的人多劳动了，但不敢多拿报酬，心存疑虑不敢多拿工资、奖金，怕冒尖；另一方面又习惯于盲目横向攀比，看到谁多拿了就嫉妒谁，横生枝节，讽刺打击。这些都不利于冒尖人物的产生，也不利于按劳分配制度的贯彻。采用工资、奖金发放中的纵向透明性、横向模糊性的做法对防止这类现象的出现有很好的效果。

纵向透明性是指考核小组根据当月企业效益确定全厂总的分配尺度，并根据各车间、部门任务完成情况确定各自奖金总额，再由各车间、部门根据每个员工的岗位考核确定个人奖金数。

为确保奖金分配的公正性和准确性，所有考核、分配标准全部公开，厂里应专门成立有员工代表参加的监督小组，对奖金考核、分配实行全程监督和随时抽查制度，同时备有奖金发放卡，详细注明奖金数并由员工领取时签字，年终统一回收审计并存档。

横向模糊性是指在具体发放过程中，给每人一只封好的奖金袋，具体数目多少互不打听。南京第二机床厂推行"模糊奖金"制，发奖金时给每人一只封好的奖金袋，拿多少、扣多少，彼此不知道，相互

也不打听。

实行"模糊奖金"后，员工的工作积极性、自觉性提高了，原先心存顾虑不敢多拿奖金的员工，也变得敢于冒尖了。各级领导指挥调度变灵光了。

当然，在此应该强调，纵向透明与横向模糊相结合的做法主要要在一线员工中运用。

对于高层的管理人员，对他们的激励不同于对下属员工的激励，主要有自我激励和社会激励两种方式。

（1）自我激励。自我激励就是自己激励自己，是通过对事物的认识、学习和研究，提高思想觉悟，从而对自己的工作意义有了足够的认识、理解、强化和激发，鼓舞自己努力地实现所追求的目标，对企业领导者来说这是最重要的一种激励方式。

目前，之所以有很多领导情绪低落、积极性不高，在很大程度上是对自己工作的意义认识模糊。我们是社会主义国家，实现共产主义是我们的最终目标，历史赋予我们这一代甚至今后几代是创业者，是开拓者。只有认识到这一点，才能理解工作的意义，振奋精神，完成自己的使命。我党一贯注重政治思想工作，强调学习马克思列宁主义毛泽东思想，这些都是有效的自我激励的手段。

（2）社会激励。目前，我国的社会环境存在一些问题，削弱了企业领导的积极进取精神。所以，必须下决心建设社会环境：树立良好的社会风气，建立起积极进取的社会意识、创新的社会环境、平等竞争的社会机会等。这些社会宏观因素能激发和促使企业领导去奋斗，去创新。良好的社会精神风貌对一代人甚至几代人都有较强的激励作用。

主要概念

工业民主　参与管理　参与管理的人际关系模式　参与管理的人力资源模式

思考题

1.概述民主与参与管理的实质。

2.通过实例分析参与管理实现的条件。

3.为什么说，在深入改革开放的新形势下有要求进一步加强民主与参与管理的迫切性？

4.为了强化民主与参与管理，我国应采取哪些措施？

学习目的

- 理解 X（低）效率理论的假设与命题
- 学会对我国企事业单位 X 低效率进行原因分析
- 认识什么是建立有效激励机制的推拉理论
- 具体分析实现现代企业制度内部激励制的七个有效激励制度

10.1 企业低效率现象的理论——X（低）效率理论

10.1.1 X（低）效率理论

美国经济学家莱宾斯坦（H.Leibenstein）于 1966 年提出 X（低）效率的理论。莱宾斯坦是在其著作《超越经济人》一书及行为经济学学术年会上初步阐述这一观点的。1988 年弗朗茨（R.S.Franz）在其著作《X 效率：理论、论据和应用》一书中进一步阐明了这一理论的全貌。

如何使企业取得最大效率？是什么因素影响企业的生产效率实现极大化？这是经济学、经济心理学、行为经济学和企业家们极为关心的核心问题。莱宾斯坦与弗朗茨对此提出了 X（低）效率理论。这一理论对正统的新古典经济理论的基本假设提出了有力的挑战，并用承认极大化和非极大化行为同时并存的假设取代了传统的极大化行为假设。这一理论指出，企业内部并非完全有效率，不一定达到技术上的最优水平，而是存在来源不明的 X 低效率。

　　传统理论认为，稀缺资源市场已进行了有效配置，因而企业的目标就是在给定的资金和技术水平下，实现产量的极大化和单位成本的极小化。因此，这一理论强调，投入与产出的关系是纯技术关系。

　　但是，事实与经验表明，即使在资金与技术水平给定的条件下，也并不一定能实现效益的极大化。这是因为企业的投入与产出不完全决定于单纯的资金和技术因素，影响投入与产出的因果关系中，还存在着组织与动机因素。为此企业内部并不是最有效率的，也就是存在着 X 低效率现象，因而产生企业利润不是极大化，企业并不按边际原理经营，非配置型低效率现象依然存在。

　　莱宾斯坦当时对这种形式的低效率的性质尚不明了，所以称为 X 低效率，即在 X（低）效率一词中，X 代表来源不明的非配置（低）效率。

10.1.2　X（低）效率理论与新古典理论的区别

　　X（低）效率理论与新古典理论除上述的观点不一致外，还在以下几方面存在着根本的不同点：

　　（1）新古典理论认为，企业与家庭是恰当的研究单位，但是 X（低）效率理论认为有思想和行动的个人才是研究的基本单位。

　　（2）新古典理论认为，生产者与消费者都是理性经济人，个人行为都以理性为特征。企业与家庭都在实现极大化的行为：企业追求利润最大化，家庭追求效用最大化。

　　但是，X（低）效率理论认为，个人行为既包含理性因素，又包含非理性因素。人并不总是表现出完全的理性，而是表现为有选择的理性。

　　（3）新古典理论认为，企业的目标是使利润极大化，因而要求雇员的行为就是使企业主的目标实现极大化。

　　X（低）效率理论认为，应该用极大化、非极大化假设代替极大化假设，因为现实生活中，不排除极大化假设，但也必须承认并研究非极大化的行为。实际情况是企业主与雇员的利益并不总是一致的，因而很难使企业目标实现利润最大化。

（4）新古典理论认为，作为经济人的行为，表现出对环境的变化会做出充分的反应。

X（低）效率理论认为，人的行为并不总是对环境变化做出反应，这是因为人的行为有惰性特征，人经常在"惰性区域"工作。

（5）新古典理论认为，企业主与雇员所订的劳动合同是完整的，根据合同，雇员的报酬、劳动时间、努力程度都是确定的。

X（低）效率理论认为，劳动合同是不完善的，合同中雇用、购买的是劳动时间，而不是劳动努力。雇员按照合同提供多少某种技能水平上的努力，有相当的自由处置权。

（6）新古典理论认为，人的努力程度是一个既定的常量。X（低）效率理论则认为，个人的努力程度不是一个机械决定的常量，而是任意决定的变量。

10.1.3　X（低）效率理论的假设与命题

在区分X（低）效率理论与新古典理论差异的基础上，我们将进一步总结与归纳出如下的X（低）效率理论的假设与命题：

1.生产活动的效果不仅决定于技术和资金，还受制于人的心理与生理活动

生产活动作为一种单纯的技术决定关系，可用数学和物理方法精确描述。但是，事实上除此而外，投入与产出不单纯决定于技术力量，尚需考虑决策、努力程度、理性、压力、极大化等因素，这些因素可简称为人的心理与生理因素。

由此，作为经济学家的莱宾斯坦等人认为，经济学的研究单位，除企业与家庭之外，更应重视研究最小的行为单位——个人。

2.人的双重性——人只具有有选择的理性

人的行为有两个方面：一方面人有努力追求极大化倾向，追求确定性、坚持标准、注重计算和注意细节等；另一方面人有不努力追求极大化的倾向，不关心标准、不注意计算和不注重细节等。

经济学家借用心理学中的精神分析理论，假设这两种行为是人的双重

人格的表现，前者为人的超我功能（superego function）的"理性自我"表现，后者为本我功能（id-function）的"非理性自我"表现。

事实上，完全的理性经济人只能是一种极端的和个别的情况，是某些人在某些时候、某些条件下采取的行为特征，而不是所有的人在所有时候、所有条件下采取的行为特征。由此可得出，个人只具有有选择的理性。

个人行为中既包含理性因素，又包含非理性因素。在人的行为决策中，既依赖理性因素（信息、细节、计算和追求极大化等），又依赖于非理性因素（习俗、惯例、道德规范和追求非极大化等）。理性成分被认为是连续的而不是有或无的二元变量。任何个人在任何时候表现出来的理性程度都是超我功能与本我功能对个人行为双重影响的结果。两种功能使两者以相互妥协的方式影响每个人，每个人都会形成一种使他在心理上感到"舒适"的妥协。

有选择的理性假说表明，理性是一个受约束的连续变量，完全或充分理性的人、经济人假设等都是一种极端的情形。

3.个人的努力程度是一个变量

企事业单位与雇员签订的合同中，仅规定了向雇员购买的是劳动时间，但并没有规定雇员要付出多少劳动时间。生产所需要的主要是劳动者的努力，人力资源投入生产的最重要因素是人的直接努力。因此，努力可以成为一种变量，既可以产生理性行为，也可以不产生理性行为，最终可以使成本极小化、利润极大化，产生完全的X效率；但也可能不产生成本极小化、利润极大化，从而产生完全的X低效率。

X（低）效率理论认为，个人努力的构成要素为APQI，A为活动，P为进度，Q为质量，I为时间。每个人都会根据自己的动机与认知系统，对个人努力的诸要素有一定程度的自由选择权。这表现为，个人并不一定按极大化行为模式的动机行事，而是按个人偏好进行选择与调节，这样一来，个人的努力程度就不是一个常量，而是一个变量。

那么，怎样才能使个人努力程度达到极大化呢？1983—1985年莱宾斯坦对心理学家约克斯·道逊法则（Yerkes Dodson Law）进行了改写，以讨论压力与工作绩效的可能关系，如图10-1所示。

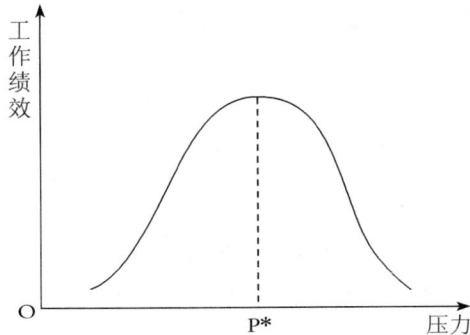

图10-1　改写的约克斯·道逊法则中压力与工作绩效的关系

由图可见，承受相对较低或相对较高水平压力的个人，是不会尽可能做好工作的，只有在适度压力下个人才会采取极大化行动，才能有最好的绩效。图中压力水平为P*时才会产生最优或极大化行为，从而使X低效率达到极小。

这里，压力所表达的意思是由个人自身内部机制产生的（如按责任、义务和标准行事），或者由某种外部力量（如竞争、人际关系等）施加在个人身上的旨在改变他或她行为的力量。

4.个人行为具有惰性特征

X（低）效率理论认为，在个人努力程度与满足程度之间存在如图10-2所示的三种关系：

在区域1，小于等于e_1的努力水平，人的满足程度以递增速率增加。为此，在达到努力水平e_1之前，个人宁愿选择较大努力，不选择较小努力。

在区域3，大于e_2的努力水平，人的满足程度以递减的比率减小。为此，在超过努力水平e_2之后，个人宁愿选择较小努力，而不选择较大努力。

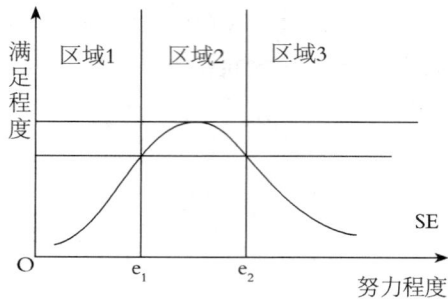

图10-2　人的惰性区域

在区域2，努力水平 e_1 和 e_2 为边界区域，中间有一平顶区。平顶意味着，有一个这样的"努力—满足"区域，其中每一个"努力—满足点"与其他每一"努力—满足点"难以区分。这个难以区分的区域称为"惰性区域"（inertia area）。

显然，在惰性区域的下限以下，随努力水平的提高，个人满足程度会以递增速率增加。在这个区域的上限以上，随努力水平的提高，个人满足水平会以递减的速率下降。只有在这个区域中的努力水平，才是令人满意的均衡努力水平。

在这一区域中自变量的变动不会导致因变量的相应变动。当个人进入工作的惰性区域时，就会抵制改变其努力水平的各种影响。

个人行为的惰性特征给予管理人员与员工以下的启示：

（1）个人并不总是完全理性的，个人也经常会分析自己的努力程度与满足水平的相互关系，即自己的付出（成本）与产出（利益）。

（2）个人宁愿要努力水平 e_1，也不愿要任何更小的努力水平；同样宁愿要努力水平 e_2，也不愿要任何更大的努力水平。

（3）个人愿意选择惰性区域里的任何努力水平，而不是区域外的努力水平。小于 e_1 水平的个人将设法增加努力水平，而大于 e_2 水平的个人将朝向较小的努力方向活动。

作为管理人员，就应该掌握员工的惰性区域，掌握其边界点，采取相应的激励手段，才能使员工达到极大化的努力水平。

5.X效率依赖于组织全体成员的努力

在组织中领导的压力（监督、奖惩）会使个人更加勤快，变得更加理性。

管理者要创造这样的氛围：使雇员感到在为自己工作，在工作中自己是与他人平等的合作伙伴，这样才能提高员工的努力水平。

在组织中的同事关系也要有这样的压力：大家都在尽职尽力，你也要如此；同时，也要知道你可以尽自己的职责，但不可以太努力，这样会显得别人不努力。

总之，组织内部全体成员的协调和努力是提高效率的重要条件。

6.企业与雇员之间的正确选择策略

企业与雇员之间在理性上都会采取极大化策略。企业的极大化策略表现为：工作条件和工资极小化，而从雇员处得到的东西为极大化。雇员的极大化策略为：尽可能小地付出努力，但仍然照拿工资。这样一来，由于企业与雇员都采取极大化的策略，因而双方都会有损失，在成本极小化、尽可能低的努力水平下，就会形成低生产率、低报酬、工作条件差的企业。这种情况会使企业与雇员都陷于两难困境。

为了走出两难困境，企业与雇员可以选择如下对策：

企业可以采取其经营完全是为了雇员利益的黄金法则策略，雇员也应该采取为企业最大利益工作的对策。这种对策称为合作解，显然优于非合作解。

10.1.4 X（低）效率理论和评价

作为经济学家的莱宾斯坦等提出的X低效率的现象是客观存在的，而这一现象并非是资金与技术等经济因素造成的，而是由组织与人的因素造成的，因而探讨X低效率现象的规律理所当然地应成为经济学与经济心理学共同的研究对象。探讨X低效率现象也是研究企业行为的一个重要方面与内容。

对X低效率成因的分析涉及在组织中个体的心理与行为规律：个人的

有选择的理性、个人努力程度分散性的假定、个人行为具有惰性特征的假定和企业与员工间两难决策的假定等。这些假设是初步的，进一步探索其中的规律，寻求对策，将是很重要的研究课题。

我国企业中普遍存在X低效率现象。由于长期以来在人事、分配制度中搞平均主义、大锅饭政策，因而员工长期处于惰性区域，出工不出力，个人努力程度低，企业与员工都追求极大化策略，因而效率下降。运用X（低）效率理论中的某些观点、方法分析我国企事业单位中低效率现象的成因，从而采取相应策略与措施是值得重视的。

当然，鉴于西方国家的经济、文化、政治背景与我国不同，我们不应该照搬这一理论来分析自己国家存在的低效率现象，而是要从实际出发，建立具有中国特色的分析X低效率现象的理论、模式与实际有效的对策。

10.1.5　我国企事业单位X低效率的原因分析

X低效率现象在我国企事业单位中普遍存在。人浮于事、办事效率低这种现象非一朝一夕所形成。即使硬件条件（技术、资金）很好的企业，同样也存在使用效率低的现象。对低效率成因的分析，可从外部因素（环境、历史、文化、市场和政策等）与内部因素（组织、人的心理、生理因素、理性与非理性因素和工作行为的特点等）两方面加以考虑，或从两者相结合的角度深入探讨。只有寻找出原因才能制定正确的对策，提高X效率，降低X低效率。

从人的两重性来看，人具有有选择的理性，有人追求极大化，有人却追求非极大化。在市场经济条件下，我国企事业单位中的员工有的偏重追求"物质文明"，有个别人甚至"一切向钱看"；有的人却偏重追求"精神文明"，仍然坚持"奉献精神"。但在一般情况下，更多的人会对物质文明与精神文明都有所追求。在我国的文化背景下，提高效率与降低低效率的激励措施，应该既包括物质激励，也包括精神激励；既满足人对极大化的追求，也满足人对非极大化的追求。

从理论上分析，个人努力的极大化并不是在任何外界压力的情况下都能实现的。我国员工也有追求适度压力的倾向。例如，一开始人们向往去宾馆、合资企业赚大钱。但是一旦受到了这些单位的高强外界压力时，就退缩了，想想还是国有企业好，尽管钱拿得少，但是外界压力的强度是适中的。没有压力与压力超出了人们能接受的范围，都无法使员工实现个人努力的极大化。在员工不能实现个人努力极大化的区域，事实上就产生了工作绩效的低落，因而产生了低效率的现象。作为我国企事业单位的领导，要使员工产生个人努力的极大化，就要掌握外界压力的"度"，根据约克斯·道逊法则，只有适度的压力才能使个人的努力极大化，从而产生最佳绩效。

我国企事业单位出现低效率现象的一个重要因素，就是组织与员工之间都面临着两难抉择。我国长期实行低工资制，以此降低成本，使企业获利最大化，在客观上，员工也有获利最大化的倾向（增加工资、福利），但这往往很难满足员工的需要，因而在个人努力方面处于极小化的状态。这样一来，企事业单位实行获利最大化而给予员工利益最小化的后果，就是企业的低效率。反之，员工对利益实行极大化对策，而对努力实现极小化对策，其结果是个人的低效率换来企业的低效率，利益最大化的目的也不会实现。因此，我国企事业单位的组织与员工双方都采取极大化对策才是上策。组织在考虑本身利益极大化的同时，要千方百计地考虑员工的利益，尽可能地给予员工极大化的利益。反之，员工在考虑个人利益极大化的同时，应在完成组织目标的个人努力中也尽量实现极大化。中国有一种说法，"只有锅里有了，碗里才能有"。成功企事业单位的经验表明，组织愈关心员工的利益，员工的个人努力愈能达到极大化，组织的X效率越会提高，X低效率现象越会减少。

10.2　我国企业建立激励机制的对策

尽管在我国的企事业单位中已经建立了劳动合同制，但是这种劳动合同制是不完善的。合同中雇用、购买的是劳动时间，而不是劳动努力。而员工对按照合同能提供多少某种技能水平上的努力，有相当的自由处置权。

员工的实际努力程度取决于企事业单位采取什么样的激励机制。激励机制是一种投入，这种机制决定用什么刺激企业内的个人与集体更加努力、更加理性。

通过激励机制，使压力影响人的动机，动机影响人的努力程度，努力水平最终影响企业的成本，从而有利于提高 X 效率或降低 X 低效率。

此外，中国的企业改革正进入新的一页，这就是要建立现代企业制度。这一制度的成败标志，就是要看其能否提供内在的激励机制，从而使人们持续地、创造性地努力工作，并产生最大的社会与经济效益。

建立有效激励机制的内涵是指，通过改革建立起能最大限度调动企事业单位各层次人员创造性、积极性的运行机制。

经过多年理论与实践的探索，我们提出下述设想供理论与实际工作者探讨。

首先，为了达到这一目的就要明确应该用什么理论进行指导，使问题的解决建立在坚实的理论基础上；其次，要制定明确的有效激励制度以及管理层与不同员工群体的个体激励结构。分述如下：

10.2.1　建立有效激励机制的推拉理论

从个体激励的观点看，激励是在内外诱因的刺激下动机激发的心理过程，动机激发是指使人具有某种欲求，使人对某些事物产生有意识的欲望。同样，在现代企业制度下，我们也要深入研究管理层与不同员工群体行为的动力与源泉是什么，他们的欲求与欲望是什么，通过建立现代企业制度，能否满足他们的欲望，以此提高积极性，使他们处于激励状态中。

当代个体激励的理论体系，简称为动机激励的推拉理论。这一理论认为，人是否能持续地处于激励状态中，积极性一直很高，这取决于是否有内部的推力和外部的拉力，只有施加一推一拉的复合作用力才能达到效果。属于推力的动机激励包括人的内部需要，其中有属于本能性的需要（衣、食、住、行等），也有属于社会性的需要，如社会动机、成就动机等。这种以内部推力形式出现的动力是一种强大的驱动力，促使人通过行为达到目的。当前广大员工都有致富的愿望，同时也有取得个人成就的动机，人们都想通过实现现代企业制度来实现这一目标，这就是一股强大的推力。

但是，仅有内部推力还是不够的，还需设置外部拉力作为诱因，通过诱因诱发动机达到目的。属于拉力的动机激励包括目标设置的理论、期望理论、归因理论和公平理论等。当前，广大员工非常关心企业的前途与发展方向，企业的分配制度（工资报酬的高低）以及企业的奖励、晋升和培训制度等是否有吸引力。为什么许多员工想去独资、合资企业工作，说到底是那里的工资待遇高、奖惩公平、有去国外培训的机会和晋升有望，这些就是强大的拉力。广大员工希望通过建立现代企业制度，最终在本企业中有关员工切身利益的各项制度上产生强大的吸引力，即拉力。

当前，我们从理论上已知个体激励状态能持续多久取决于内部推力和外部拉力的复合力。但是，在现代企业制度中，要建立哪些推力和拉力才能使领导管理层与不同的员工群体一直处于激励状态中呢？这就需要深入探索动机激励的推拉理论如何有效地应用在现代企业制度的激励过程中，由此而建立的激励机制才能真正持续不断地调动员工的积极性与创造性。

10.2.2　建立七个有效激励制度是实现现代企业制度内部激励机制的保证

激励机制就是调动人的积极性的运行机制。有效激励机制的主要内容就是要建立有效的激励制度。我们认为，建立以下七个制度有利于从推力和拉力两方面使员工始终保持激励状态，这就是理想目标制度、工作目标制度、分配制度、用工奖惩制度、考评制度、晋升制度和培训制度。

（1）理想目标制度。这是指企业要向员工灌输高层次的理想、个人的工作理想。当前，理想目标的制度通过以下三条途径来实现：思想政治工作机制的建立与运行、企业精神与企业文化的建立与运行以及职业道德与行为规范的建立与运行。

（2）工作目标制度。从激励的层次看，它是企业使员工在实现企业工作目标中体现自我价值、获得自我实现的可能。这一制度的激励效果为使员工有奋斗目标，并使企业目标与员工个人工作岗位密切结合起来。当前，工作目标制度通过以下三种方式来实施：企业方针目标体系的建立与运行，企业方针目标的分解、实施、运行，以及企业方针目标管理的程序、形式的建立与运行。

（3）分配制度。从激励层次看，这是指企业通过分配制度满足员工的生活需要与成就需求。其激励效果为：真正实现有贡献就有报酬、按劳分配和多劳多得。当前，企业的有效分配制度包括以下三种改革内容：工资随企业效益浮动，实行岗位等级工资制，以及工作实绩与工资挂钩。

（4）用工奖惩制度。从激励的角度看，这是指企业通过用工奖惩制度使员工有忧患、竞争意识。其激励效果是使员工工作有压力，又能催人上进。当前，企业的有效用工奖惩制度包括实施全员劳动合同制、干部岗位人员聘任制和奖惩条例。

（5）考评制度。从激励的层次看，它是指企业通过考评制度，满足员工的成就与自尊需要。其激励效果是使员工赶超有榜样、晋升有依据。当前，企业的有效考评制度应包括层层考评原则，考评方式的层次不同、方式不同，如一线工人考核、评议结合；一般干部考核、考试、考评三结合；中层以上干部考核、考评、考查、评议四结合。

（6）晋升制度。从激励的层次看，这是指企业实施晋升制度能使员工获得他人承认和社会地位追求的自尊需要。其激励效果是使员工工作有内在动力。当前企业的有效晋升制度的运行包括建立全员晋升机制、工人考工定级晋升制和干部职务系列考核晋升制。

（7）培训制度。从激励的层次看，它意味着企业实施培训制度能使员工获得重新学习、自我完善、自我发展需要的满足。其激励效果可以使员工提高内在素质和发展有方向。当前企业的有效培训制度的内容包括建立全员培训机制，编制培训计划，制定培训管理制度，实现新员工职前培训、岗位培训、出国培训和高校培训等。

表 10-1 综述了建立企业有效激励制度的内涵。

表 10-1　　　　　　　　　　建立企业有效激励制度的内涵

有效激励制度	有效激励机制的内容与运行	激励的层次	激励的效果
理想目标制度	(1) 思想政治工作机制的建立与运行 (2) 企业精神与企业文化的建立与运行 (3) 职业道德与行为规范的建立与运行	高层次的理想、信仰、精神需求	工作有远大理想
工作目标制度	(1) 公司方针目标体系的建立与运行 (2) 公司方针目标的分解、实施、运行 (3) 公司方针目标管理的程序、形式的建立与运行	在实现企业工作目标中，自我实现、自我价值体现的需求	工作有奋斗目标，企业目标与员工个人岗位工作结合起来
分配制度	(1) 工资随企业效益浮动 (2) 实行岗位等级工资制 (3) "技薪" "职薪" "实绩与工资" 挂钩	实现生活需要、成就需要	按劳分配、贡献有报酬、多劳多得
用工奖惩制度	(1) 实行全员劳动合同制 (2) 实行干部岗位人员聘任制 (3) 制定奖惩条例	有忧患、竞争需要	工作既有压力又能催人上进
考评制度	(1) 考评原则：层层考评原则 (2) 考评方式：层次不同，方式不同 (3) 一线工人考核、评议结合；一般干部考核、考试、考评三结合；中层以上干部考核、考评、考查、评议四结合	有成就、自尊需要	赶超有榜样、晋升有依据
晋升制度	(1) 建立全员晋升机制 (2) 建立工人考工定级晋升制 (3) 建立干部职务系列考核晋升制	得到他人承认和社会地位追求的自尊需要	工作有内在动力
培训制度	(1) 建立全员培训机制 (2) 新员工职前培训、岗位培训、出国培训和高校培训 (3) 编制培训计划，制定培训管理制度	有重新学习、自我完善、自我发展的需要	提高员工内在素质，发展有方向

　　实践证明，实行了以上七项有效激励制度的单位，其成效是明显的，这主要表现为：提升了员工素质，转变了观念，提高了技能，增加了工作

效率，以及发展了生产力。

10.2.3 企事业单位要根据本单位的实际情况权变地实施有效激励制度

管理的灵魂就是要根据本单位的实际情况，因地制宜地实施有特色的内部激励机制中的有关激励制度。

上海××汽车有限公司在实施内部激励机制时，采取了如表10-2所列的内部激励制度。

表10-2　　　　　　　　**上海××汽车有限公司的内部激励机制**

激励制度	具体内容	实施效果
理想目标制度	（1）思想政治工作与企业精神、企业文化相结合 （2）高目标、低起点、多层次开展精神文明建设活动（行为规范、道德规范）	建立行为规范、道德规范，高层次的思想教育深入人心
用工制度	（1）全员劳动合同制	双方自愿选择，优化劳动组合，提高工作效率，调动员工积极性
	（2）内部招聘制，凡有空缺岗位均首先在企业内公开张榜进行内部招聘，公平竞争	鼓励员工提高业务工作能力，开拓新的专业知识，向高一级岗位、高一级工资挑战
	（3）推行"精益生产方式"，裁减冗员、精简机构，并为下岗人员提供五种去向	增强岗位竞争意识、危机感，提高人员素质
分配制度	（1）建立工资随企业效益浮动的制度，如上一年企业取得良好经济效益，次年所有岗位均可按一定增资比例提高岗位工资含量	即使不能调往高一级的岗位，也有提高工资的机会，员工利益与企业效益紧密结合
	（2）岗位等级工资制。对全公司各类岗位依据"培训和经验""体能要求""工作环境""工作责任""工作范围"五个方面打分，确定每个岗位工资的等级范围	人事部门对员工的定岗、定级有客观的衡量标准，促使员工根据岗位要求，努力提高自身素质
	（3）对有突出贡献的业务尖子，实行工资不受岗位工资等级限制的特殊政策	调动广大科技人员的工作积极性，促进企业技术进步
奖惩制度	（1）评选先进员工和有特殊贡献的员工，授予其荣誉称号，拍摄先进事迹录像带，邀请先进员工家属参观企业	增强先进员工的荣誉感，在员工中树立榜样

续表

激励制度	具体内容	实施效果
奖惩制度	（2）既有严格要求，又有优厚福利待遇。福利：免费工作餐、上下班接送、带薪休假、生日蛋糕等违纪处分四档：书面批评与书面警告、下降1~3级工资、留用察看和辞退。厂内严禁吸烟、偷窃，违者重罚	使员工充分体会到企业的温暖，并保证有一个严肃紧张的工作秩序
	（3）鼓励员工积极提出合理化建议和技术改进建议。组成评审委员会，对建议进行评定，并给予奖励（住房、出国考察和晋升等）	激励员工勤于思考、勇于探索，提高员工的参与意识与主人翁意识
培训制度	（1）出国培训 （2）国内高等院校培训 （3）公司培训中心进行岗位培训	更新知识，适应企业发展的需要

上海××制药有限公司则根据自身的情景，采取了如图10-3所示的内部激励制度。

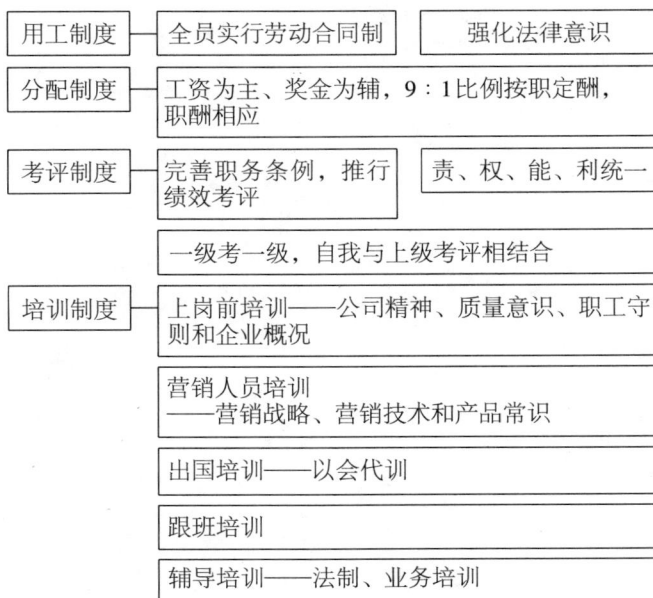

| 用工制度 | 全员实行劳动合同制 | 强化法律意识 |

| 分配制度 | 工资为主、奖金为辅，9∶1比例按职定酬，职酬相应 |

| 考评制度 | 完善职务条例，推行绩效考评 | 责、权、能、利统一 |
| | 一级考一级，自我与上级考评相结合 |

培训制度	上岗前培训——公司精神、质量意识、职工守则和企业概况
	营销人员培训——营销战略、营销技术和产品常识
	出国培训——以会代训
	跟班培训
	辅导培训——法制、业务培训

图10-3　上海××制药有限公司的内部激励机制

综上可见，建立现代企业制度中的激励制度，不应该只有一个模式，而是应该根据本单位的具体情境，建立权变的激励制度，才能达到既定的目标。

主要概念

　　X（低）效率理论　约克斯·道逊法则　动机激励的推拉理论　有效激励制度

思考题

　　1.概述 X（低）效率理论与新古典理论的区别。

　　2.通过约克斯·道逊法则说明压力与工作绩效的关系。

　　3.通过案例具体分析建立七个激励制度实现现代企业的内部激励机制。

学习目的

● 了解全方位激励系统的实质与内涵，并对三大激励系统的不同特点进行比较

● 认识对领导者自我激励的重要性及实践的措施

● 认识互励系统是激励体系的最高境界及其构建的方式方法

11.1　全方位激励理论概述

11.1.1　激励主体与客体的再认识

人们一提到激励主体就想到上级、领导者、管理者和老板等，而激励客体就是下级、员工和雇员等。

然而，这种逻辑前提是很成问题的。一方面，现在已经有越来越多的经验证据表明，雇员并不总是一个被动的被激励者，他同样可以对雇主实行反激励。如此一来，雇员的角色也就从客体转化为主体。可见传统激励理论忽视了激励主体、客体位置关系的动态性。另一方面，激励主体与客体在企业中是否总是表现为垂直关系是值得怀疑的。事实上，自从霍桑实验开始，人们就已经发现群体规范可能是影响人们行为的一个重要因素。在团队工作中，团队成员不仅在日常工作中会形成一定的工作关系网络，而且也会通过下班后的一些活动形成一系列网络。这些互动关系网络对于团队合作是相当重要的，团队成员之间存在相互帮助、相互激励的现象。

为此，将激励局限于管理者与员工之间的这种做法过于草率，根本就没有看到企业整个激励体系的复杂性和系统性。事实上，只要是企业的利益相关者，他们之间就存在激励关系。比如说管理者与所有者之间、所有者与雇员之间、政府与所有者之间、员工与员工之间等等都存在激励关系。对于一个成功的企业而言，它必定会在各个利益相关者之间构建起一套行之有效的激励体系。

因此，我们放弃了传统的将激励局限于管理者与员工之间的这种过分简化的做法，将激励的范围拓展至整个企业的利益相关者，包括当地社区、所有者、管理者、员工以及顾客等等。

11.1.2　全方位激励中的三大激励系统

我们将企业的利益相关者定义为组织成员。为了更好地理解激励的具体运行机制，我们将从激励主体、客体的角色是否由不同组织成员来承担的角度划分激励类型。

我们将激励划分为自励、他励与互励三大类型，从而形成三大激励系统。

自励就是激励主体与客体的角色都由同一个组织成员来承担的激励类型。它强调个体的自控。个体行为的启动、监控、评估以及奖惩都由个体自身完成。内隐性、能动性、主体性、精神性和持久性是它的特征。我国传统文化特别强调的"修身"就属于自励范畴。

他励则是激励主体与客体的角色由不同组织成员承担的激励类型。它就是传统激励理论所讲的激励，强调他控。然而，这种他控后面的逻辑思想是必须把握激励客体的心理行为，从而去诱导激励客体进行自我激励。无法诱导个体自我激励的他励是无效的。它的主要特征就是诱导性、制度性、易操作性和可控制性。

互励其实是他励的一种特殊情况，但它却一直没有得到激励理论研究者的重视。所谓互励，就是组织成员互为激励主客体的激励情形。换言之，激励主体与客体之间的关系是双向的、动态的。组织成员A通过自我激励营造一种良好的激励环境，诱导组织成员B的自我激励；反过来，组织成员 B 也诱导组织成员 A 进行自我激励。因此，双向性、群体性、网络性、社会性以及联动性是互励系统的关键特征。

自我激励、他方激励与相互激励的定义与特征等的界定详见表11-1。

表11-1　　　**自我激励、他方激励与相互激励的界定**

	自我激励	他方激励	相互激励
定　义	激励主体与激励客体为同一个组织成员	激励主体与激励客体由不同组织成员承担	组织成员互为激励主客体
包括类型	所有者的自我激励、管理者的自我激励、普通员工的自我激励	所有者对经理层的激励、管理者对下属的激励	所有者之间的相互激励、管理者之间的相互激励、普通员工之间的相互激励、所有者与管理层之间的相互激励、管理者与普通员工之间的相互激励
控制点	内控	他控	内控与他控相结合
关键特征	内隐性、能动性、主体性、精神性、持久性	诱导性、制度性、易操作性、可控制性	双向性、群体性、网络性、社会性、联动性

11.1.3　全方位激励的内涵

全方位激励是一种360度的激励，其中包括自我激励、他方激励与相互激励。其中假设某人处在中心位置，他的员工、上司（领导、管理者、老板）、同事以及客户处在周边位置。如果周边所有人对于某人所做的事情都感到骄傲，从完成的工作中获得快乐，而且一致认可某人所付出的努力，这就是足够的激励因素，可以保证其工作的成功与事业的成就。

11.1.4　三大激励系统的比较

我们可以从目的、手段、环境、结果、社会性以及持久性对三大激励系统进行多方面比较。"目的"也就是个体为什么努力工作，"手段"则是指个体如何努力工作，"环境"是指个体在哪里努力工作，"结果"是指个体有什么工作效能，"社会性"则是指个体在工作时与谁在一起，"持久性"是指个体的努力行为能持续多久。具体的比较结果见表11-2，不再赘述。

表11-2　　　　　　　　　**自我激励、他方激励与相互激励的比较**

比较的维度		自我激励	他方激励	相互激励
为什么努力工作	目的	自我诱发和自我驱动，内在因素诸如自我目标、兴趣、价值观、道德原则、良心等等起主要作用	他方驱动，外部因素如经济性奖励、工作再设计、惩罚、雇佣关系的维持等等占主导	相互驱动，这时互惠、社会性需求，诸如友情、认同、相互关系等等成为个体努力工作的主导因素
如何努力工作	手段	主动选择工作方式、进行计划安排、注重长期绩效、有效处理工作应激	被动采纳对方提供的方法、流程、计划，以消极态度对待工作压力	与同事、上下级共同协商工作方法，共同制订工作计划、协调工作进程
什么时候努力工作	时间	主动进行时间计划，更愿意管理好自己的时间	被动安排自己的时间，没有多少主动性	与上下级、同事共同安排工作时间
在哪里努力工作	环境	主动、积极地适应工作环境的变化	被动地适应工作环境的变化	与同事、上司、下属一起努力共同适应环境的变化
有什么工作效能	结果	对工作结果喜欢进行自我监控、自我检查、自我评价	工作结果由他人（往往是上级）进行监督、检查和评估	工作结果由同事、上司以及下属共同检查、监控和评估
与谁一起工作	社会性	主动选择学习榜样，向同事、上司、下属寻求帮助	学习榜样往往由公司进行推广宣传，组织成员对榜样的认同度不高，个体不会主动寻求帮助，学习主动性不强	由于与同事、上下级更多的是一种互惠、互励的关系，因而能主动向同事学习、寻求帮助
能持续多久努力工作	持久性	有随意性，自我激励可随时引发；努力行为一旦引发，也能长期持续	有目的性，他方激励往往是上级对下级行为的一种有意识的引导；效果难以持久	基于互惠关系等的激励，一旦被引发和建立，效果持久

11.2 自励系统是激励体系的根本动力系统

11.2.1 自我控制系统是组织控制系统的核心

1.组织控制系统与自我控制系统

组织的内部控制包括两个层次：第一个层次是个体的内部自我控制，它是指每个组织成员都拥有一套自我标准、自我评价体系以及自我奖惩系统。第二个层次就是组织控制系统，它是指组织通过外在手段对组织成员的行为进行理性控制，以达成组织目标。大家知道的企业文化、企业愿景等都是组织外部控制系统。这种外部控制系统通过向员工灌输企业价值观念，进而改变个体的行为。然而，当组织向个体灌输企业价值观的同时，个体也拥有自己的价值观、信念以及自我发展目标。而且相对而言，个体自身的价值观、信念和发展目标更为具体，而公司的价值观与愿景则相对抽象些。因此，个体自我控制系统对个体的影响力度将更大，也更为持久。

曼兹（Manz，1986）认为，组织外部控制系统并不会对个体的行为产生直接影响，它必须通过个体内部控制系统这个环节才会对个体的行为产生直接影响。因此，组织控制系统对个体行为影响的力度取决于其对个体内部自我控制系统的影响方式。曼兹为此提出了一个简要模式，如图11-1所示。

对这个模型的简要解释就是：外因必须依赖内因才能发生作用。外部的结构、规则、政策、价值体系、文化和信念得依赖个体的内部控制系统才能起到预期的效果。外部因素只能是一种诱因，真正的动机则来自于个体内部。只有当外部因素能诱导出个体内部动机时，外部因素才真正发生作用。

尽管大家都知道外因必须依赖内因才能起作用的道理，然而理论界却一直忽视对组织内部个体自我控制机制的研究。比如，自我激励系统作为个体内部自我控制机制的一个子系统，一直没有得到重视。显然，当个体

标准、规则
程序、政策　　　　　　　　　评估　　　　　　　奖惩系统

内部控制系统

个人价值观、信念、目标、心理程序编制

自我标准—行为—自我评价—自我设定的结果

自然性动机——欲望、偏好……

结构　　　　　　　　　　　　　　　公司愿景、价值
　　　　　　　　　　　　　　　　　观、信念

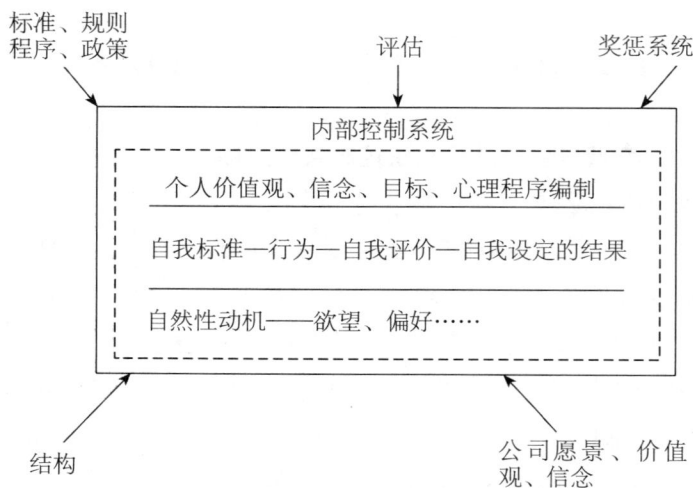

图11-1　组织控制系统与自我控制系统

行为的标准来自其自身（比如工作责任、良心，或者要做一个好人的信念等等）时，个体的行为绩效更佳。因此，从组织的观点来看，仔细认识个体的自我控制机制比将视线完全盯住外部控制更有意义，也更为现实。事实上，过分强调外部控制完全可能不会增加个体行为的总动力，因为外部控制可能挤出个体的内部控制效能。

2. 自励机制是自我控制的核心

自我激励机制是自我控制系统的一个关键环节（班杜拉，Bandura，1986）。在班杜拉的眼中，自我激励机制仅仅是作为一种自我奖励和自我惩罚的机制出现，事实上，自我激励机制所包含的要素远远不止这些。我们在第5章中已经指出，自我激励包括三个层面：行为层面、认知层面和元认知层面。自我激励最重要也是最本质的层面是元认知层面。自我激励涉及的元认知要素包括自我计划、效能预期、结果预期、自我监控、结果反应和自我反馈等等。可见，自我激励机制基本涵盖了自我控制机制中的一些关键要素，它是自我控制系统的核心层面。

既然自我控制机制是组织控制体系的核心，而自我激励机制又是自我控制系统的核心，因此自我激励机制也就成了组织控制体系核心的核心。

由此可见，自我激励机制在整个组织控制系统中的地位非同一般。

3.自励机制是激励的基本动力系统

自励机制不仅在整个组织的控制体系中占有重要地位，而且它也是激励的基本动力系统。

首先，知识社会的发展越来越需要自我激励。随着社会、经济、技术的逐步发展，知识工作者越来越普遍，也越来越重要。知识工作者的权利逐步增强，企业授权增加，知识员工需要独自应付各种事务，知识员工也开始考虑自己的职业规划。因此，知识员工相对于其他员工而言，更需要自我激励。我们完全可以做出如下判断：在未来社会中，自我激励将越来越成为个体的主要动力来源。

其次，所谓他励不过就是在个体自我激励过程中增加一个外部干预环节。这个干预的切入点就在个体行为的结果处。他励就是通过改变激励客体的行为报酬函数来修正其行为。然而，无论其怎么修正，报酬函数还得历经激励客体的认知加工，才能转换成为激励客体所认同的自我目标。只有成为自我认同的自我目标后，才能真正诱导激励客体的努力行为。

最后，互励只不过是强调激励主客体之间的互动性，它的理论基点仍然是个体的自我激励。激励主体通过自我激励，主动去创造一种激励环境，去诱导激励客体进行自我激励；反过来，激励客体也通过自我激励，创造一种反激励环境，对激励主体进行反激励。

总之，在整个人为激励体系中，自我激励系统是最为核心的部分。它相当于激励系统的"发动机"，提供了个体行为的最根本的动力。

11.2.2　组织如何构建自我激励系统

1.构建职业生涯发展规划系统

我们一再指出，个体进行自我激励的最大动力源于其对自我职业生涯的发展规划。如果企业协助个体进行职业生涯发展规划，在企业内部构建职业生涯发展规划系统，那么就更容易地将个体的发展与企业的发展紧密结合起来。

　　要注意的是，职业生涯发展规划的主要责任其实是个体自己。然而企业也应积极参与到员工的职业生涯规划过程中去。这有以下几个方面的原因：①有效的职业生涯规划是提高员工满意度、忠诚感、劳动积极性的重要手段，若无企业参与，员工将无法建立一个有效、合理的职业生涯规划；②企业内部管理的畅通、有序取决于建立一个完善的人力资源管理系统，而一个完善的人力资源管理系统要求员工的职业生涯规划能与企业战略、企业其他内部系统匹配，若无企业参与，这种匹配将无法实现；③相对于个体而言，企业具有资源优势；④企业通过进行职业生涯发展规划，更能有效了解组织成员的内心动力状况。

　　一个有效的企业职业生涯规划要求企业必须从公司战略规划入手，协助企业员工制订职业生涯发展规划。显然，企业职业生涯规划是在员工的职业生涯规划中引入了企业这一新的维度。它强调：①员工的职业生涯规划必须与企业战略相匹配，必须将员工的职业生涯发展规划纳入到企业战略规划体系中；②员工职业生涯开发系统必须与企业人力资源管理系统、组织架构系统以及企业内部其他系统相匹配；③企业职业生涯规划仍应以个人评估和职业研究为基础，但是企业可以帮助员工去进行自我评估和职业研究（如图11-2所示）。

　　有效的企业职业生涯规划需要多方面的努力。对于员工个人而言，应积极主动地去了解企业有关职位的信息，明确自己的职业生涯发展方向，向上司、人力资源部、工会等积极反映自己的需求。而对人力资源部、一线经理以及工会领导而言，有必要从多方面去收集、了解员工的职业生涯需求，对员工的要求做出相应的反馈，协助员工进行自我评估和职业研究，从公司产品战略出发协助员工制订职业生涯发展规划。

　　企业对员工职业生涯的管理是一个动态的系统工程，其主要任务就是要帮助员工更好地适应工作，帮助员工在实现企业战略的过程中去实现自我价值，培养员工对企业的献身精神。具体而言，企业职业生涯管理有以下几个方面的任务：

```
┌─────────────────┐   ┌─────────────────┐   ┌─────────────────┐
│ 自我评估        │   │ 企业战略        │   │ 职业研究        │
│ ● 优点/缺点平衡表│   │ ● 企业产品战略  │   │ ● 职业特征      │
│ ● 喜好/厌恶调查表│   │ ● 战略规划系统  │   │ ● 职业的未来发展趋势│
│ ● 个性、能力、价值观│  │               │   │ ● 职业对个人的要求│
└─────────────────┘   └─────────────────┘   └─────────────────┘
                 │         │         │
                 └─────────┤─────────┘
                           ▼
               ┌─────────────────────┐
               │   企业职业生涯规划   │
               └─────────────────────┘
                           ▲
                           │
               ┌─────────────────────┐
               │ 企业内部其他系统    │
               │ ● 人力资源管理系统  │
               │ ● 组织架构系统      │
               │ ● 公司治理系统      │
               └─────────────────────┘
```

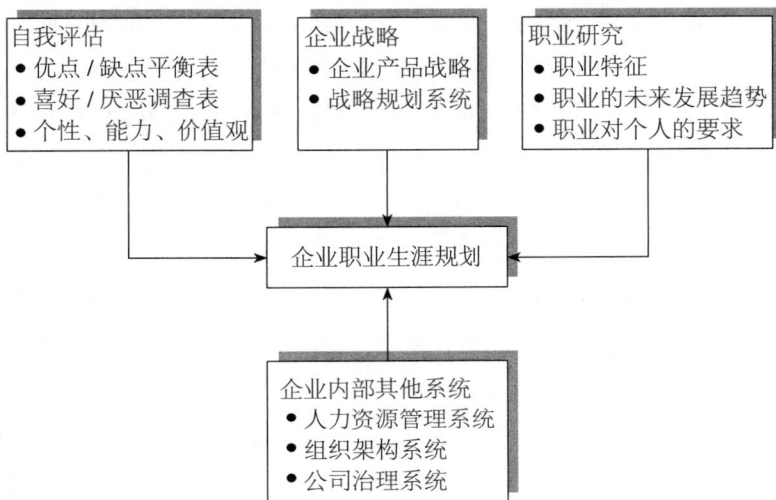

图 11-2　企业职业生涯规划流程

（1）从企业战略入手，深入了解员工的个性、能力、价值观，帮助员工制订合适的职业生涯规划；

（2）使员工的职业生涯规划与企业人力资源管理系统、治理系统和组织架构等相匹配；

（3）对新员工进行引导、咨询，增加他们工作的挑战性，帮助他们形成合理的预期，明确每位员工今后的职业通道，做好"组织社会化"，顺利度过"现实震荡期"；

（4）做好晋升与调动工作，明确告知员工晋升标准和职业通道，做好绩效评估和能力评价工作，保证晋升的公正性；

（5）根据企业外部环境的变化，调整工作设计，做好员工培训开发工作，开发除晋升之外的其他职业通道；

（6）处理好员工流出问题，包括老年员工的退休、经济不景气时的裁员等等。

2.构建组织成员自我雇佣能力系统

可雇佣能力决定了个体今后的雇佣竞争性。对于组织成员而言，出于对自己未来职业生涯的考虑，总是尽力提升自己的可雇佣能力。提升可雇佣能力，不仅仅是组织成员个人的事情，也应是企业义不容辞的责任。

Waterman 等人（Waterman R. H., Waterman J. A. and Collard B. A., 1994）指出，现代企业与员工之间的契约关系发生了重大变化，一种新型的关系正在形成。在这种新型契约关系中，企业不再把优秀员工的跳槽视为背叛，同样，如果企业因为雇员的技能不再符合要求而解雇员工时，也不能被认为是背叛；雇主与雇员之间的关系也从传统的父子关系转变为一种成人关系。在这种情况下，雇主和雇员都不能相互推卸责任，而应该相互承担起责任，以保持甚至提高每个员工在公司内部和外部的可雇佣性。企业的责任就是向员工提供工具、开放的环境和机会来评估和发展他们的技能，而员工的责任是管理好自己的职业生涯，并同时保证只要在这家公司工作，就应该认认真真地完成任务。

企业如何构建自我雇佣能力系统呢？笔者觉得以下几点值得注意：①构建企业雇员能力档案，其中包括兴趣、个性、价值观、态度、技能、学历和特殊能力等全面的个性资料。②构建职业发展信息平台，一方面通报各种职业发展信息，让员工熟悉外部劳动力市场上的技能需求状况。另一方面也了解雇员内心的需要、想法，根据实际情况帮助雇员提升其技能水平。③必须与职业生涯发展规划整合在一起。④在企业内部进行培训，重新管理、调整雇员与企业之间的预期和契约结构。

3.构建有效的责、权、利系统

责任是一种有效的激励手段。我们的研究也表明，有道德责任感、组织责任感的个体更可能鼓励自己努力提高工作水平。然而，我们在赋予组织成员责任的同时，也必须赋予个体与责任对等的权力和利益。否则，单单有责任不足以诱导个体进行自我激励。

对于企业而言，构建一个统一而有效的责、权、利系统是非常有必要的。那么如何构建这样一个系统呢？有以下几点必须做到：①将企业战略、企业目标逐层分解，最终必须落实到个人；②对各个岗位进行仔细分析，确定其工作内容、难度、诀窍、汇报对象以及流程，构建完善的职位系统；③根据各个岗位的具体情况和分解下来的任务目标，制定详细、量化的考核指标；④制订与业绩、岗位责任挂钩的薪酬激励方案；⑤构建一种责任文化，鼓励组织成员承担责任。

4.构建组织、个体公开承诺系统

个体对活动的投入程度取决于个体对该项活动的承诺程度。因此，构建一个有效的组织、个体公开承诺系统是非常有必要的。公开其实是一种外在约束机制，它可以强化个体的承诺程度。

如何构建组织、个体公开承诺系统呢？笔者认为，以下几点是必须考虑到的：①组织必须公开对个体进行承诺，制定明确的晋级制度、奖励制度、惩罚制度，并严格按照制度标准执行。我们认为，各种制度的最大好处就是雇主通过对自己的约束来强化其对雇员的承诺。②要求雇员在员工大会或者部门会议中明确提出自己的工作任务、工作目标，并要求员工公开承诺完成任务。③一定期限后（比如半年或年终）必须对年初的承诺进行检查，对实现的承诺必须给予一定的奖励，对没有实现的承诺要仔细分析原因。

11.2.3　重视对领导者的自我激励

1.领导者的现状与激励领导者的重要性

企事业单位中的领导者，既是激励的主体，又是激励的客体。他们既要激励下属，但作为激励的客体，领导者自身也应该不断地受到激励。只有很好地激励领导者，使领导者具有较高的积极性与主动精神，才能使他们更好地激励下属。总之，只有不断地激励领导者，才能调动他们的积极性，增强他们的主动创新、进取精神，使他们善于工作、乐于工作和精于工作。

领导者在企事业单位中处于统帅的地位，因而领导者本身的心态、行为是至关重要的。当然，现阶段企事业单位中的领导者的积极性也不尽相同，有的很积极，但也有处于消极状态的，更有甚者，是处于有害工作的状态。

大凡在改革中成绩卓著的领导者，都不仅具备较高的领导素质，而且始终保持极高的工作热情，保持乐观自信、进取创新的良好心理状态。当然，也有不少领导者的心态不佳。他们有的希望"见好就收"、急流勇退；还有的是过一天算一天，得过且过，只求维持现状；有的则是抱着给员工多发点奖金、留条后路的心态；还有的营私舞弊、贪赃枉法、行贿受贿、违法乱纪。这些表现不仅给国民经济带来严重的危害，还会蔓延开来，在精神上腐蚀员工，摧残员工的主动精神，使他们的劳动积极性不能得以发挥。

因此，研究调动企事业单位中领导者的积极性的问题，激发他们的工作动机和热情，强化他们实现经营目标的意志，是完全必要的。所以，我们除了要分析激励主体（领导者）对激励客体（员工）的激励，也要探讨对激励主体（领导者）本身的激励。

2.调动领导者积极性的激励因素

我们对一些领导者的心理需求进行了调查。结果表明，能调动领导者积极性的激励因素有以下12项：

①名誉；②提升；③奖金、工资；④权力；⑤上级领导、同事的赞誉；⑥责任心；⑦情感；⑧冒险、艰苦（重要的）工作；⑨实现自己的抱负和工作上的成就感；⑩待遇；⑪关系融洽、和谐；⑫工作条件。

上述激励因素可归纳为五大类：

（1）成就激励。领导者要实现自己的理想，要为社会做贡献，这是主要的激励因素。

（2）角色激励。领导者是国家、企事业的代理人，角色意识激励领导者去工作，并且干好工作。

（3）竞争激励。竞争会产生压力，这是工作中的挑战因素。竞争既是压力，也是动力，没有竞争就没有进取、创新，就不存在激励。

（4）名誉激励。社会的承认、名誉地位具有很大的激励作用，社会知名度愈高的领导者，其积极性愈高。

（5）物质激励。物质激励不仅体现为金钱，也是对工作成就认可的一种反映。

3.激励领导者的方式、方法

领导者是高层的管理人员，对他们的激励不同于对下属员工的激励，主要有自我激励和社会激励两种方式。

（1）自我激励。自我激励就是自己激励自己，是通过对事物的认识、学习、研究和思想觉悟的提高，从而对自己的工作意义有足够的认识、理解，鼓舞自己努力地实现所追求的目标，对领导者来说这是最重要的一种激励方式。

目前，之所以有很多领导情绪低落、积极性不高，在很大程度上是对自己工作的意义认识模糊。我们是社会主义国家，实现共产主义是我们的最终目标，这是历史赋予我们这一代甚至今后几代创业者、开拓者的职责，只有认识到这一点，才能理解工作的意义，振奋精神，完成自己的使命。

（2）社会激励。目前，我国的社会环境存在一些问题，削弱了领导者的积极进取精神。所以，必须下决心建设创新的社会环境，树立良好的社会风气。树立积极进取的社会风气、营造创新的社会环境和提供平等竞争的社会机会等社会宏观因素能促使企业领导去奋斗、去创新。良好的社会精神风貌对一代人甚至几代人都有较强的激励作用。

提示1：经理人自我激励的最佳方式

经理人也拥有相同的需求、相同的渴望和同样偶尔感到没有动力的困惑。所有激励和鼓舞你的员工的因素对你同样适用。你可以把其中一些激励因素实际应用在自己身上。

• 当你认为你出色地完成了一项工作的时候，要回报你自己。例如，去参加一次特别的晚餐，带上一个朋友，不断提醒自己，你是如何了不起。

• 当你需要别人提醒你的工作是如何重要的时候，坐下来，列出一份清单，包括所有依赖于你的人以及所有你为他们的成果做出了贡献的人。

• 当你感到你的工作没有出路的时候，自愿参加一个可能完全不同于你的日常工作的项目，或者参加一次全新的课程。

• 当你感到你的组织前景飘忽不定的时候，提出你自己的看法，寻找任务来促进组织的发展。

● 当你周围的环境充满了不利因素，找出公司里的毫无怨言者。每一个组织都有一些这样的人，如果你抑制住任何认为他们天真的想法，你会惊讶地发现当他们在你身边的时候你会感觉好得多。

当然，如果你的老板能够注意到所有关于激励员工的建议并将之应用在你身上，这是非常好的。但是，实际上，激励是来自内部的。其他人可以改变你的外部境况，促使你的内部激励的发展而给予你一些空间。但只有你自己才能够找到你内在的激励因素，使它发挥作用，激发你的活力。

提示2：经理人自我激励的窍门

● 把这个项目或任务所涉及的所有内容记录下来。如果你还没有开始这样做的话，制订出有预期时间的行动计划。如果你准备去参加这种项目的话，保留一个日志记录，把它交给你的老板或者任何参与到这个项目中的人，向他们展示你为这个项目都做了些什么样的工作。

● 要求你所希望得到的回报。如果这个项目花掉了你的个人时间，或者花掉了你需要用来做其他工作的时间，你可以要求一些时间上的补偿。至少，要求得到对你所付出的努力的认可。

● 回报你自己。在某种得不到感谢的项目的进行过程中，制定阶段性任务目标，当你达到一个分目标的时候要回报一下你自己。公开地这样做，以便提醒其他人。例如，带来一个蛋糕然后与别人分享它。

● 在你的墙上贴一张巨大的日历，用很大的标记来记录你的成就，这样走过的人中没有人会看不到它。当人们问你这是什么的时候，告诉他们。如果他们没有问，那么无论怎样也要找到方法来告诉他们。

● 这个窍门应该加注星号标记出来。如果你不是单独做这件事，如果你的下属或你的同事在与你一起从事这项工作，那么要保证他们的工作得到应有的感谢，给予他们充分的认可，如举行庆祝会，授予有趣的奖品，认可和回报他们，直到他们真正被激励，你也会被他们的热情所感染。

资料来源　迪普罗斯 T.360 度激励 [M]．丁冬梅，译．沈阳：万卷出版公司，2005．

11.3　他励系统是激励体系的传输系统

11.3.1　他励系统的意义

所谓他励，即激励主体与客体由不同的组织成员来承担时的激励过程。这种激励形态是目前国内外激励领域研究得最多、最广、最深入的领域。大多数文献所论及的激励都是指他励。目前对他励系统的讨论有三条理论路线：经济学、心理学和管理学。各条理论路线都涌现出一批理论模型，也各自发展出了整套的成体系的激励理论，正可谓出现了"激励理论丛林"现象。

如果说自励系统是激励体系的"发动机"，那么他励系统就是激励体系的传输结构。我们将这个思想发展为一个全驱动的模型，如图 11-3 所示。

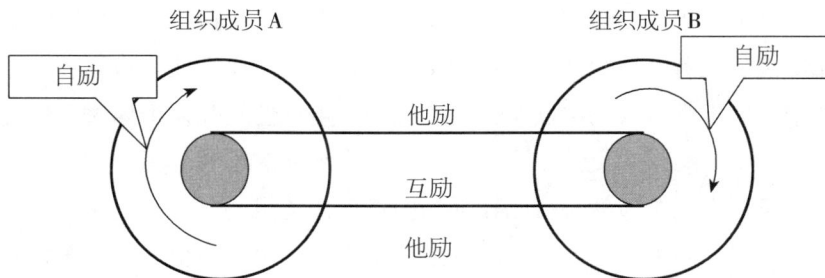

图 11-3　全驱动模型

在该个酷似自行车的模型中，我们假定组织成员 A 为主动轮，组织成员 B 为被动轮。A 对 B 进行的他励过程就可以表述为：A 通过自我激励，先行启动，然后再经由传输带带动 B 的转动。可见，他励在激励体系中其实就是起动力的传输作用。

11.3.2　构建他励系统的关键——管理好激励客体的预期

激励客体的心理行为过程的关键是其心理预期，因此他励行为的关键在于对激励客体的预期的管理。那么如何管理激励客体的预期呢？

1.管理好任务本身带来的回报

影响激励客体预期形成的一个重要因素就是其行为结果所能获得的回报。这种回报的一个重要来源就是任务本身，如发展机会、技能提升、自我成就欲望的实现、自我胜任感的获得、道德良心的满足、内心的安宁等等。这种回报比较隐性，有些人会看到，而有些人看不到，这取决于个体的思维习惯。那些态度更为积极的人比较容易看到，而那些习惯于消极思维的人则很难看到。

对于激励主体而言，可以用以下方法对任务本身的回报进行管理：

（1）工作再设计

通过对工作任务的重新设定，来增加任务本身对个体的内在兴趣。赫茨伯格的双因素理论就是强调工作任务本身的激励性。工作丰富化以及工作的宽广化在本质上与工作再设计一样，都是为了提高工作本身的吸引力。

提高工作本身的吸引力主要应从五个方面着手：技能的多样性、工作的完整性、任务的重要性、个体的主动性和结果的反馈性。前三者主要是强调个体对工作本身的主观意义上的感受，主动性则强调个体对工作结果本身的责任，结果的反馈则强调个体对行为结果的了解。工作如果能做到以上五点，那么个体就会有比较强的内在工作动机。

一旦组织内部工作系统追求以上五个方面，那么整个工作系统将必然逐渐成为一个宽幅度的工作系统。我们知道，工作设计有两种分类方式：狭窄的工作设计（NDJ）与宽广的工作设计（BDJ）（见表11-3）。采用狭窄设计方式设计的工作完成的任务数量少而且难度低，所需的技能也少；而采用宽广设计方式设计的工作完成的任务多而且难度大，所需要的技能也多。可见，宽广的工作设计有助于增加员工的满意程度，降低员工的可替代性，从而增强员工在企业中的讨价还价能力；而狭窄的工作设计则可降低组织的培训成本。究竟采用哪种工作设计方式，取决于组织对这两种工作设计方式利弊的权衡。

表11-3　狭窄工作设计（NDJ）与宽广工作设计（BDJ）的比较

NDJ——传统工作系统	BDJ——高度复杂的工作系统
狭窄地划分工作	广泛地划分工作
员工专业化	员工转换工作内容
根据工作内容支付工资	根据所掌握的技能支付工资
由顶头上级评价绩效	由同事来评价绩效
在严密监视下工作	自我监督和同事监督
加班工作或严格换班	团队分配其成员以灵活方式弥补工作中的空白
没有职业的发展	关心学习和成长
员工被视为个体	员工以团队为单位
员工不懂商务	团队运营业务的数据被分享
层级象征强化了等级	层次的差异被缩小
员工无权参与管理	员工广泛地参与管理

资料来源　比尔 M.管理人力资本［M］．程化，潘洁夫，译.北京：华夏出版社，1998.

（2）塑造组织成员的积极思维模式

心智模式决定了个体对某些事物的价值判断。对同样一件事物，有些人会看到它的好处，而有些人却只会看到它的坏处。就如半杯水，积极的人会说"还有半杯水"，而悲观的人会说"就半杯水了"。同样的一份工作或者任务，有些人认为有趣，而有些人认为无聊。甚至组织已经下了大力气，重新设计工作，尽量使工作富有挑战性，而有些成员仍然看不到这点。这时，激励主体有必要主动与激励客体进行沟通，转变激励客体消极的思维模式，引导激励客体看到这种任务本身回报的价值，增加个体对任务本身回报价值的感知。

（3）对组织成员道德价值观的灌输

个体内在道德良心会影响到个体的行为。特别是当个体公开承诺某种责任后，一旦没有完成任务，就会感到良心不安。因而，通过对个体组织公民道德观念的教育、灌输，在企业内部形成一种高道德水平的文化，有助于个体提高对工作的期望。

（4）强化组织成员对工作的承诺

组织成员积极主动地完成工作的积极性很大程度上受其对工作承诺的

影响。而个体对工作的承诺与其与组织之间的契约关系有关。

组织与员工之间的契约关系包括三个层面：

第一个层面的契约是正式的劳动合约。它表现为企业的工作说明书、劳动合同、绩效协议等等。它界定了员工的基本任务和绩效要求，包括对业绩的期望和任务承诺，同时赋予员工相应的报酬、权利和资源。

第二个层面的契约是心理契约。这是比较隐蔽的方面，它包括组织与成员之间的相互期望和互惠承诺的成分，这些成分由情感（比如劳资之间的信任和依赖）引起。尽管它常常没有直接写出来，但心理维度是员工对个人目标和组织目标达成个人承诺的内在基础。

第三个层面则是所谓组织内部的潜规则。即在组织成员眼里，要在组织中生存，实质上应遵循什么样的"游戏规则"。员工通过观察组织的运作方式、管理层对自己的态度以及他们能否做到言行一致来理解组织的核心经营理念，再将它们"翻译"成组织的"游戏规则"。

这三种契约关系决定了组织成员对工作的承诺水平。然而，很多企业却忽视了对组织成员承诺水平的管理。这在国有企业中表现得特别明显。为强化个体对组织的承诺水平，可以从三个方面入手：强化书面的工作承诺；与员工之间沟通从而形成良性的心理承诺；加强组织文化建设，将潜规则界定为业绩规则。

2.恰当地给予外部回报

影响激励客体预期的第二个因素就是由激励主体施加的结果回报。激励客体通常最为关心这种回报。这是个体获取经济性回报的主要途径。晋升、公开表扬、奖金、股票期权、附加福利等都属于这种类型的回报。这种回报要推动个体的预期，必须满足"员工们必须相信他们的努力将带来令人满意的绩效水平；重要的报酬会随着他们的成就而来；报酬制度实行过程中，员工的不公平感会削弱满意度和激励作用"①这样一个条例。为了使这种回报能够起到对个体期望的有效诱导作用，激励主体要注意以下

---

① 比尔 M.管理人力资本［M］. 程化，潘洁夫，译.北京：华夏出版社，1998.

两点：

（1）在外部回报与行为结果之间建立可观察、可证实的联系

激励主体在对激励客体的行为结果进行回报时，必须遵循的第一条基本准则就是要在行为结果与回报之间建立可观察、可证实的联系。这种思想在组织内部的一种推演就是业绩激励。

实施业绩激励至少有以下几个方面的好处：①一旦劳动者的报酬与其业绩相关，劳动者就会受到激励去投入更多的努力，提高自己的业绩，进而提高自己的收入；②计量原则公平，易于为劳动者所理解和接受；③让做同样工作的人有不同的收入，造成收入差异，引入竞争，从而对业绩差者形成一种有力的警示；④将报酬与业绩挂钩，让员工更关心自己的业绩，而不是企业内的其他活动，还可以减少对生产过程的监督，进而能节约监督成本。当然，业绩激励的最重要功效就是诱导个体形成一种稳定的、良性的预期。

当结果可以衡量、观察时，我们可以直接将业绩与薪酬挂钩，进行激励。但是，如果产出不可观察、不可测量时，比如在团队生产中无法分离个体的边际生产率，我们就不能将报酬与产出挂钩。此时，我们应该将报酬与个体的投入挂钩。这样做的原因在于投入与产出之间有强预测关系，我们可以通过观察个体的投入情况，来判断他的产出。一般而言，投入越大，所得到的产出也越大。

可见，究竟何时基于投入来进行激励，何时又基于产出来进行激励，这主要取决于投入与产出的可观察性、可测量性。当投入更容易观察和测量时，就基于投入进行激励；当产出更容易观察和测量时，就应基于产出进行激励。这背后的原理就是激励机制的设计必须以可观察、可衡量的变量为依据。

在结果与报酬之间建立关系的时候，还有一个值得关注的问题是激励客体的资源分配问题。这个问题在经济学文献中被称为委托代理模型中的多任务问题。比如，生产工人在生产时往往被要求注意质量，另一方面也被要求注意维护机器设备。但是，如果采用计件工资制时，工人肯定会不

惜以牺牲质量、机器设备为代价来片面增加产量。即便有一套完善的质量
控制系统，生产工人同样会滥用机器设备。对这些行为，我们将其称为替
代行为。

　　所谓替代行为，也就是个体会以放弃某些行为为代价转而将全部精力
投入到另一项行动之中。如果激励客体要完成的任务包括多项内容，而有
些内容又很难观察和测量时，替代行为最容易发生。替代行为给我们的启
示是："在要完成多项任务时，激励报酬不仅能配置风险和激励工人努力
工作，而且也能指导代理人的注意力在他所承担的各项责任间的配置。"
（Holmstrom and Milgrom，1991）激励代理人的什么行为，代理人就会有
什么行为。因此，在进行激励制度设计时，一定要仔细考虑好到底是要激
励代理人的何种行为。

　　（2）外部回报的公平性是最应予以考量的要素

　　早在1964年，亚当斯（Adams J.S.）就提出公平理论。"公平"两个
字概括了激励客体对结果的主观评价过程的精髓。只有结果公平，激励主
体所施加的刺激才能让激励客体有所期待。否则，它就会击碎激励客体内
心那原本就脆弱不堪的主观期望。我们认为，激励主体必须注意以下
几点：

　　①我们不仅关注报酬的绝对数量，更关注报酬的相对差异。个体在得
到业绩回报时，会将自己从工作中得到的回报与投入、与他人得到的回报
与投入进行比较。如果自己的产出/投入比率与他人的产出/投入比率相
等，就会感到公平；如果自己与他人的产出/投入比率不相等，则会产生
不公平感。如果自己的产出/投入比率比他人的要小，我们就称这种不公
平为过低支付的不公平（underpayment inequity）；如果自己的产出/投入比
率比他人的要大，我们就称这种不公平为过高支付的不公平
（overpayment inequity）。

　　②过低支付的不公平与过高支付的不公平给人带来的公平感受不一
样。人们更加关注的是过低支付的不公平，而对过高支付的不公平往往会
采取各种手段使其"公平化"，比如提高自己投入水平的估计量，降低他

人投入水平的估计量。

③个体在评判公平时采用的参照系会有多个维度,除了我们常常提到的内部公平性(即自己与组织内部其他人之间的产出与投入比较)、外部公平性(即自己与组织外部其他人之间的产出与投入比较)外,还有报酬的历史公平性。当个体将自己现在的努力水平和报酬与过去在企业内部的努力水平和报酬进行比较时,当个体将自己现在的努力水平和报酬与过去在其他单位中的努力水平和报酬进行比较时,就出现了报酬的历史公平性问题。

④不公平感会在个体内心引起焦虑和紧张,这种紧张又会促使个体采取一些行动来消除这种紧张。个体可能通过改变自己的投入、产出水平来重新获得公平感。比如,报酬太低,个体可以通过缺勤、减少工作时间、降低产品质量来恢复公平感。个体也可能通过改变自己的认知来恢复公平感,如重新调整对自己和他人的投入产出比率的估计。个体还可能通过改变自己比较的参照系来求得公平。比如,虽然我在这个公司工资比较低,但社会上还有许多人比我的工资还要低,我比他们要好。有些个体甚至会以辞职来消除不公平感。

⑤如何在报酬上进行公平的分配,是公平理论提交给管理者的一个重要的思考题。由于参照对象既可能是组织内部的其他员工,也可能是组织外部的其他员工,还可能是该员工过去的收益情况,这就给管理者提出了一个很大的难题:如何在诸多参照系中实现公平?我们举"外来的和尚好念经"这个例子来说明其复杂性。某公司已经拥有一套满足内部公平和外部公平的薪酬体系。最近,公司新招了一批软件工程师,由于此类人才在市场上特别紧俏,公司不得不提高薪资水平来吸引这些新人。但是,这又使得企业内部原来的软件工程师有了不公平感。可见,照顾到某些方面的公平又会损害另一方面的公平。如何进行平衡,是管理者必须仔细思考的问题。

⑥为实现报酬分配上的程序公正,有必要建立一个公开、公正和合理的绩效评估体系。程序公正理论(Procedural Justice Theory)认为,当个体意识到分配程序是公正的,就会更加努力地去完成工作。一个公开、公正和合理的绩效评估体系之所以重要就是因为其实现了程序的公正性。有

两个因素影响个体对程序公正性的感知：一是管理者对待员工的方式。管理者越是对员工坦诚、吸引员工参与决策、听取员工意见，员工越会认为分配程序公正。二是管理者向员工解释其决策的程度。管理者越是对员工公开信息，如绩效评估的方式、付薪的方法等，员工越认为分配程序公正。

（3）谨防外部回报的过度激励

外部回报的强度也值得激励主体的注意。前面我们已经提到过激励中的替代行为。事实上，替代行为发生的概率与激励的力度有密切关系。

如果激励过强，很容易引发代理人的替代行为。为什么在20世纪90年代美国的公司丑闻特别多？这和股票期权引起的过强激励有关。我们知道，美国企业CEO的绝大部分收入都是来自股票期权，有的CEO可以从股票期权中获得上亿美元的收益（见表11-4）。由于股票价格上涨意味着自己财富的巨大增长，一些CEO就开始铤而走险，不惜通过做假账、造假数据来"制造"利润，使股票价格上升。这些CEO们的精力和注意力不再是集中于思考企业的发展战略、企业的日常经营管理，相反，他们总是在琢磨如何提高股票价格。因此，在进行激励制度设计时，还得仔细权衡激励措施可能带来的正反两方面的影响。

表11-4　美国芝加哥地区收入最高的五位首席执行官（2001年）

CEO 姓名	公　司	基本工资（%）	年终分红（%）	长期激励（%）	收入总额（百万美元）
John A.Edwardson	CDW Computer Centers，Inc.	1	2	97	56.3
William F.Aldinger	Household International，Inc.	3	15	82	33.3
James W.McGinley	Stratos Lightwave，Inc.	1	1	98	31.8
Miles D. White	Abbott Laboratories	6	8	86	25.1
James Dimon	Bank One Corp.	5	14	81	21.5

资料来源　THE FORTUNATE 100 ［J］. Crain's Chicago Business，2002（25）.

3.有效调高预期锚定值

（1）参考点

激励客体在设定自己的预期时，往往会基于一定的参考标准。我们将这种参考标准称为参考点（reference point），或者基准锚定点（benchmarking）。其参考标准主要来自六个方面：

①个体内部可自我接受的标准水平；

②过去自己取得一定绩效后的回报水平；

③过去他人取得一定绩效后的回报水平；

④过去自己通过努力取得一定绩效的难度水平；

⑤团队规范所要求的标准水平；

⑥组织期望他能达到的绩效水平，或者其与组织达成的绩效协定所规定的水平。

（2）锚定与调整启发式

人们在做出预期时，往往会根据参考点来进行调整，这被称为锚定与调整启发式。最终的预期值大小往往取决于其参考点的大小。

托沃斯基和卡内曼（Tversky and Kahneman，1974）曾找了两组被试者，要求第一组被试者在 5 秒钟内计算：

$8×7×6×5×4×3×2×1=X$

第二组被试者在 5 秒钟内计算：

$1×2×3×4×5×6×7×8=X$

显然，这两个问题的答案是一样的，都等于 40 320，估计两组被试者计算的结果也应差不了多少。但结果，第一组被试者计算的平均值为 2 250，第二组被试者计算的平均值是 521。为什么会出现这样的情况呢？原来，大多数被试者不会速算，因此在短短的 5 秒钟内，只能计算出前几个数字的乘积，然后据此进行调整。比如，第一组被试者在 5 秒之内计算出 $8×7×6=336$，然后以此为基础进行调整；第二组被试者在 5 秒之内计算出了 $1×2×3×4×5=120$，然后以此为基础进行调整。

这个实验的结果表明，两组确定的锚定值不同，最终的结果也会不同，并且最初锚定值大的，最后估计的结果还是比较大。这就给我们一个启示：在对激励客体预期进行管理时，必须想方设法提高激励客体的锚定值。

（3）设法提高激励客体的预期锚定值

如何提高激励客体的预期锚定值？有以下做法：

①加强自我激励训练，激发个体内心潜能，提高个体自我要求标准。

②个体取得一定业绩后必须给予回报。回报必须能满足个体的内外公平感，能让个体感到有奔头。

③回报的形式、数量、规划必须制度化。这对于让个体形成稳定的预期至关重要。领导随意的激励虽然能在一定程度上取得激励效果，但往往会让员工无所适从。

④加强团队建设和企业文化建设，有效形成高绩效、积极进取、创新的企业文化。

⑤提高管理者的能力、创新水平，在上下级之间营造一种信任氛围，提高上级对下级的期望水平。在组织心理学中，你期望他是什么他就会是什么，这就是著名的"皮格马利翁效应"。上级对下级的期望越高，越是信任、支持下级，那么下级越会干得更出色。因此，组织内部应该剔除那些要求不高、也不愿为下属提供支持的管理者。

4.铸造雇主诚信——吃小亏赚大便宜

信誉是一种资产，这已经得到广泛认同。然而，要在企业中营造一种信誉文化，最重要的则是雇主要讲诚信。

经济学文献中研究颇多的棘轮效应（ratchet effect）就是雇主缺乏诚信所导致的后果。雇员劳动生产率一旦提高，雇主就下调计件工资率，而雇员一旦预见到这种结果，也就不会提高劳动生产率。雇主与雇员之间的这种博弈其实是一个囚徒困境（prisoner dilemma）。要走出这个困境，需要双方做出可信的承诺。

在这种情况下，雇主主动表明他们会恪守对雇员的承诺而不削减工资，那么雇主与雇员双方都会得到好处。相对囚徒博弈而言，这是一种帕累托改进。然而，雇主的口头承诺是没有意义的，因为它没有像法院那样的外部执行机构来强制其遵守承诺。正因为如此，雇主要做出能让雇员相信的承诺是相当困难的。

美国林肯电气公司（Lincoln Electric Company）通过自己的实践证实，雇主完全可以通过限制自己的行为来让雇员相信承诺，并进而获取巨额回报。自 1930 年起，该公司就采用计件工资制，该工资体系为这个生产弧形焊接器和焊剂的制造商创造了巨大的生产力，使公司获得了非常可观的利润，同时占据了该行业中最大的市场份额。"自 1945 年以来，该厂劳动生产率一直是其他生产商的 2 倍。1981 年，工资平均为 44 000 美元；到 1988 年，那些努力工作而又不介意加班的雇员，他们的个人收入超过 80 000 美元。"那些在其他实行计件工资制的企业中常见的策略性行为在林肯电气公司见不到，员工们主动安排自己的工作，提出建议，以便更快、更好地完成任务。

林肯电气公司是如何做到这一点的呢？它如何能让雇员放心大胆地提高劳动生产率呢？概括起来有以下几点：

（1）以书面形式将计件工资率固定化

"林肯电气"多年来一直坚持一项信用政策，即将计件工资率以固定的文本形式表现出来，一旦确定就不再变更，除非有新的工作方法或者技能应用时，计件工资率才可以通过该政策进行调整。一些股东曾指出，在任何一个年份，"林肯电气"即使简单下调计件工资率，雇员的薪金同样会富有竞争性，同时又可以提高股息。但是，"林肯电气"的管理层顶住了来自各个方面的压力，坚持计件工资率固定化。

将计件工资率固定化，这其实就是一种公开承诺，主动捆绑自己的手脚，获得雇员的信任。

（2）终身雇佣制

"林肯电气"认为，如果雇员因提高劳动生产率而失去工作，那么雇员同样不会努力。所以，应该从雇佣安全角度解除雇员提高劳动生产率的后顾之忧。因此，即使在 20 世纪 80 年代的大衰退时期，企业收入下跌了

40%，企业仍然拒绝解雇任何人，而只是将一部分生产性员工培训为销售人员。实际上，几十年来"林肯电气"从未发生过裁员事件。

对企业来讲，采用终身雇佣制是有很大成本的。最大的成本就是牺牲了利用劳动力市场的灵活性。因此，企业长期坚持终身雇佣制就向员工发出一个信号：提高劳动生产率，不必有后顾之忧；企业不会不讲信用，也不会将经营风险转嫁给雇员。

（3）雇员参与管理

让雇员参与企业的经营决策也许是雇主能向雇员提供的最可信的承诺形式。一直以来，雇员只是被管理的对象。现在大家却发现，一些生产率高的企业大多都强调雇员在经营决策方面的发言权，"林肯电气"就是如此。"林肯电气"实行了雇员代表制，在一些重大问题上，雇员代表可以代表工人的声音做出重要的决定。雇主主动出让一部分经营决策权给雇员，这事实上是给雇员吃了一颗定心丸。

（4）分享红利

"林肯电气"的工人有资格分享每年的红利。平均来说，他们所分到的红利大概是其工资的两倍。红利分配建立在工人的绩效评估之上，如他们的可靠性、产品质量、产量、创意和团队合作精神等因素。另外，工人的名字会被刻在他所制造的机器上，如果该机器被发现有质量问题，工人有责任用自己的时间纠正问题；如果一台已经卖给消费者的机器被发现有缺陷，这个工人的年度红利就要被扣除一部分；如果问题特别严重，那么扣除额将达到全部红利的10%。

很多经济学家（如Alchian and Demsetz，1972）指出，这种利润分享制度并不具有激励作用，因为个人努力对总体利润的影响额度非常小，并且总体利润增加分摊到个人头上的奖励份额也是非常小的，以至于无论如何它们都无法影响个体的自利行为。这样的分析逻辑不错。然而，如果将利润分享放在一个更大的范围考虑，也许分析的结果就完全不一样了。比如，有研究者从长期重复博弈的角度进行分析得出结论，理论分析更多地认为利润分享对劳动生产率有积极影响而不是消极影响。还有很多组织行为学的文献则从企业文化、合作性工作环境、团队精神、同事压力等角度来论证利润分享制度的好处。然而，所有这些分析正如米勒（Miller，1992）指出的那样，都忽视了最根本的一点：利润分享制度本身就不是为了利用雇员的自利而实现企业自利这一目的的，而是作为企业中管理者对共同所有权的一个象征性的承诺。赋予雇员对利润的共同所有权就是管理层为促进劳资双方合作性博弈的一个可置信的承诺，它创造了双方有福同享、有难同当的共识。这种收入分配制度使得双方的非正式合作合法化、正式化。

（5）员工持股

"林肯电气"的差不多一半股份被工人持有，其余大多数为林肯家族所拥有。这种所有权结构也可视为管理层对工人参与管理的一种可信承诺。它也使得劳资双方的讨价还价合法化，并鼓励员工对企业的未来发展负责。

综观以上所述，"林肯电气"之所以能让雇员毫无顾忌地提高劳动生产率，关键就在于其通过各种手段向员工做出了各种可信承诺。雇主可信的承诺是雇主构筑诚信文化的基础。可信的承诺使得员工信任雇主，因而也容易在业绩与回报之间建立稳定的预期，从而提高自己的努力水平。

当然，"林肯电气"这个案例中的许多做法可能仅仅适用于该企业。许多其他企业也可以采取其他办法来向雇员做出可置信的承诺。比如，一些著名公司为雇员提供大量培训机会，提高雇员技能。这不仅仅可视为公司希望雇员提高技能后为公司创造更多的利润，更可以理解为公司对雇员做出的一种承诺。现在，国外一些公司也开始借用营销学中的概念，做"雇主品牌"（Employer Branding），其核心理念就是要在社会上营造一种良好的企业声誉来吸引、留住优秀人才。雇主声誉本质上就是公司对雇员做出的一种可置信的承诺，因为公司一旦不讲诚信，其社会负面影响将是非常巨大的。

11.4 互励系统是激励体系的最高境界

就图11-3而言，他励还仅仅关注A对B的单向激励，互励则认为A和B都是同时兼做主动轮和被动轮的角色。A对B进行激励，同时B可以对A施以反激励。比如，A通过自我激励，先行启动，带动B的转动；而B也可能因此而启动自己的动力系统，通过传输带进一步促进A轮的转动。这样的全驱动体系使得车子在碰到坑坑洼洼的地段时，也能走得很好。因此，互励系统属于激励体系的最高境界。

11.4.1 互励系统的界定、分类与特征

1.什么是互励系统

我们仍然从激励主体、激励客体之间的关系来界定互励。我们知道，当激励主体与激励客体的角色由一个人承担时，这种激励是自励；当激励主体与激励客体分开时，这种激励称为他励；互励则是不同组织成员互为激励主体与客体的情形。因此，互励其实是他励的一种特殊情况。只不过，他励是单向性的，而互励则是双向互动的一种激励形态。

2.组织中的互励系统类型

在企业组织中，有两个层次的互励系统：水平互励系统，即同事之间的互励；垂直互励系统，即委托代理链条中委托人与代理人之间的互励（如图11-4所示）。水平互励系统包括：①所有者之间的相互激励；②管理者之间的相互激励；③普通员工之间的相互激励。垂直互励系统的互励包括：④所有者与最高管理层之间的相互激励；⑤管理者与下属员工之间的相互激励。

11.4.2 互励系统的构建——共同预期的铸造

构建互励系统的关键就在于在各个互励对象之间营造一种共同信念——共同预期。下面我们将结合一些企业的具体做法，对构建互励系统的手段进行一些总结。

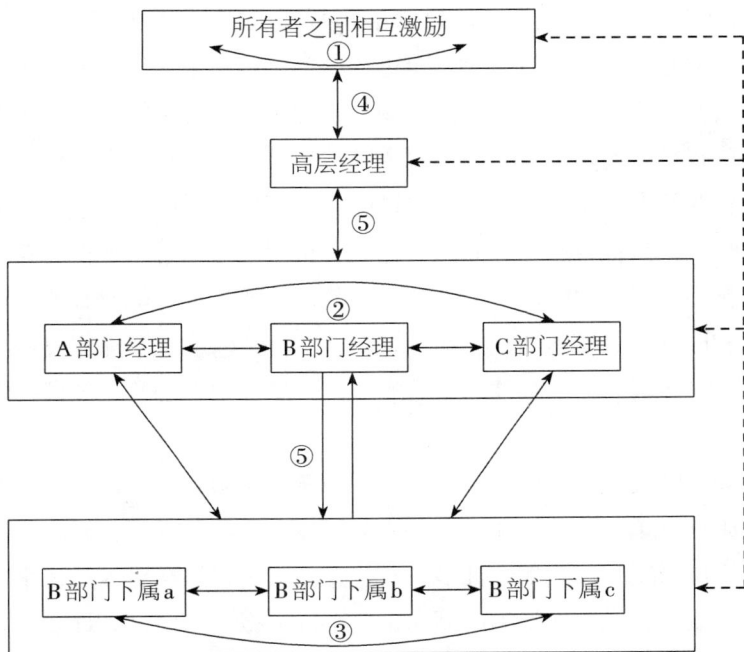

图11-4 组织内部的互励系统

1.从分配机制入手，形成互惠预期

分配机制是企业内部最为重要的激励手段。分配机制的激励效果在很大程度上取决于它是否能在各利益相关者（包括股东、经理人员、员工和社区等）之间形成良好的互惠预期。不论是所有者之间，还是所有者与管理者之间，抑或所有者与员工之间，都必须满足互惠的条件。因此，企业在设计分配机制时，必须考虑到各利益相关者之间的利益纠葛，必须去平衡各方利益，让各方都能明了合作是最佳策略。换言之，有效的分配机制必须对任何一方都是激励相容的。

我们以发展中国家的外资国有化为例来说明这点。发展中国家，尤其是非洲的一些国家，经过民族解放运动独立后，曾掀起了一股将外资国有化的浪潮。这些国家政治不稳定，经常发生军事政变，新政府上台后，往往就宣布将外国投资企业收归国有，这给外国投资者造成了极大的损失。

一些跨国企业鉴于发展中国家巨大的市场机会，都想到发展中国家去投资，但又担心其有朝一日会对外企进行国有化。为了规避发展中国家政府的这种机会主义行为，许多跨国企业就采用了一种合资的方式来重新安排企业的产权结构。跨国企业与该国政府共同出资，设立合资企业，双方共同分享企业利润。由于既能引进先进的管理技术，又能创造就业机会，还能分享收益，当地政府将企业国有化的动机大大减弱了。即便将企业国有化，其预期能增加的收益也大大减少，甚至不能弥补可能导致的损失（长期收益和国际声誉等等）。此例中，跨国公司通过重新安排产权结构从而在公司与当地政府之间构建起有效的互惠机制，双方的互惠预期一致，从而任何一方都没有了违约的动机。

我们再以高科技企业中的雇佣合同为例，说明如何构建一个有效的机制以达成互惠预期。我们知道，一般高科技企业都是根据科研人员的研发成果来支付报酬的。比如，许多高科技企业就是根据科研人员在杂志上发表文章的数量、研发出来的产品的销路来确定报酬。但是，许多高科技企业在实践中发现，有的科研人员利用公司的研究器材进行研究，一旦成果快出来时，就马上离开公司，另外再开一家公司，将原来的研发成果进行产品化、市场化。许多这样的公司后来都成为了原来公司的竞争对手。虽然有保密协议，也有颇为丰厚的报酬，但还是有许多科研人员做出这种违背雇佣合同的事情。针对这种情况，有些高科技公司就采用技术入股的方式来与科研人员签订雇佣合同。即一旦某科研成果出来后，公司负责将科研成果产业化，公司将该产品所获得的收益的一定比例（如20%）划归该科研成果的发明者，并且令这种提成关系一直无限期地延续下去。许多科研人员非常乐于接受这样的合同，因为他们知道，他们的长处在于科研，在管理方面可能是外行，自己出去创业是有风险的，如果让公司去运作，更可能取得成功。

从这两个案例可以看出，有效的分配机制必定要向谈判能力强的一方倾斜。在发展中国家私有化的例子中，政局不稳导致了外方谈判能力的下降，从而必须在分配机制上向当地政府倾斜；在科研公司雇佣合同的案例中，公司与科研人员之间的信息不对称，科研人员可以隐瞒科研进度进而损害公司利益，因而公司为了更好地保障自己的利益，最好的做法就是将利益分配机制向科研人员倾斜。所以，我们的结论就是，谁对利益影响大，利益分配就应该向谁倾斜。只有做到这点，利益分配机制才能在利益各方形成真正的、有效的共同预期。

2.从组织文化入手，构建互惠信念

所谓组织文化，即组织成员的共同价值观体系，它使组织独具特色，区别于其他组织（Robbins，1996）。

强调合作、诚实、沟通、信任的强组织文化有助于组织内个体形成互惠信念。认同组织这种互惠特性价值观的成员越多、信奉水平越高，那么个体之间价值观的差异就越小，因而也越有可能形成合作、互惠的信念。

然而，需要注意的是，构建互惠的强组织文化并不是简单的几个仪式、故事、口号、形象就行的，而是必须通过整个人力资源管理体系与整个管理体系的设计来达成。

从强组织文化入手，构建员工的互惠信念，必须契合中国的文化传统。中国文化传统中的感恩思想是和互惠密切相关的。因此，现在很多企业也开始在企业文化中植入感恩文化的因子。比如，深圳平安保险公司在业务员培训课上就向雇员灌输感恩的思想，要求雇员感激同事、家庭、师长以及企业，并唱《感恩的心》之类的歌曲来焕发员工的感恩、报恩热情。又如，广东某化工集团也大力宣扬感恩文化，该企业在一份报告中写道：阳光雨露，润泽万物，我们感谢天地造化之恩。呱呱坠地，由幼至长，我们感谢父母养育之恩。文化启蒙，明辨是非，我们感谢老师教诲之恩。坐而论道，同甘共苦，我们感谢朋友知遇之恩。挥洒汗水，施展才华，我们感谢企业伯乐之恩。小康社会，幸福家庭，我们感谢国家太平之恩。笔者以为，在组织文化中植入感恩文化，对企业构建相互信任、相互感激、相互合作的共同信念是非常有帮助的。

3.从雇主品牌入手，塑造互惠声誉

我们知道，雇主与雇员之间要形成共同预期，需要双方能做出可置信的承诺。雇主相对于雇员而言，其谈判能力强大得多，因此雇主的承诺是否可信才是问题的关键。

所谓管理承诺，是指创业者或经理人所采取的能约束组织成员在未来履行特定行为的任何行动（Donald n.Sue，2003）。前面所讲的组织文化本质上是一种承诺，雇主声誉也是一种承诺。由于雇主声誉是一项重要资产，如果公司以此做出保证，那么这种承诺将是十分可信的。

现在越来越多的公司将市场营销上的品牌概念逐步引入到员工的激励系统建设中。它们强调打造雇主品牌，形成一种雇佣标识，从而吸引、留住优秀人才；雇主品牌也能让组织成员形成稳定预期，相互鼓励、相互促进。世界大型企业联合会（The Conference Board）在2001年对139家顶级公司完成的一项调查表明，40%的公司已经开始了雇主品牌的构建工作。

对于雇员而言，他们也更喜欢去有良好雇主声誉的公司工作。他们认为公司不会拿自己的声誉来做赌注，因而也不大可能违背双方的合约（包括书面合约和心理合约）。Cherenson Group 在2001年进行的调查表明，78%的被访者认为他们宁愿为一个声誉更好的公司工作，即便它的薪水状况比声誉差的公司要低。

就目前雇主品牌构建的情况来看，更多的公司是利用它来吸引人才、留住人才。事实上，雇主品牌有更大的作用，它能形成一种互惠声誉。互惠声誉使得组织内部的员工相信企业不会违背雇员利益，因而双方都更可能互相合作，形成一种互励的氛围。

总之，互励系统构建的关键是营造稳定的共同预期。为营造稳定的共同预期，可采用的手段多种多样，前面所论述的三种只是最基本的，每个组织可根据自己的实际情况采取其他方法。

有很多工作是跨部门的，你很需要其他部门同事的合作，这样才能推进你的项目，取得成果。然而，由于其他优先项目、其他的工作压力以及为了完成自己的工作日程，你的同事也许并不总是受到激励而投入到你认为最重要的项目中去。

为了赢得同事们的支持和激发他们的参与，你可以采取以下步骤：

● 要在全公司建立起良好的人际关系，然后才可能获得同事的支持、专家的意见和帮助。那些了解你、尊重你甚至欠你一些人情的同事会比那些不熟悉你、不了解你的人更愿意为你贡献出时间和资源。

● 要准备好回答同事提出的"这个项目对我有什么好处"的问题，无论任何人公开还是私下询问你，描绘出你的项目如何能够使那些你想吸引进来的人获得利益。你是否在创造一种产品或服务，能使他们的工作更加容易？你是否在开发一种能节约每个人的时间的新流程？如果你能够把你的事业和他们的需要联系起来，你将更有把握获得他们的合作。

● 让他们参与到目标制定中来。如果你需要其他人来协助你的项目，那么邀请他们参与到制定最终结果和项目进度中来。如果人们对于决定新项目以及如何完成这些项目有发言权的话，你就会从他们那里获得更多的接纳和热忱的支持。

● 为他们提供机会来表现他们那些也许没有充分表现出来的技能，或者为他们提供学习新技能的机会。对许多人来说，能够提升和表现自己的能力是一个很大的激励因素。

每当你遇到的决策会影响到每个人的利益时，如果不是紧急情况的话，那么你应该寻求大家的一致同意。如果你没有经验去组织一次团队决策的会议，那么你可以邀请一位有经验的调节者。

列出名单，包括你的项目所影响到的所有人——那些可能会受益的和那些可能会感到不便的。要使这些人都能了解到项目进程，不管是好消息还是坏消息。

● 项目出现差错的时候不要指责别人。尽管你也许应该找到失败的原因，确保下次不会再次发生差错，但是你也应该像对待学习一种经验一样来对待它。你可以使用下面的语句："做了 A、B、C，从而导致了结果 X、Y、Z，因而我们应该保证我们不会再那样做了。这样让我们来寻找一下，如何能用其他不同的方法来完成它。"这样比你指责某人从而失去其他人的支持要有益得多。

● 保证每个参与者都能得到适当的认可，不仅因为他们个人的贡献，还因为整个项目获得了成功。

• 说服你的同事们来支持你的项目有点像一次交换，你必须提供一些东西作为回报。提供帮助永远也不晚，甚至在你需要他们的帮助之前，你就要尽可能慷慨地为他们提供帮助。尽管有时候道路会迂回曲折，你最终会得到同事们的帮助。

主要概念

全方位激励　自我激励　他方激励　相互激励

思考题

1. 比较自我激励、他方激励和相互激励的区别。

2. 举例说明领导者、经理人自我激励的最佳方式。

3. 为什么说互励系统是激励体系的最高境界？

学习目的

- 了解新生代员工的需求与特征
- 理解新生代员工激励策略的内涵
- 分析新生代员工激励实践的理论基础

随着我国经济的快速发展，社会环境发生了较大的变化。国际化和信息化进程加快。在大规模的信息化浪潮中，以移动互联网、云计算、大数据、人工智能、物联网和区块链等为代表的企业信息技术，催生了数字化时代的到来。互联网经济和数字化经济与传统的经济形式有很大区别，改变了人们的工作与生活方式。在这个时代出生、长大的员工其思维方式和行为模式带有明显的时代特点，与上一代人迥异，传统的激励模式受到了较大挑战。只有了解新生代员工的特点和需求，采取适合的激励策略，才能取得较好的激励效果。

12.1　新生代员工的特征与需求

12.1.1　新生代员工的内涵

21世纪初，美国学者布鲁斯·图根（Bruce Tulgan）和卡罗琳·马丁（Carolyn A. Martin）共同出版了《管理Y一代》一书，在书中将出生在20世纪80年代左右的年轻人称为"Y一代"（Generation Y），自此"Y一代"

进入人们的视线。2001 年 Kogan 提出"Y 一代"是相对于"70 后"而言的，指的是"1980 年以后出生的一类群体"。之后，汉斯福德（Hansford）将"Y 一代"的出生范围缩小，认为"Y 一代"是指 20 世纪 80 年代至 21 世纪出生的一类群体。

受美国学者的影响，我国开始对"Y 一代"群体关注。2003 年，作家恭小兵在天涯社区论坛上第一次提出了"80 后"一词。2010 年，国务院在发布的中央一号文件中第一次使用了"新生代农民工"的说法。此后，"新生代"一词逐渐进入人们的视野，并被大家所熟悉，一些学者对"新生代员工"的概念进行界定。纪海楠（2008）认为，中国的"新生代"和西方国家的"Y 一代"是相对应的，"80 后"员工就是新生代员工，他们大多数人都是独生子女。王宏宇（2012）认为，如果 22 岁大学毕业，那么出生在 1980—1989 年之间的人已经大学毕业并逐渐成为企业的中坚力量，有些"90 后"可能会提前进入职场，因此这两部分人都是新生代员工。此后一些学者将"80 后""90 后"作为新生代员工，如王跃等（2017）认为，虽然新生代员工是指 20 世纪 80 年代及以后出生的群体，但主要指的是"85～95 后"员工；傅红、段万春（2013）认为新生代员工就是 18～31 周岁之间的员工。

基于以上国内外学者的观点，本书将新生代员工定义为 1985 年以后出生的，在各企业及事业组织工作的年轻员工，既包括"85 后"，又包括"90 后""95 后"，即指年龄在 35 岁以下的年轻员工。

12.1.2　新生代员工的特征

（1）个性张扬，不循规蹈矩。由于儒家文化的影响，我国上一代员工在工作与生活中更多秉持"没有规矩，不成方圆"的价值理念，在工作中常被动接受领导的工作安排，愿意遵守规则，忍辱负重、任劳任怨。但新生代员工在工作与生活中表现出较强的个性，他们更追求自由，自我意识强。他们不愿意被动地服从领导，常常主动地表达自己的感受和看法以及对工作的建议。同时，新生代员工喜欢富有挑战性和趣味性的工作，他们对重复的、一成不变的工作提不起兴趣。新生代员工不会轻易认可企业的规则和制度，同样不会轻易认同企业文化。

（2）自尊心强、抗压能力较低。与上一代员工相比，新生代员工不具备"忍辱负重"的品质，他们更为重视自己的人格、渴望得到尊重和认可，希望领导给予他们平等的沟通和关怀。如果他们觉得受到了不公正或不平等的待遇，就容易产生不满，进而表现出不利于工作的行为。同时，新生代员工的心理承受能力较差，在生活中及工作上遇到不如意的事，或者遇到挫折，容易悲观失望、怨天尤人，进而离职甚至破罐子破摔。

（3）忠诚度低、职业观念多样化。上一代员工对组织有强烈的依赖心理，他们忠诚于组织，愿意为组织奉献自己的一切。但新生代员工追求的不是对所在企业的忠诚，更多地是对自身职业生涯的追求，他们的职业观念更加多样化（刘春林，2010）。新生代员工常根据自己的特长和兴趣进行职业规划，他们更加注重组织能否为其提供发展的平台，如果组织不能为他们提供学习和发展的机会，一旦时机成熟，他们就将离开组织。

（4）喜欢虚拟空间和信息化手段。85后的新生代员工在信息社会长大，见识多，思维活跃，有较强的学习能力和接受能力。他们对信息化的电子产品情有独钟，对网络虚拟空间高度依赖，在虚拟空间显得游刃有余，他们更喜欢虚拟空间的沟通，而对现实生活中的沟通交流不热衷。同时，他们更偏向于利用现代化的电子信息技术解决问题，不愿意从事手工劳动。他们不仅生活上更简单，思想上也更简单，没有上一代人的城府，对工作中的勾心斗角不屑一顾。

12.2　新生代员工的激励策略

新生代员工生活与成长的时代背景与年长一代存在很大差异，在工作中，他们的职业价值观、需求亦不同于老员工。他们重视自我感受，追求个人兴趣和自我利益，创新及学习的能力强，对组织的意识淡薄等。以往对老员工的激励模式对新生代员工已经不再适用，应该探索新的能满足新生代员工需求的激励措施及激励模式。

12.2.1　建立信任与平等的组织文化

新生代员工尊重与平等的需求较为突出，他们喜欢公平与平等的工作环境，对新生代员工激励的首要措施是建立信任与平等的组织文化。

（1）管理者给予员工信任与认可。管理者对待员工的方式很大程度上影响员工的工作态度和行为。如果管理者对新生代员工给予信任，放手让他们发挥自己的聪明才智，同时对他们的努力给予肯定，将激发他们的责任意识和积极进取的上进心，他们就会表现出积极的工作态度。因此，管理者给予员工发自内心的信任与适度的期望对于激发员工内在的工作热情与工作潜力，真心诚意为公司贡献自己的才智具有重要意义。

（2）建立以人为本的规章制度。组织的可持续发展依赖于良好的规章制度与运营体系。而规章制度是否被员工认可取决于其是否体现了对员工的人文关怀。如果规章制度的制定只考虑任务如何高效地完成，如何约束员工的行为，而不考虑员工的感受，规章制度就会因僵硬而被员工排斥。例如，如果为了防止员工上班时间上网购物、与朋友聊天，而在办公室中安置多个摄像头，那么虽然基本上能杜绝上述行为，但会引起员工极大的反感。表面上看，员工在办公桌前规规矩矩地干活，但消极怠工的情绪将充满整个办公室。新生代员工喜欢宽松、和谐的工作氛围，因此应建立注重人的价值和因素的规章制度。比如，有些公司推行下午茶制度，每天或每周一次下午茶，或者由公司买单，或者由这一天、这一周迟到的员工买单，这样的规定非常有趣，不仅活跃了工作氛围，而且满足了新生代员工的交往需求。又比如，一个小微企业的员工都是"90后"，老板为了让员工开心地工作，允许员工把零食带到办公室，同时还在公司开辟了一块地方做成多功能厨房，让员工自己做午餐，得到员工积极的响应，极大地激发了员工的工作热情。

（3）建立公平的人力资源环境。对于新生代员工来说，公平感是他们较为重视的一个因素。对于那些认为自己所在的组织是最佳雇主的员工们来说，他们更可能会认为他们的组织对自己也是公平的，从而增加他们的工作满意度。员工对组织公平的感知会影响到他们的工作态度（李成彦，

2011)。组织公平包括分配公平和过程公平两方面，分配公平强调的是在制定与组织成果分配相关的管理决策时公平与否，比如薪酬和晋升机会，而过程公平则强调组织的管理角色究竟是如何制定的。创建公平的人力资源环境是使组织保持良好自身形象及对员工有吸引力的一个重要方面，这就要求人力资源管理者在员工的招聘和录用、晋升、绩效考核、薪酬管理方面尽量公平、公正和公开，使员工对组织产生信任，从而增强他们的工作满意感及愿意留在组织中的意愿。

12.2.2　重视工作本身的吸引力

新生代员工个性张扬、见识多，大多受过高等教育，其人生观、价值观呈现出多元化的特征，他们不喜欢枯燥乏味的工作，因此管理者必须思考如何增强工作本身的吸引力，增强其丰富性，设计出一套能满足员工内在需求的内在工作体系（姚月娟，2008）。

工作设计（job design）是指界定工作完成方式以及某一特定岗位要求任职者完成各项工作任务的过程。工作设计的方法一般有四种：机械型、激励型、生物型和知觉运动型。所有的工作岗位都可以运用这四种方法中的一种来设计，但不同的方法设计出来的岗位在特征上会存在差异，管理者需要了解如何在不同的设计方法之间进行权衡（Raymond A.Noe 等，2018）。

（1）机械型工作设计。机械性工作设计方法强调怎样使工作效率最大化，而最简单地构建工作，也就是如何简单高效地工作。因此，这种方法强调工作任务的专门化、技能的简单化以及重复性。而要达到这几点需要对工作任务进行切割，使其变成一个个小的工作单元，而每一个工作单元的工作简单到连一个孩子都能完成。以泰勒为代表的科学管理是最早出现的机械型工作设计方法，这种方法是以任务为导向的。这种工作设计方法的优势在于让工作变得很简单，企业不用花更多的时间培训，差错率低，员工的精神负担小，但高度重复的、简单的工作会让员工感到枯燥乏味。

（2）激励型工作设计。激励型工作设计方法恰恰与机械型工作设计方法的出发点是相反的，它以员工为导向，强调的是可能对工作承担者的心理价值以及激励潜力产生影响的那些工作特征。这种工作设计方法把态度变量，如工作满意度、内在激励、工作参与，以及行为变量，如出勤、绩效等看成是工作设计的最重要结果。激励型工作方法呼应了赫茨伯格的双因素理论，它重视激励因素对员工的影响，即工作本身的因素对员工的激励作用，因此这种方法考虑怎样增加工作的内在与外在反馈、任务与技能的多样性、员工感知到的工作任务的重要性、工作中的社会互动、任务/目标的清晰度、员工的自主性以及员工的学习/成长。激励型工作设计方法能激励员工，使员工产生更高的满意度，但这种方法设计的工作对员工的技能水平和综合素质要求更高，在一定程度上给员工带来了精神负担和出错的机会，同时也迫使企业举办更多的培训。

（3）生物型工作设计。生物型工作设计来源于人类工程学，关注的是个体的心理特征与物理工作环境之间的交互作用。这种工作设计方法的目标是怎样通过改善物理工作环境，而使员工的身体紧张程度与疲劳程度降到最低，比如调整座椅和桌子之间的比例，使其更符合人体工作姿势的需要；如何设计每个员工的工作空间，以及调整计算机键盘的高度来最大限度地减少颈椎病等职业病。生物型工作设计是从员工的角度出发的，即以人为导向。这种工作设计可以较好地提升员工的满意度，但缺点是会使财务成本提高。

（4）知觉运动型工作设计。生物型工作设计关注的是人的身体能力和身体局限，而知觉运动型工作设计关注的则是人类的心理能力和心理局限（Raymond A.Noe 等，2018）。这种工作设计的目标是如何确保工作要求所涉及的信息量不会超过员工的心理能力和心理界限，即信息量不要超载。如果信息量超载，员工就会因一时无法解读与消化这些信息而增加自己的精神负担，从而让他们感到厌烦甚至出错。采用知觉运动型方法进行工作设计的时候，应首先了解能力最差的员工单位时间内所能知觉到的信息量，然后再按信息量的大小依次确定工作要求，让员工不要花费过多的精力进行信息加工，而把更多的精力投入到完成工作任务上。知觉运动型工作设计同时兼顾了员工与任务两个方面，采用这种方法进行工作设计的优势在于可以降低工作的差错率及事故率，减轻员工的精神负担，也不用花费大量的精力培训员工对工作信息的加工，但同时对信息输出的要求比较高。

以上四种工作设计方法源于两种不同的出发点：任务导向和员工导向。任务导向的工作设计更利于任务完成，在管理上相对简单，但缺少激励作用，会导致员工满意度降低，甚至消极怠工、离职。员工导向的工作设计方法能提升员工的满意度，对员工具有激励作用，但导致企业在能力要求、培训等方面承担更多的成本。管理者如果试图通过工作设计激励员工，那么还需考虑企业的状况，选择适合本企业的工作设计方法。

12.2.3 加强内在薪酬的激励作用

薪酬是指雇员在其工作岗位上为雇佣者付出劳动或劳务并实现了一定的价值后所获得的各种货币收入和各种福利酬劳之总和，其中雇员是劳动的出卖者，雇佣者是劳动的购买者，所以薪酬的本质就是一种公平的买卖或交换关系。薪酬在本质上就是劳动力价格的表现，因此人们常常将其与货币划等号。实际上，薪酬的表现形式是多种多样的，可以从不同的角度将其区分。从薪酬呈现的形态及基本发生机制的角度可以将薪酬分为内在薪酬与外在薪酬。外在薪酬是指组织因员工的劳动付出而支付给员工的各种形式的报酬，它又可以分为货币性薪酬和非货币性的福利性薪酬。内在薪酬是指由于员工努力工作而得到表扬和晋升后所产生的工作荣誉感和成就感等心理感受，如培训机会、社会地位、良好的人际关系、和谐的工作环境以及组织对员工个人的表彰、谢意等。

外在薪酬可以实现薪酬的补偿功能，即解决员工及家人生产及再生产的需要，因此组织与员工首先重视外在薪酬。况且，外在薪酬比较容易定性、衡量，也易于在不同个人与企业之间进行比较。然而，内在薪酬的激励作用是不容忽视的。如果说外在薪酬是物质激励的话，那么内在薪酬则是精神激励，其作用不可忽视。Burton 等人（2006）研究发现，内在薪酬不仅有助于学习和工作效率的提高与创造性的激发，个体在内在薪酬的作用下还有较高的工作成就感、自我效能感和工作满意度。一些实证研究也证实了内在薪酬的激励作用，如我国学者魏冠凤、何早在 2009 年实证研究发现，内在激励是教学科研人员努力工作的最主要动力。而姜金秋、杜屏（2014）以中小学教师为对象研究发现，内在薪酬的激励效果大于外在薪酬。并且，他们从人性假设的理论解释这一现象，认为员工不仅是"经济人"，还是"社会人"，员工工作的动机不仅在于经济利益，还在于满足其社会心理需要，因此要从工作本身出发满足个体的发展需要、成就需要和交往需要等。

贺伟、龙立荣（2009）认为，由于内在动机在概念和度量方法上都较为复杂，组织管理者很难把握员工内在动机的变化状态，因此无法直接通过内在薪酬进行员工激励。相反，外在薪酬是组织管理者普遍使用的激励手段，尽管对于提升个体和组织绩效也有显著的效果，但这种作用效果是短暂的、间接的和不稳定的。因此，一个可持续发展的人力资源管理实践需要平衡短期与长期、刚性与柔性的矛盾。他们认为应该将内在薪酬与外在薪酬进行互动耦合，从而优化激励策略。为此，他们提出三种与薪酬相关的激励策略。

（1）推动式激励策略。推动式激励来源于外在薪酬的激励作用，就是以工资、奖金和福利等经济性薪酬作为诱因，在不削减个体内在动机的前提下推动员工积极工作的激励策略。根据认知评价理论和自我决定理论的观点，对个体自主、能力和关系需求的满足是将外在激励内化为内在动机的关键。因此，能够体现个体能力、满足员工较高层次需求的经济性薪酬对提升工作绩效将有显著效果。

（2）牵引式激励策略。牵引式激励策略是发挥内在薪酬的激励作用，即以员工的自主、能力和关系需求为诱因，以晋升、荣誉等非经济性薪酬为途径，伴以组织愿景、文化和氛围等柔性环境牵引员工积极性工作的激励策略。在具体的企业管理实践当中，管理者应为员工创造良好的工作环境和氛围，增加工作本身的吸引力，为员工的职业生涯发展提供条件、搭建平台等等。

（3）权变式激励策略。权变式激励是在内在、外在薪酬充分互动耦合的基础上，依据组织战略目标及其他情境因素对推动式与牵引式两种激励进行权全变整合的激励策略。

12.2.4 创建可持续发展的培训体系

新生代员工具有强烈的求知欲和自我成长的需求，而健全的人才开发和培养机制是满足这一需求的重要途径（时金宝，2012）。传统的培训方式并不一定能够获得"90后"的认可，因此组织应构建多样化的培训体系。

（1）重视培训需求分析。培训需求分析是培训活动的起点和开端。有没有培训需求分析及其分析的质量如何，直接影响培训的针对性程度。许多调查研究的资料都显示，我国企业对培训内容的选择随意性很大，或者随大流，社会上、同行中什么培训项目热门就上什么项目；或者拍脑袋，以为企业的培训需求一目了然，尽收眼底，无需再费时费力做需求分析（李成彦，2011）。新员工的独立性和自我意识较强，他们的培训需求往往不尽相同，因而如果公司管理者根据自己的判断和意图组织培训，则可能无法让员工满意，甚至会引起员工的抵触情绪。了解员工的培训需求，做好培训需求分析，不仅可以激发员工参与培训的热情，也可以保证培训的效果，保证培训成本收益最大化。可以通过问卷调查、访谈等方式了解员工的培训需求。当然，培训需求分析不能只了解员工的想法，应该从员工、任务、组织三个层面进行培训需求分析，确定合理的培训目标，以确保培训能同时满足员工的需要及工作、组织的需要。除了了解员工本人的想法之外，还应了解上下级项目专家及外部客户对员工培训的看法，使培训更有针对性，取得更好的效果。

（2）组织多形式、多手段的培训项目。新生代员工喜欢丰富多彩的活动，并且习惯使用网络和自媒体，因此，组织应多进行类似小组讨论、模拟情景、拓展活动等形式的培训，增加培训的趣味性和多样性。同时，组织也可以利用现在的互联网技术，使用快手、抖音及其他互联网平台让员工观看、学习对自身及工作有用的知识技能以及启发其思考的东西。同时，也可以鼓励员工利用互联网手段和信息技术进行组织内部培训。比如，让有经验的员工把自己工作的一些做法及心得、体会拍成视频，在公司的公众号或者微信群中发布，让其他员工学习、借鉴，从而达到培训的目的。这一方面可以满足员工喜好信息技术的心理，另一方面也可以节约经济成本和时间成本。

（3）创建培训效果转化氛围。特雷西等（Tracey等，1995）研究了工作环境对新学的主管技巧的影响。研究发现，工作环境对于新学的行为或技能很重要，而培训转化氛围直接影响培训后的行为。李成彦、刘建荣（2011）研究发现培训转化氛围会通过对培训的转化感知，即受训者对在实际工作环境中应用培训中所学的知识、技能或态度的有效程度的看法影响培训后的行为。员工培训的目的在于将培训成果转化为员工的工作实践和工作能力（潘琦华，2012），因此组织应在员工培训后积极创造条件，让员工把培训所获得的知识、技能及态度应用到工作实践当中，使培训效益最大化。

12.2.5　为员工搭建施展其才华的平台

新生代员工的尊重需要与成就需要比上一代老员工更突出，他们希望展现自己的才华，如果他们的聪明才智能够发挥出来，他们将产生成就感及满足感。人尽其才是最有效的激励方式（伍晓奕，2007）。为新生代员工提供有挑战性的、能充分发挥他们特长的工作，是激励她们努力工作的最有效措施。管理者可以让新生代员工在工作中扮演更复杂的角色，承担更重要的任务，一方面给他们提供一个施展其才华和抱负的舞台，充分满足他们的成就欲求，让他们在工作中获得最大的满足感和工作乐趣；另一方面企业在给新生代员工提供机会的同时，可以充分地激发员工的创造性，使员工得到成长，进而为组织创造更大的价值。正所谓，员工的成长同时带动了企业的成长。

12.3　新生代员工有效激励的实践

近年来，随着新生代员工逐渐成为职场的主力军，各类组织纷纷探索新生代员工的管理及激励模式，以充分激发他们的工作热情，最大限度地发挥他们的聪明才智。本书作者通过对文献资料的梳理，整理了近几年两个快速发展的企业对新生代员工激励的案例，以使读者更好地感知在数字化经济时代，如何激励新生代员工。

【案例1】　　　　　　　　"老乡鸡"的管理之道

在"新冠肺炎"爆发、全国人民都在全力以赴抗击"新冠"的当下，餐饮、旅游等服务性行业受到巨大冲击，可出人意料的是"老乡鸡"的老板成了网红。受"新冠肺炎"影响，"老乡鸡"关闭了武汉地区的100多家门店，其他城市也有部分门店处于关停状态。而即便是正常营业的门店，每天的营业额也只有平时的四分之一，公司举步维艰。面对此种境况，公司员工写了一封要求减薪的联名信。"老乡鸡"的老板，也是创始人束从轩2020年2月9日手撕了员工的联名信，表示："哪怕是卖房子、卖车子，我们也要千方百计地确保你们有饭吃，有班上！"2月12日，中信银行表示将为"老乡鸡"提供总额度为1亿元的贷款，首笔提款3 000万元，主要用于缓解"老乡鸡"短期流动性资金紧张的问题，保障员工工资发放与基础原材料采购。"老乡鸡"的员工在公司危难时联名要求减薪的行为是对公司的忠诚和热爱，老板手撕员工联名信的举动是情怀，而我们从中看到的是公司的管理艺术。那么，"老乡鸡"是怎样的一家公司呢？该公司是如何管理员工、激励员工，使员工如此热爱公司呢？

1. "老乡鸡"的前世今生

2003年，安徽人束从轩先生在饲养土鸡20年、成为安徽最大养鸡企业的基础上，创办了第一家以土鸡及土鸡汤为特色的快餐店，取名"肥西老母鸡"。2012年在引入更多优秀管理人才和更先进的经营理念后，"肥西老母鸡"迎来品牌升级，正式更名为"老乡鸡"。"老乡鸡"一直坚持最正宗的土鸡入料，研发团队在保证招牌菜"肥西老母鸡"口感更加鲜美的同时，不断推陈出新，以"健康、营养、美味、快速"的特色赢得了广大消费者的青睐。老乡鸡快餐店还实行24小时营业，并提供全天候外卖送餐服务，使得都市时尚族、学生族、上班族以及中青年家庭对"老乡鸡"情有独钟。在安徽省，老乡鸡店面的数量已超过肯德基、麦当劳两家洋快餐总店数的两倍，全国已有800多家门店，已占领安徽快餐业（包括洋快餐）半壁江山，成为安徽最大的中式快餐连锁企业，稳居龙头地位。

2.“老乡鸡”的员工激励措施

“老乡鸡”的员工都比较年轻，绝大多数属于新生代员工。“老乡鸡”对员工的激励措施主要有以下几点：

（1）知人善任，为员工提供发挥才能的平台。人尽其才、才尽其用是“老乡鸡”管理员工的首要准则。“老乡鸡”要求各级管理者要真正了解员工的优缺点，注重发挥员工的优点，而将其缺点规避或转移成与其他人配合的优点，从而最大限度地发挥员工的聪明才智。这种做法能激发员工的热情和干劲，同时也能为公司节约成本、提高效率。而管理者懂得如何用人，可以提高公司的经济效用和团队凝聚力。同时，组建专门的人才培养团队，采用先进的员工考核制度，培养和鼓励员工进步，建立储备干部培养小组，针对有潜力的员工加大培养力度。公司不仅注重外部人才的引进，更重视内部人才的培养，通过岗位轮换、培训等方式不断提升内部人才的专业化能力和发展水平（孙葆林，2017）。公司尊重人才、重视人才以及为员工提供良好发展平台的措施，较好地满足了新生代员工的发展需求，极大地提升了员工的积极性。

（2）创建良好的学习氛围，提高公司与员工的学习能力。在这个知识经济的时代，企业之间合作竞争与协同演化的主要方式之一将会是知识共享和知识溢出。“老乡鸡”为了公司和员工的共同发展，在公司内部创建了良好的学习氛围（张思思，2017）。把知识与信息技术作为企业经营管理中的一个不可或缺的因素，并把其作为企业和员工创新能力的重要指标。同时，让员工养成良好的学习习惯，及时对有用的信息技术进行总结归纳，不断提升企业和员工的学习技能和学习意识。为了保证企业内部充满学习的氛围，公司要求各个门店的店长成为可以让员工请教和学习的老师。“老乡鸡”的这一举措，不仅使公司和员工不断进步，以更好地适应环境的发展变化，增强公司的竞争力，同时也极大地满足了新生代员工的求知欲，有利于增强员工的满意度和归属感。

（3）丰富多样的培训体系。老乡鸡集团公司在快速发展的过程中，建立了多样化的培训体系，为各类员工提供了有针对性的培训。公司为员工提供的培训类型有：新员工入职培训、集团中高层管理人员培训、餐厅管理层晋升培训，以及一线基层员工由所在餐厅组织岗位指导性培训等（秦敬文，2017）。公司的培训体系较为完整，并且把培训与晋升联系在一起。以新员工培训为例，新员工入职后首先在门店由训练员负责对其进行5—6天的带训，带训结束后由值班经理进行考核，合格者进入岗位轮训环节。岗位轮训3个月，期间按照岗位操作检查表学习，轮训结束后由餐厅训练员鉴定，门店副总审核，合格者可以申请晋升为餐厅训练员，并参加公司的自传系统培训，通过系统培训考核后取得象征进入门店副总学习阶段的"金钥匙"，在线学习门店副总的课程，并接受训练督导的训练；同时参加由集团管理学院开设的门店经理培训班学习，课程学习完毕接受训练督导的技能鉴定和管理学院组织的面试，通过考核可以顺利晋升门店副总，选择接受下一阶段的学习培训（秦敬文，2017）。虽然"老乡鸡"的培训体系并非完美，但这些培训却让员工获得了工作必需的知识技能，给员工以信心，并让员工得到了成长。

（4）人性化的管理模式。"老乡鸡"实行了"柔性管理为主、刚性管理为辅"的管理模式。要求管理者放低自身的高度，尊重、理解、关心和爱护每一位员工，做到真正的以人为本。公司尤其关心关爱一线员工的成长进步，降低了底层员工的流失率。同时，公司建立了完善的企业文化，适当提高员工福利，让员工深切地感受到被尊重、有安全感。"老乡鸡"真正把员工当成公司的一分子，让所有的员工都能享受到企业的发展成果，增强了员工的荣誉感及归属感。

老乡鸡集团公司的激励措施和激励模式，较好地满足了新生代员工的需求，对稳定员工队伍以及公司快速、可持续的发展起到了重要作用。

案例资料　凤凰财经（http：//finance.ifeng.com/c/7u2RXrEQiTQ）和老乡鸡官网（http：//www.laoxiangjijm.com/lxj.html）以及张思思（2017）、秦敬文（2017）、孙葆林（2017）的研究

【案例2】 逻辑思维公司内外协同的"游戏式"管理实践

1. "游戏式"管理的内涵

"游戏式"管理是指将游戏元素、游戏思维迁移到组织管理中，通过游戏体验式的管理过程实现对员工有效激励的管理模式。对领导者来说，"游戏式"管理是将工作情境转化为游戏情境，是一种管理方式的变革。对员工来说，"游戏式"管理是一种新颖的工作体验，是在游戏化工作情境和规则约束下构建人际关系、完成工作任务的主动性过程。

按照动机心理学的分析，游戏之所以能够吸引玩家的注意力、调动玩家的积极性，在于游戏对玩家内生动机的满足。内生动机是个体主动产生的行为动机，通常表现为自我控制、内心体验和吸引力等。与内生动机相对应的是外生动机，主要是指个体的物质奖励预期。基于内生动机的是精神激励，物质激励则是典型的外生动机，二者之间并不是平衡关系，而是相互影响、相互作用的。比如，当员工受物质激励的影响较大时，就将行为归因于外生动机，表现出低水平的自我控制感。"过度辩护效应"表明，某因素对个体产生过于强大的外在影响时，个体进行该行为的内生动机就会被削弱，这也可以看作是外生动机对内生动机的"挤出效应"。相反，如果员工是由于工作本身的意义而行动，那就说明员工具有较高的自我控制感，此时的物质奖励起到两个方面的作用：一方面回应了员工的金钱数量预期，另一方面也提升了员工的积极社会评价感，有利于员工自我效能、自我胜任的强化，此时可以看作外生动机对内生动机的"挤入效应"。

新生代员工更加重视自我控制、内心体验的内生动机，因此，如果管理者将激励重点放在外生动机上，就会削弱新生代员工的内生动机，出现传统激励失灵的状况。激励机制的具体作用机理是内生动机与外生动机相互作用的过程。外生动机对内生动机的"挤出效应"与"挤入效应"之间的反复联动，使得二者的作用相互抵消。新生代员工有着很强的"冒险、刺激、兴趣"追求，他们对内生动机的期望值更高，因此物质奖励对新生代员工的激励效果不明显。例如，一些高科技企业的新生代员工虽然拿着高薪，反而离职率很高。而"游戏式"管理则很好地解决了外生动机和内生动机联动的问题。

2．"逻辑思维"的发展历程

"逻辑思维（Logic Show）"全称是"北京思维造物信息科技有限公司"，是行业领先的知识服务商和运营商，公司前身是一档知识脱口秀节目《逻辑思维》。"逻辑思维"目前包括微信公众订阅号、知识类脱口秀视频节目《逻辑思维》、知识服务App、得到App。"逻辑思维"自2012年年底创立以来，创造过大量现象级话题，并得到迅猛发展，其业务数量和市值不断攀升。2017年11月8日，"逻辑思维"入选"时代影响力·中国商业案例"TOP30。2019年10月，"逻辑思维"以270亿元位列"2019胡润全球独角兽榜"第264位。

与"逻辑思维"价值数亿业务额相对应的是150人左右的"业务团队"，且"80后"和"90后"占据了团队一半以上的人数。在管理者对新生代员工一筹莫展的时候，"逻辑思维"是如何做到团队一半以上为新生代员工，却依然取得如此成就的呢？答案是该公司创新地制作了一整套"游戏式"的激励体系，即"节操币"制度。

3．"逻辑思维"的激励措施——"节操币"的效用

"节操币"是"逻辑思维"开发的一种内部交易凭证，与货币一样，"节操币"也有面值，100元的"节操币"对应20元人民币。"节操币"是这样使用的：每月初员工都会领取一定数额的"节操币"，但自己不能直接使用，需要把"节操币"转赠予其他同事消费。内生动机与外生动机的协同就产生在这个过程当中。同事之间的相互赠予表明了同事之间的相互尊重与认可，领导赠予员工表明了领导对员工的认可，新生代员工通过领导、同事赠予自己"节操币"的人数和数量来判断自身的成长水平。作为"虚拟激励工具"的"节操币"保留了金钱的信号效用（外界对自身的评价），新生代员工能够更好地了解领导、同事和社会对自己的认可程度，促进自我效能感和自我胜任感的提升。"节操币"作为一种虚拟货币并未立刻转变为金钱，也不会使得新生代员工对金钱的期望持续增加，这就在

很大程度上避免了物质激励的边际效应，抑制了物质激励对内在动机的"挤出效应"，实现了"挤入效应"。

4."逻辑思维""游戏式"管理以及"节操币"激励效果的依据

"逻辑思维""游戏式"管理以及"节操币"的虚拟激励工具能够取得成功，是基于三方面的因素。

（1）反馈——即时性反馈机制。新生代员工具有耐性差的特点，在游戏设计时，针对这一潜在性问题预留了反馈信号，比如生命值的增加或者减少。玩家能够根据这种信号了解游戏人物的状态，进而进行即时调整，从而维系游戏玩家的热情。将情境转移到工作场所中，玩家就是新生代员工，生命值就是工作业绩。新生代员工在完成工作后，如果没有得到及时的反馈，就不能判定自身行为的价值，从而产生自身与工作之间的"失联"，也就不能有针对性地进行改进与完善。这与管理实践中的反馈成本过高有关，领导者很难做到对每一名员工的每一项工作进行检验与反馈。而"逻辑思维"的"节操币"制度克服了这一难题，实现了对新生代员工的即时反馈。"节操币"制度的实施是一种评价"去中心化"，也就是将评价者从领导单一主体转变为全部员工，通过"节操币"的发放实现领导对员工、特别是员工对员工的评价与反馈。这种方式舍弃了传统的固定式评价标准，只要新生代员工表现积极、乐于助人，就会获得领导和同事的认可，也就会收获较多的"节操币"。这种即时反馈或者说即时奖励能够强化新生代员工的正向行为，也有利于新生代员工实现自我价值。根据社会比较理论以及新生代员工的特点和"打游戏"心理，"节操币"制度会促使新生代员工之间形成一种竞争意识——"看谁能够获得更高的分数"，这种心理有利于组织内良性工作氛围的形成。这一制度还存在着这样的优势，即"节操币"的反馈时点与真实的薪酬发放存在时间差，这就使得虚拟激励工具获得了独立性，能够调动新生代员工的积极性，强化外生动机对内生动机的"挤入效应"；同时，避免了真实薪酬发放的高频率，弱化了外生动机对内生动机的"挤出效应"，实现了外生动机与内生动机的协同。

（2）奖励——与物质激励挂钩这一维度涉及"节操币"的具体使用方法与流程。"节操币"可以在任何与"逻辑思维"有合作关系的店铺使用，之后由"逻辑思维"进行统一结算。对于未使用的或者未赠出的"节操币"，公司在月末进行回收。公司还会根据"节操币"的收发情况，将获得"节操币"最多的员工评为年度"节操王"，给予其奖金或者其他物质奖励。"节操币"可以当作实际的货币使用，它具有重要的外生动机激励效用，也会被融入绩效考核体系中换来实实在在的物质回报，它不仅仅是虚拟符号，更是社会评价的重要机制。当新生代员工帮助同事时，当新生代员工通过努力工作获得领导赞许时，都会收到"节操币"，新生代员工在收获喜悦的同时，也能够真切地体验到自身的成长与社会的尊重，进而提升其组织归属感和领导支持感。这种内心体验与即时反馈相结合，使得新生代员工的内生动机被大大激发，产生了外生动机对内生动机的"挤入效应"。该方法取得成功的关键是保持虚拟"节操币"与真实薪酬货币之间的关联性，但二者之间存在时间差，一种是短期即时反馈，另一种是长期总体反馈。如果二者不相关，那么"节操币"的存在意义就会大打折扣，新生代员工也会失去判断标准，不管是虚拟货币还是真实货币，都将起不到应有的作用。

（3）"节操币"游戏——随机性和趣味性。为了满足新生代员工追求公平、刺激和有趣的心理，"游戏式"管理还具有随机性和趣味性。在逻辑思维公司，每位员工都在发放和获得"节操币"，但如果自己去记录，员工就不知道自己一段时间内获得"节操币"的数量。在评选"节操王"时，答案未揭晓之前，员工也不能确定自己拥有的"节操币"是否能够达到顶端。这些未知数都增加了"节操币"制度的趣味性。很多员工拥有"节操币"，但不一定能够将其转变为现金，这就像游戏中"打怪"一样，你不知道能调出什么装备，带有很强的随机性。这种方式很符合新生代员工的口味，能够激发其参与感和愉悦感。从某种程度上来说，趣味性和随机性才是"逻辑思维""节操币"制度获得成功的原因，才是"游戏式"管理的精髓。如果去掉趣味与随机，"节操币"制度也就是传统激励模式的一种变形，同样不能激活新生代员工的工作动机。正是虚拟与现实之间的不确定性关联才使得新生代员工乐在其中，也才能够增强内生动机与外生动机的协同效应，强化对新生代员工的激励效果。

"游戏式"管理为解决增加金钱与激励弱化的悖论提供了有益借鉴。"游戏式"管理的核心在于"虚拟激励工具"，游戏中的道具、积分体系代替了传统的绩效考核指标、评估体系，实现了评估工具的游戏化。这样既保留了物质激励的基本价值，又充分激发了新生代员工的兴趣与积极性，有利于调动新生代员工的内生动机，将外生动机对内生动机的"挤出效应"转换成"挤入效应"，内外协同形成合力，实现新生代员工价值与效能的充分展现。

（案例资料：唐丽均，杨佩月. 内外协同视角下新生代员工"游戏式"管理研究[J]. 领导科学，2020（1）：67-70.同时也参考了百度百科该公司的相关介绍）

主要概念

新生代员工　工作设计　内在薪酬　外在薪酬
培训需求分析　培训效果转化

思考题

1.新生代员工的特征与需求是什么？

2.对新生代员工应采取怎样的激励策略？

3."老乡鸡"的管理之道对新生代员工的激励有怎样的启示？

4.逻辑思维公司内外协同的"游戏机"管理实践对新生代员工产生了怎样的激励效果？请用激励理论分析。

参考文献

［1］傅红，段万春. 我国新生代员工的特点及动因——从新生代各种热门事件引发的思考［J］. 社会科学家，2013（1）：88.

［2］贺伟，龙立荣. 内外在薪酬组合机理模型研究［J］. 管理评论，2011（9）：93-101.

［3］纪海楠. XL集团新生代员工战略性人力资源管理研究［D］. 昆明：昆明理工大学，2008.

［4］姜金秋，杜屏. 内外在薪酬对中小学教师的激励效应研究［J］. 上海教育科研，2014（4）：18-22.

［5］李成彦. 人力资源管理［M］. 北京：北京大学出版社，2011.

［6］李成彦，刘建荣. 影响企业人力资源培训效果的组织因素分析［J］. 华东经济管理，2011（1）：135-138.

［7］刘春林. 昌隆纺织有限公司新生代员工激励问题研究［D］. 长沙：湘潭大学，2010.

［8］诺伊，霍伦贝克，格哈特，等. 人力资源管理：赢得竞争优势［M］. 刘昕，柴茂昌，译. 北京：中国人民大学出版社，2018.

［9］潘琦华. 新生代员工职业发展通道管理研究：以Y公司为例［J］. 中国人力资源开发，2012（8）：98-101.

［10］秦敬文. 老乡鸡餐饮集团员工培训体系优化研究［D］. 兰州：

兰州理工大学，2017.

　　[11] 时金宝. 90后新生代员工激励机制的构建：基于心理契约的视角 [J]. 中国人力资源开发，2012（12）：33-36.

　　[12] 孙葆林. 安徽老乡鸡餐饮有限公司规划研究 [D]. 兰州：兰州理工大学，2017.

　　[13] 唐丽均，杨佩月. 内外协同视角下新生代员工"游戏式"管理研究 [J]. 领导科学，2020（1）：67-70.

　　[14] 王宏宇. 新生代员工特征与工作嵌入关系研究 [D]. 呼和浩特：内蒙古大学，2012.

　　[15] 王跃，善畅，彭荷芳，等. 制造业新生代员工社会责任行为对企业竞争优势影响的实证研究 [J]. 商业经济，2017（1）：90-92.

　　[16] 魏冠凤，何静. 教学科研人员激励制度有效性的实证研究 [J]. 管理评论，2009（5）：70-76.

　　[17] 伍晓奕. 新生代员工的特点与管理对策 [J]. 中国人力资源开发，2007（2）：45-47.

　　[18] 俞文钊. 中国的激励理论及其模式 [M]. 上海：华东师范大学出版社，1993.

　　[19] 俞文钊. 一个成功企业的心理评价指标 [J]. 心理科学通讯，1987（6）.

　　[20] 俞文钊. 同步激励论是社会主义初级阶段的主要激励模式 [J]. 行为科学，1988（5）.

　　[21] 俞文钊. 激励理论在教育管理中的应用 [J]. 华东师范大学学报，1990（3）.

　　[22] 俞文钊. 公平差别阈与公平分配 [J]. 行为科学，1991（1）.

　　[23] 俞文钊. 企业中的激励与去激励因素研究 [C]. 中国心理学会工业心理学专业委员会学术年会论文集，1990.

　　[24] 俞文钊. 激励与去激励因素的连续带模式及其应用 [J]. 行为科学，1991（4）.

［25］俞文钊. 管理心理学［M］. 台北：五南书局，1996.

［26］俞文钊. 人力资源管理中全方位激励的理论建构［J］. 应用心理学（中国台湾），2007（35）.

［27］张鹏. 基于心理契约的L公司新生代员工激励体系研究［D］. 济南：山东大学，2016.

［28］张盼. 新生代员工内在激励与绩效关系研究——以敬业度为中介变量［D］. 济南：山东财经大学，2017.

［29］张思思. 大数据时代下的餐饮业经济发展问题及对策研究［J］. 商场现代化，2017（18）：27-28.

［30］Alderfer C P.Existence，Relatedness and Growth：Human Needs in Organizational and Behavior or Settings［M］. New York：Free Press，1972.

［31］Burton Kimberlv D.，Lydon John E.，D'Alessandro David. and Koestner Richard. The Differential Effects of Intrinsic and Identified Motivation on Well-Being and Performance：Prospective，Experimental and Implicit Approaches to Self-Determination Theory［J］. Journal of Personality and Social Psychology，2006（91）：750-762.

［32］Kogan L. An Equilibrium Model of Irreversible Investment［J］. Journal of Financial Economics，2001（62）：201-245

［33］Maslow A H.Motivation and Personality［M］. New York：Harper & Row，1970.

［34］Vroom V. Work and Motivation［M］. New York：John Wiley & Sons，1964.

［35］Weinet B. Human Motivation，Metaphor Theories，and Research［M］. CA：Sage Publications，1992.

［36］Steers R M and Porter L W. Motivation and Work Behavior［M］. 3rd ed.New York：McGraw-Hill，1983.

［37］Frey B S and Oberholzer Gee.The Cost of Price Incentives-out［J］. American Economic Review，1997（87）：746-755.

［38］ Herzerg F and Synderman B.The Motivation in Work ［M］. 2nd ed. New York: Wiley, 1959.

［39］ Lawler E E.Motivation in Work Organization ［M］. San Francisco: Jossey-Bass Publishers, 1994.

［40］ Locke E A, Carlledge N and Knerr C S.Studies of the Relationship Between Satisfaction, Goal - setting and Performance ［M］. New Jercy: Prentice-Hall, 1970.

［41］ Locke E A and Luthan G P.Goal Setting: A Motivation Technique That Works! Englewood Cliffs ［M］. New Jercy: Prentice-Hall, 1984.

［42］ McClelland D C.Human Motivation ［M］. Glenview Illinois: Scott Faresman, 1985.